維吾爾雄鷹
伊利夏提❸

東突厥斯坦的
獨立未來

伊利夏提——

著

自序

　　我喜歡文學、歷史。但陰差陽錯，我讀大學時學的是化學。學習化學，把我訓練成了一個嚴謹的邏輯思考者。我喜歡追根究底，更喜歡以詳實的證據去證實自己的觀點，而不是無端地強加自己的觀點。因此，文學和歷史，就成了我的業餘愛好。

　　我喜歡讀書，讀歷史書，但從沒有想過要寫書、出書。然而，中國政府殖民的大一統宣傳，對維吾爾人歷史的歪曲，對維吾爾民族的迫害，以至於今日中共對維吾爾人設立的集中營、種族滅絕政策等等，使我不得不拿起筆，盡我所能，去書寫我們維吾爾人的歷史，去書寫維吾爾人在黑暗中掙扎的呻吟與吶喊，去書寫維吾爾人在困境中的追求和夢想。

　　掌握了今天者，也就掌握了對昨天的敘述權，也將掌握對明天的設計權。儘管我們一再被灌輸，「歷史是一門科學」這樣的概念，但在中國共產黨野蠻統治下，歷史從來就不是科學，更遑論中國殖民統治下的東突厥斯坦。維吾爾人歷史，東突厥斯坦歷史，一直就是政權的婢女，一直服從於政治的需要。

　　但歷史不是一個極權政府所能完全控制得了的，當然，歷史的書寫也不是極權政府的鷹犬們所能完全掌控的。極權政府高壓

下的夾縫中，總有人敢冒生命危險秉筆直書，陳述歷史的點滴眞相，爲後人留下一窺歷史眞相，還原歷史事實的機會。

　　本書中，有關維吾爾歷史人物，無論其爲現代的，或今天還在監獄裡的，還是歷史汪洋中被埋沒了的——如多力坤・艾沙（曾任世界維吾爾代表大會執行委員會主席，現任世界維吾爾代表大會主席），或伊力哈木・土赫提（北京中央民族大學經濟學副教授，創辦「維吾爾在線」網站），還是東突厥斯坦伊斯蘭共和國的國父薩比特・大毛拉等等的仁人志士，我記錄他們的目的是希望：爲民族獻身者不至於被遺忘，爲民族吶喊者不被歷史遺忘，爲民族奔走呼籲者不被殖民者抹黑。

　　本書中，〈維吾爾人與東突厥斯坦簡史〉，是我書寫民族歷史的嘗試。我本來的計畫是，要書寫一本以維吾爾人的立場，陳述東突厥斯坦歷史的書籍。但突如其來的維吾爾集中營、中國共產黨政府對維吾爾人的種族滅絕政策，使我無法集中精力於過去歷史的研究。

　　我們每一個生活在海外的維吾爾人，面臨家人被送入集中營（中共謂之再教育營）、整個維吾爾種族滅絕的困境，在忙忙碌碌、憂心忡忡爲民族的拯救而奔走呼籲之時，不僅要思考維吾爾民族今日悲劇的歷史根源，同時，也要思考維吾爾民族未來獨立建國的歷史依據。

　　思考中，我發現，一些涉及維吾爾人和突厥之間的關係，維吾爾人和東突厥斯坦之間關係的常識性問題，東突厥斯坦乃是在近代才被滿清征服和化藩爲省，而不是「自古以來就屬於中國」

這種近代虛構的「中華民族」之歷史編造。我依據各方資料，包括中文歷史資料，也包括維吾爾人之歷史資料，給予詳實準確的解答，正是當務之急。

我畢竟不是科班出身研究歷史的專家，一些錯誤、失誤肯定難免。可能也會有人以為，我一個業餘研究歷史的作家，一些結論下得太過於武斷。

但是，就如我在簡史裡寫的，如果中國政府能根據司馬遷的《史記》等歷史典籍，推斷所謂「中華民族」有五千年歷史，我為什麼就不能根據相同的中文歷史資料，推斷維吾爾—突厥人，作為匈奴之後代，也擁有至少四千年文明歷史呢？

掌握今天東突厥斯坦的歷史陳述，是為明天獨立的東突厥斯坦設計未來。

伊利夏提 寫於 2020 年 12 月 14 日

目次

1 | 我們最終的目標 ——自由的東突厥斯坦！

坦然面對死亡，就是對強者的蔑視

作爲一個維吾爾人，一個追求自由的維吾爾知識份子，一個不願意做奴隸的維吾爾人，一個願意爲維吾爾人的自由、東突厥斯坦的獨立，而獻身的維吾爾民族主義者，我要代表我的民族，用我的筆，告訴中共侵略者，我們維吾爾人最終的目標——建立自由、獨立的東突厥斯坦！

這是一個偉大民族的偉大事業！是一個神聖的目標，是幾代東突厥斯坦人，近一個世紀以來，前仆後繼、流血犧牲獻身的事業。這條路很漫長，漫長得有時會令一些人沮喪，失去目標。但我們並沒有丟失目標，我們摸索前進，走到了今天。

這條路很艱難，艱難到令一些人半途而廢，但我們的隊伍並沒有削弱，而且越來越強大。不僅我們的隊伍強大了，壯大了，而且我們的朋友也越來越多！

這條路上有地雷陣，有萬丈深淵，稍一不小心會粉身碎骨，連姓名都會淹沒在無盡的黑暗中。但我們沒有怕過，現在也不怕，將來也不會怕！我們會用我們的身體，在地雷陣中殺出一條

血路；用我們的身體，填滿萬丈深淵，就像我們的父輩，使後繼者腳踏著我們的血跡，以我們葬身之地為路標，義無反顧，勇往直前，直至達到我們的最終目的——自由獨立的東突厥斯坦！

我們的敵人非常強大，非常殘暴。強大得令世界強國都猶豫不決；殘暴得讓很多中國人也只滿足於苟活，滿足於當奴才！但我們就敢於挑戰這所謂強者，讓它顧此失彼，手足無措。迫使它的獨裁統治者缺席於世界政治舞台。

維吾爾母親、維吾爾年輕人坦然面對死亡，不僅是對這所謂「強者」的挑戰，更是對這「強者」的蔑視！敵人的強大是物質的強大，我們的強大是精神的強大！物質的強大是暫時的，精神的強大是永恆的！

中共侵略屠殺，他國默默屈服強權

為什麼我們維吾爾人要獨立，為什麼有這麼多的維吾爾人，要選擇這條艱難的道路，一條看起來是遙無盡頭的道路，一條充滿了血腥和硝煙的道路？

答案很簡單，但又很複雜。簡單是因為，東突厥斯坦是我們神聖的祖國，是我們自古以來的家園。在這塊土地上，我們建立過偉大的國家，創造過輝煌的文明。是我們的祖先，將東方的絲綢、香料、火藥、造紙術等，送到西方，又將西方的人文、科技等傳送到東方。是我們的祖先，將東方文明和西方文明，在東突厥斯坦這塊土地上連接起來了！我們作為這塊土地的繼承人，理所當然地有權要求獨立。

這也是聯合國憲章，聯合國人權宣言中，給予各民族的天賦人權！民族自決也是文明社會的基本準則。維吾爾人作為這塊土地的主人，一個有兩千萬人口的民族，一個在歷史上創造過輝煌文明的民族，更有重建家園，建立自己獨立的東突厥斯坦國家的權利！就這麼簡單！

複雜是因為，中共侵略者強詞奪理，編造歷史，混淆視聽，欺騙東突厥斯坦一少部分無知者、膽小鬼、苟活者和奴才。中共侵略者欺騙大多數的中國人民，欺騙整個世界，企圖把東突厥斯坦說成是中國的。

複雜更是因為，文明世界面對中共法西斯政權，對東突厥斯坦人民的殘酷鎮壓、血腥屠殺，視而不見，屈服於強權。對中共的蠻橫霸道，步步退讓，使中共獨裁政權肆無忌憚，無法無天，為所欲為。中共在東突厥斯坦的殘暴統治，已經使二戰時期法西斯德國的劣跡遜色。中共的淫威，使生活在東突厥斯坦的中國人，也忘了中國文明中的「己所不欲，勿施於人」的教誨。這部分，中國人和中共侵略者，早已是沆瀣一氣，狼狽為奸。更有一部分中國人狐假虎威，叫嚷要滅了維吾爾人！

自治50年，維吾爾人竟成二等公民

自中共佔領東突厥斯坦以來，我們見識了中共的各種伎倆。我們的父輩相信中共及蘇共的「偉大」承諾：即，中共只是來幫助我們建設的，建設完後就會走的；相信所謂的「自治」，以為中共會信守承諾，讓東突厥斯坦人民自治，當家作主。所以東突

厥斯坦政府的民族軍，沒有開一槍，就讓中共進入東突厥斯坦國土。

更可悲的是，東突厥斯坦的人民及民族軍，天真地以為毒蛇真的不咬人了，所以還愚蠢地幫侵略者，暫時撲滅了覺醒者反抗的烈火。最後民族軍也被解除了武裝！

我們見識並見證了，所謂「自治區」建立以來，中共統治下的五十多年。這半個多世紀，是維吾爾人歷史上最黑暗的時代，是維吾爾人在追求自由的道路上，犧牲人數最多的一個時代。中共在不同年代，用不同的名義，將維吾爾的愛國仁人志士抓捕槍殺，使東突厥斯坦的土地血流成河。維吾爾的知識份子，被中共一次又一次地流放、屠殺，就像農夫割韭菜一樣，這使維吾爾人的文明，倒退了一個時代。這半個世紀的「自治」，是謊言的時代，是使文明倒退的時代！是中共培養奴才的時代。

這半個世紀的「自治」，從實質上看，還不如封建社會的滿清王朝。滿清王朝首先還承認這塊土地的主人是維吾爾人，所以讓維吾爾的王公貴族來統治東突厥斯坦，而且是作為滿清的藩屬。

中共自吹自擂其為最先進文化的代表，卻蓄意編造歷史，編造「新疆」自古以來就是中華的一部分的歷史。中共的御用文人、御用歷史學家們，裝聾作啞，他們在中共的淫威下，突然不理解「新疆」這兩字的意思了，需要我們這些維吾爾人要給他們解釋漢語、漢字了。這是一個荒唐的半個世紀。

這半個世紀，也是中共妄圖徹底改變東突厥斯坦歷史地位的

時代。「維吾爾自治區」，自治了半個世紀，越來越失去維吾爾的特徵。維吾爾人越來越不像維吾爾人，而且維吾爾人在自己的土地上，變成了少數，變成了二等公民。「維吾爾自治區」名稱中的維吾爾三個字，也越來越鮮見以報章雜誌了。

維吾爾人拒絕再上當，拒絕被自治

儘管中共的《民族區域自治法》規定，自治地方有權利與漢語並用自治民族語言，但事實是，維吾爾語已經被擠出了學校、官場，所以出現了像王白克力[1]這樣，和自己的維吾爾同胞講漢語的「維吾爾自治區」主席！

半個世紀「自治」的結果是，維吾爾教育幾乎被摧毀殆盡；完整的維吾爾學校幾乎絕跡；維吾爾中小學在教漢語！維吾爾教師在維吾爾學校，要講漢語！維吾爾人經半個世紀「自治」後，變成了落後的民族，需要中共開化啓迪了！維吾爾文化近半個世紀的「自治」後，現在卻在東突厥斯坦土地上作垂死掙扎。

半個世紀的「自治」是，維吾爾人家破人亡，流離失所。父母不能替自己的子女選擇就業、選擇未來，要由中共官員送到中國內地去，要由中共按其企圖培養維吾爾的後代。半個世紀「自治」的結果是，維吾爾人失去在自己土地、在自己家園繁衍後代的權利，失去按維吾爾的傳統、按維吾爾的文明教育後代的權

1　**王白克力**：努爾‧白克力當自治區主席時，一切聽從自治區黨委書記王樂泉的，一點權力都沒有，也不敢行使權力，所以人們嘲諷努爾‧白克力，稱他爲「王白克力」。

利。

　　最為重要的是，經過半個世紀的「自治」，維吾爾人失去了立身之地，生存權利。維吾爾人失去自由，失去自尊，失去絕大多數人類享有平等的權利！維吾爾人在自己的土地上，在自己的家園，成為被歧視的對象，成為二等公民。

　　維吾爾人見證了這半個世紀黑暗「自治」，經歷了半個世紀中共謊言的「教育」，經歷了中共無數的血腥鎮壓，付出了無數男男女女、老老少少的生命。在全世界都知道中共是一個流氓政權的今天，我們還會對什麼「自治」抱希望嗎？還會提出自治嗎？只要是自治，不管是高度自治也好，文化自治也好，在中共統治下都是假的！這已經是被現實證明了的！所以，維吾爾人絕不會再上「自治」的當了！不！不會的！我們再也不要什麼「自治」了！我們要的是最終的獨立！這是維吾爾人唯一的選擇，也是最後的選擇！不自由，毋寧死！這就是我們的目標！

（本文發表於 2010 年 1 月 9 日博訊新聞網）

2 ‖ 我對文明的理解！

美國廁所很乾淨，而且不收費

在美國，每到一處上廁所，我都很注意看廁所是否乾淨，是否有異味。因為我認為一個民族的文明程度，一個社會的進步程度，更多的應該反映在老百姓的衣、食、住、行日常生活中，而不是什麼幾個御用文人、「糞青」們，嘴上吹得早已被其主子摧毀了的、只存於紙上的千年文明，更不是什麼共產黨自我吹噓的、先進性的廣播、電視、報章上的一家之言。

廁所，不用我說大家都知道，在人們的日常生活中，佔據著非常重要的地位。有進，必有出。中共漢人官員談到老百姓的生活，最愛說的話是，要關心老百姓的：油、鹽、醬、醋，吃、喝、拉、撒、睡。但偏偏，這反映一個民族文明程度的「拉」，在中國是最不被重視的，可以說是中國文明程度最差的一個點！

中國的廁所，我們都見識過，經歷過。我們都有過被迫忍痛憋著回家，上自家廁所的「肥水不流外人田」的慘痛經歷。因為有些公共廁所，儘管收費不菲，但其衛生程度，實在是慘不忍睹。有些公廁還很危險，稍不注意，就有可能因「拉、撒」而犧

牲生命。這類的報導，在中國報章上屢見不鮮！

　　美國的廁所都很乾淨，而且不收費。到現在為止，我還沒有碰到過要收費的廁所。而且上廁所很方便。任何一家超市、餐廳都有廁所，不管你買不買東西，都可以上廁所。沒有人擋你，也沒有人問你。美國沒有中國式的幾十個蹲位的公共廁所。節假日或旅遊高峰區域，會臨時安放一些單人單間的應急廁所，也不收費。任何一個美國的廁所內設施齊全，洗手台、衛生紙、蹲式馬桶、墊紙，一應俱全。

中共統治下的廁所，奇臭無比

　　坦率地說，我在美國這幾年，並不是沒有過不愉快的經歷。有一次，一家速食店的廁所有點異味。我廁所出來後，告訴經理、店員，廁所有異味。經理點頭哈腰，說了好多「對不起」，而且當場讓另一位店員，立即進行再打掃。這使我有點受寵若驚，還有點不安，覺得自己是不是有點過分了。

　　我記得在烏魯木齊，我有一次去火車站公廁，雖然收費五毛，但衛生紙給得少不說，裡面的景象更是慘不忍睹，先入者的「遺物」比比皆是，奇臭無比。我出來後，稍微抱怨了兩句，就被看守廁所的人罵得狗血噴頭，不愧是看守廁所的人其嘴巴比廁所還臭！

　　由美國的廁所，我想到了中共統治下東突厥斯坦的廁所。由廁所，我想談點維吾爾人的文化，即維吾爾人是否在文化上相對落後的問題。因為不停地有漢人在網路上、報章上攻擊、指責維

吾爾人不衛生、落後等等。我不妄加評論，我只是給出我所知道的維吾爾人的日常衛生習慣，由讀者去判斷維吾爾人的文明程度。當然，我不可能在一篇短文裡，說完維吾爾人習慣的全部。

我也不談中國的廁所，因為有很多中國的文人大師們，談過了中國的廁所問題，我沒有必要班門弄斧。我只關心我的祖國，即生活在東突厥斯坦那塊土地上的人們及他們的習慣。

（1）講不完聽不煩的東突厥英雄事

我的孩童時代，是在東突厥斯坦的吉力於孜縣[1]曲魯海鄉度過的。那是一個非常美麗的山村，村子背山面河，人文習俗、自然風光、鄉間田野，讓人流連忘返。

夏天的曲魯海最為美麗，綠樹成蔭、瓜果飄香、百鳥歡唱。那時曲魯海的杏子、蘋果在全伊犁是小有名氣的。河邊的青青草地，馬、牛、羊、驢自由奔跑、嬉戲，牧童們斜躺在草地上侃侃而談，偶爾會對著牲畜吆喝一兩聲。河裡野鴨、家鵝成群，清清河水裡，偶爾還可看到各類大小魚。

離河不遠的泉邊，經常傳來的是，年輕、漂亮的維吾爾姑娘們一串串的笑聲，她們是到泉邊挑水的。泉邊，也是戀人們相會的唯一地點！因為姑娘們只有挑水的時候，是可以單獨出來的。

冬天的曲魯海，山、水、大地，白雪皚皚。繁忙了一夏天

1　維吾爾人把伊寧縣稱為吉力於孜縣。

曲魯海鄉街道

的人們，或騎馬、坐車、做扒犁[2]探訪親戚，或全家圍坐在火爐
邊，講故事，唱歌跳舞享受生活。大人們有時會帶著狼犬上山打
獵，不過當然是不會讓我們小孩子去的。我們小孩子會在白天用
自製的滑具滑冰、滑雪。

　　晚上我們就會跑到烤饢人家的饢坑[3]邊，找位子，大家圍成
圈，將腿伸到饢坑裡坐下，聽老人們講英雄沙迪爾，反抗滿清侵
略者故事，聽民族軍老戰士講他們的戰鬥經歷。如不是饢坑裡溫

2　扒犁，一種馬拉的雪橇，多天用於運輸。

度下降，這老人們講不完、我們聽不煩的故事，會持續到天亮。

　　冬天，有時覓食的羚羊、野兔，偶爾也會跑到村裡來。但從沒有人去圍捕、追獵到村裡來的野生動物。

　　村裡，還有大群的野鴿子，棲息在房檐屋簷下。那時的維吾爾人不吃鴿子，野鴿子更不用說了。冬天雪下大了，維吾爾人還專門撒些包穀、小米給覓食的野鴿子。

　　記得十幾年前，我帶著兒子回曲魯海。因兒子體弱多病，按中醫的建議，我想給兒子吃幾隻野乳鴿。我不知道該怎麼跟大哥[4]說，憋了好半天，才說了一半。大哥笑了笑說：「兄弟，醫生沒有說烏鴉也可以治病嗎？」我無語。最後不得已，還是趁大哥去城裡那天，由他兒子偷偷摸摸地弄了一隻乳鴿。我也變得「文明」啦，不是嗎？

（2）維吾爾嚴格要求人們尊重隱私

　　每日清晨，伴隨著清真寺喚禮員的喚禮聲，男人們，大人小孩會邁著輕快的步伐走向清真寺。很快地，各家會飄起縷縷青煙，這是女主人們在為晨禮歸來的男人們準備早茶。牧童趕著

3　饢坑，維吾爾語Tonur。用紅土建起來的底大口小圓形爐子，自下面點火燒熱後，將麵餅貼到對火面烤熟，被中國漢人稱為饢坑。農村維吾爾人家，每家都有一個饢坑，基本上每家每週要烤一次饢。有些人口多的家庭饢坑很大，圍著饢坑口，可以坐四、五個人。冬天烤完饢後，饢坑餘熱保持很長時間，小孩子們最喜歡圍坐聽故事。

4　這裡的大哥，實際上是伊利夏提的最小舅舅，他和伊利夏提差四歲左右，他們倆自小一起長大。伊利夏提一直稱他哥哥。

曲魯海鄉新清真寺

牛、羊，由村頭走到村尾。牛、羊群逐漸變龐大，占滿村中大路。

　　牛、羊的叫聲，土路揚起的飛塵，會使山村短暫地處於繁忙雜亂中。等牛、羊的叫聲漸漸消失在村尾時，村子復歸於寧靜。路邊住戶的女主人們會走出來灑水、清掃院子、門前大路。清掃過後的村莊，乾乾淨淨，秩序井然。

　　這就是過去維吾爾人的鄉間生活，寧靜、和諧，無憂無慮。是一種真正意義上的天人合一。人與人之間真誠相待，很少爭吵。人和動物、生物都是和諧相處。我們小孩子間當然少不了爭

吵、打架，但家長大人從不干涉，全是我們孩子間自己處理。

村子裡每一個清真寺，都有洗澡的地方，是一間一間分開的。當然不是現代意義上的浴室。是自己燒水，將水桶吊到鉤子上洗的那種。有時人們也會在自家裡洗澡，自家燒水比較方便。即便是城裡，維吾爾人也沒有那種大家一起泡大池子的澡堂。伊斯蘭教規影響下的維吾爾人文化，是嚴格要求人們尊重隱私的。所以維吾爾人非常注意個人隱私問題。身體是純個人隱私，即便是朋友也不會一塊洗澡的。更不會談論身體部位。

我搬到哈密後，第一次父親帶我去洗澡時，帶我去了他們單位的澡堂。進入更衣室，我大吃一驚。怎麼大人小孩都在一起，一個個赤裸裸的，什麼都一覽無餘。我太土啦，不是嗎！

因為是父親工作單位的澡堂，裡面大多是漢人，只有一兩個維吾爾人。我低著頭，對父親說我不洗，然後不顧父親的斥責，我離開了澡堂。我為父親的變化感到驚訝，維吾爾人父子是不會赤裸裸一塊洗澡的，這不是維吾爾人的習慣！更不是穆斯林的習慣。

我再也沒有去過那個澡堂。在哈密的那幾年，我會在家洗澡，或者去沒有人認識我的澡堂。而且只洗淋浴，從不下那幾十人赤裸裸泡著的，一天只換兩次水的大池子；看一下那池子裡的水就差點讓我吐出來，這「文化」、這「文明」我接受不了。

（3）穆斯林要求個人衛生環境清潔

維吾爾人是全民皆穆斯林。虔誠的維吾爾穆斯林，當然是要

嚴格遵守教規的。即便是那些不夠虔誠的維吾爾人，也沒有哪一個敢說自己不是穆斯林。大家都會在條件許可的情況下，盡可能遵守伊斯蘭的教規。這當然也包括了那些共產黨的奴才、奸細，他們也都不忘進行「割禮」[5]，結婚時不得不請阿訇念「尼卡」[6]，也強烈希望死後能按伊斯蘭教規埋葬。

穆斯林的第一要務是，要保持身體的清潔。所以每次禮拜前，都要洗漱，不光是要洗臉、洗頭，還要清洗陰部，前後竅。一天五次，次次同樣。性交、遺精，都必須要淨身。這叫大淨，要洗全身。做愛後、淨身前，是不能見人的，更不能做禮拜、上路；因為你是不潔淨的，會帶來霉運。大淨至少要一週一次。

洗漱、淨身，維吾爾人只用流著的水，不用臉盆，也不用洗澡桶。「流水不腐，戶樞不蠹」[7]。

維吾爾人除了注重個人衛生外，也很注重公共衛生。每天清

5　**割禮**：維吾爾等穆斯林，根據伊斯蘭教規定，在男孩子約7歲左右時，為孩子舉行傳統宗教儀式，割去男孩子陰莖包頭的做法，稱為割禮。維吾爾人的割禮儀式稍有區別。當天，孩子穿戴嶄新的維吾爾服飾，騎上高頭大馬，有一親人在前牽著馬，挨家挨戶邀請大家參加割禮儀式；被邀請人會給孩子口袋裡塞一些禮物、零花錢。

6　**尼卡**：維吾爾等穆斯林，根據伊斯蘭教規定，舉行的結婚傳統宗教儀式。一般是有伊斯蘭教當地主持（阿訇）以念誦《古蘭經》祈福開始，然後是阿訇問女方是否自由嫁給男方，再反過來問男方是否願意娶女方。雙方表達意願後，阿訇宣布雙方正式子那一刻起結為夫妻。維吾爾人的尼卡，親人一般會準備一碗鹽水泡饢，在阿訇宣布結為夫妻之後，男女雙方各自分吃鹽水泡饢。偶爾會有雙方親人好友爭搶鹽水泡饢，據說，誰先吃到泡饢，誰將是未來家庭的決斷者。

7　流動的水不會腐敗，常轉動的門軸不會被蛀蝕。

晨起來清掃院子、門前大路，這是習慣。垃圾不能在家裡過夜，是規矩，不可破壞的。維吾爾人從來不在河邊、泉水邊，洗衣服、洗碗、洗菜，因為廢水會污染河水、泉水。那是對下游人的不尊重，是一種罪過。維吾爾人更不會往河水裡倒垃圾，撒尿。大人從小就告訴我們，小孩子往河裡撒尿，是非常大的罪過，身上會長腫瘤。

我可以自豪地，說到現在為止，維吾爾村莊中，河流兩岸沒有垃圾堆積的現象！河水也沒有變得奇臭無比的。倒是有很多河水乾了；原因是，上游有兵團截流！

就算是城裡的維吾爾人，也不會在公共水龍頭邊洗衣服、洗碗、洗菜。在維吾爾人看來，這都是各家私事，不是能拿到大庭廣眾中的事情。

漢人公共衛生習慣很差又自私

哈密鐵路地區，過去漢人和維吾爾人的衝突，大多發生在公共水龍頭邊。漢人喜歡大盆小盆、內衣外衣，拿到水龍頭邊洗。洗過的衣服，滴滴答答，就掛在公共水龍頭上。漢人來提水的，似乎無所謂。但我們維吾爾人，就不願意啦。那掛在水龍頭上衣服的水，在沿著水龍頭往下流呢，極有可能流到我要接水的水桶裡。我們就會要求，先把水龍頭上的衣服拿掉，我們再接水。這讓洗衣服的漢人，非常不高興。

我始終認為這是公眾接水的地方，而不是洗衣房。但就有人說，這是中國文化，我不知道這「文化」是不是可以算先進。我

不評價這是不是先進，但我知道，最起碼，這是一種極端自私的行為。

維吾爾人不在居住的臥室裡、廚房裡，圈養飛禽走獸。在農村，維吾爾人也養狗，但狗只能待在院子裡，和牛、羊待在一起，不能進屋；且絕對不能和人同吃、同住。現代醫學證明，維吾爾人的這一做法更為衛生，更有利於防止疾病由動物到人類的傳播。

我從曲魯海搬到哈密後，有一次去一位漢人同學家串門，一進門，臭烘烘的雞屎味，差一點把我薰昏過去。那時的哈密鐵路地區，漢人幾乎家家一個雞籠子，在家養雞很普遍。當然，可能會有人說，當時的條件使然，沒有辦法。

但同樣的條件，鐵路上維吾爾人家，就沒有一家在家裡養雞的。就算是現在，城裡維吾爾人家裡，也很少有養寵物的。這當然是文化的不同，我也不想評說哪一個更文明，讀者自己去得出結論。但我知道，現代醫學認為，很多疾病多是由動物傳染的。

這裡我順帶介紹一下，維吾爾人吃雞的習慣。因為雞什麼都吃，維吾爾人殺雞前，要把雞圈在一個小範圍內，用包穀餵養七天，然後宰殺。當然，現在城市的維吾爾人也和漢人一起進步了，不管三七二十一，不管這雞是怎麼餵大的，不管是吃化肥的雞，還是吃豬屎餵大的雞，是雞都通吃！這是共產黨帶來的「先進文明」？

（4）維吾爾蹲廁與漢人蹲廁大不同

　　農村維吾爾人家廁所，都是在果園裡，一般都是在非常隱蔽的角落。廁所裡放一水壺，放一鐵鍬，一些紙、土塊。水壺用來淨竅洗手；鐵鍬用來掩埋排泄物；紙、土塊是用來擦後竅的，擦完再洗。廁所永遠只有一個蹲位。維吾爾人家的廁所裡，永遠不會發生「兩個男人，或兩個女人，一塊進廁所聊天。」的事。

　　這裡最重要的一點，維吾爾人的廁所，要求排泄完畢立即掩埋。鐵鍬、土塊都是預備好了的。這很科學，掩埋可以避免動物亂扒，然後到處亂跑傳染各種疾病。而且最重要的是，避免如廁之人無意中看到前人留下的「遺物」，擾亂如廁之心情。

　　我剛到哈密鐵路地區時，第一個讓我極不舒服的，就是那個大概有十一、十二個蹲位，卻沒有隔離的公共廁所。大清早進去，要嘛看到的是一溜的屁股，要嘛就是臉紅脖子粗地在使力的人們；全看第一個進去的人，是臉朝門，還是背朝門了。早晚飯前、飯後，如廁的高峰期間，蹲位不夠了，即便是奇臭無比，你也得拿出練就的本事，耐心排隊等在廁所門口。

　　等待的過程中，等待者和蹲者之間，有時還有互動；還有人在興致勃勃地聊天，有時內容還包括如廁前吃的飯。這種中國式的「文明」我永遠也習慣不了。有些人興趣更大，研究蹲者的表情變化，當然是在蹲者面朝如廁門時；蹲者如果是背朝門，那算倒楣了。

　　那時如廁，我總是帶本書。愛好讀書的習慣，使我避免了看

不該看的，或本來就不想看，但條件使然不得不看的。我手不離書的習慣，還真不能說中國蹲廁沒有一點影響。就這點，中國蹲廁還應該算是文明的啟發點之一吧？

（5）漢人文明糟蹋維吾爾男性女性

除了那些背教叛祖的維吾爾奴才外，大多數維吾爾人都遵行伊斯蘭教規，這已經變成維吾爾人的生活習慣。

維吾爾人，作為穆斯林，禁煙禁酒。共產黨領導下的維吾爾人有變化，或者如共產黨所說的，是「進步」了。當然，農村還基本上保持著傳統，禁菸禁酒。少數「文明」的維吾爾年輕人，也還是不敢大鳴大放地抽菸喝酒。他們見了老人，還是要將菸酒藏起來。

但城裡那些跟黨親近的維吾爾人，「文明」程度已經超越我們的想像理解能力。他們「進步」到：人一進家門，屁股還沒坐穩，茶還沒有上，就先敬上一根菸；飯還沒上桌，酒先上來了。維吾爾人的習慣是，有客人上門，先問寒問暖， 再上茶、上飯。絕沒有菸酒！

還有更「文明」的狗腿子維吾爾人呢！男人在酒桌上喝的爛醉如泥，或裝成爛醉如泥，然後讓老婆陪領導聊天、跳舞。更有男人乾脆就自己在家教育孩子，由老婆成天陪領導跳舞。他們的「文明」已經超越了西方。這應該是中國孫子兵法中三十六計之一的「美人計」吧。不知道這應該算是「文明」呢？還是陰謀詭計呢？反正我現在知道，連美國都沒有這種「文明」習慣。

最後，就我個人的觀點，我認為文明應該是沒有先進落後之分的，每一種文明都有其存在的理由、存在的合理性。每一種文明都和該文明產生的歷史環境、居住條件、地理條件等有著密切的關係。中華文明、維吾爾文明也都如此。

　　如果你是一個文明人的話，應該用客觀的、歷史的眼光，看待文明與落後的問題，學會包容，學會寬容；而不是擺出一副高人一等的架勢，來教訓別人。所謂的文明，應該「正人，先正己」。

（本文發表於 2010 年 11 月 2 日博訊新聞網）

3 薩比特·大毛拉·阿卜杜巴克·卡瑪利——東突厥斯坦伊斯蘭共和國的設計師

東突厥斯坦曾為實體完整的國家

　　1933年11月12日，在東突厥斯坦南部重鎮、維吾爾文化源泉、維吾爾王城（Ezizane Qeshqer）——喀什噶爾，成立的東突厥斯坦伊斯蘭共和國（也被稱爲「東突厥斯坦第一共和國」），

東突厥斯坦伊斯蘭共和國的星月藍旗，至今仍是維吾爾人心中的國旗。

是東突厥斯坦各族人民，爲擺脫漫長的異族殖民統治，尋求民族自由，恢復東突厥斯坦獨立歷史上的一個里程碑！

東突厥斯坦伊斯蘭共和國成立之時，即有成文的國家憲法。憲法規定了國名、國徽、國旗、國歌。

東突厥斯坦伊斯蘭共和國，儘管存在時間很短，但她擁有現代共和國所擁有的全部國家運作機構，如總理府爲主的軍事部（國防部）、外交部、司法部、衛生部、教育部、宗教事務部等等的內閣各部門；建立了中央銀行，發行了自己的貨幣；對出國人員，頒發了東突厥斯坦伊斯蘭共和國的護照。

東突厥斯坦伊斯蘭共和國，是內閣制的共和國；各部部長對總理負責，總理對總統負責；總統、總理向代表大會負責。

東突厥斯坦伊斯蘭共和國的成立，標誌著東突厥斯坦各族人民「民族意識」的覺醒！這也是維吾爾等東突厥斯坦各族人民，步入建立現代民族國家的開始！

東突厥斯坦伊斯蘭共和國，更爲日後的東突厥斯坦共和國，打下了堅實的基礎！1944年11月12日，東突厥斯坦共和國，在東突厥斯坦北部重鎮、維吾爾近代文明的發源地—伊犁成立。東突厥斯坦伊斯蘭共和國，也爲自1949年之後東突厥斯坦各族人民，爲擺脫中共殖民統治，尋求自由、民主、獨立的鬥爭，打下了歷史基礎！

獻身東突厥斯坦的維吾爾思想家

東突厥斯坦伊斯蘭共和國的成立過程中，有一個維吾爾人起

了非常重要的作用。他就是東突厥斯坦伊斯蘭共和國的設計師；二十世紀上半葉，東突厥斯坦最早的維吾爾覺醒者之一；維吾爾啓蒙運動旗手之一；維吾爾思想家、改革家、宗教學者，東突厥斯坦現代國家的奠基者；東突厥斯坦伊斯蘭共和國國父；維吾爾民族英雄：薩比特‧大毛拉‧阿卜杜巴克‧卡瑪利（Sabit Damolam Abdulbaqi Kamali）。

　　但這位，現代東突厥斯坦共和國的奠基者、國父，卻幾乎被排除在現代東突厥斯坦獨立運動的歷史研究之外了。他被有意識地模糊處理，以致於讓後人幾近遺忘。無論是中文歷史資料，還是維吾爾文歷史資料，或其他語種的歷史資料，有關薩比特‧大毛拉的訊息，幾乎沒有，也極難找到。

　　當然，中共殖民政權把持下，東突厥斯坦歷史教科書上，薩比特‧大毛拉被中共政權妖魔化、邪惡化，且一筆帶過。他們將薩比特‧大毛拉簡單描繪成「極端民族主義者」、「分裂分子」。

薩比特‧大毛拉。
資料來源：維基百科。

　　中國政治家（國民黨、共產黨）、御用歷史學者，指責薩比特‧大毛拉爲「泛突厥主義」、「泛伊斯蘭主義」者等等。更爲可笑的是，他們還繼續罔顧歷史事實，荒謬地指責薩比特‧大毛拉爲「英帝國主義的代理人」。

　　而實際情況是，當時的英國，爲

了保住自己的既得利益，防範蘇聯通過東突厥斯坦對英屬印度的滲透，不僅拒絕幫助才建立起來的、年輕的東突厥斯坦伊斯蘭共和國，英國甚至反過來，積極幫助中國的侵略政權，鎮壓東突厥斯坦人民的獨立、自由運動。（當時的英屬印度政權給金樹仁[1]四千多支槍，而拒絕「年輕」的東突厥斯坦共和國購買槍支的要求。）

但不管中國侵略政權，怎麼篡改、偽造歷史，怎麼誣衊、抹黑這位無畏無懼、不屈不撓的、東突厥斯坦伊斯蘭共和國的開國國父，中國始終無法改變：薩比特·大毛拉·阿卜杜巴克·卡瑪利，在東突厥斯坦各民族尋求民族自救、尋求獨立自由之歷史中，所具有的開國國父地位。中國也改變不了他在東突厥斯坦一代又一代的仁人志士心中，所留下的光輝歷史形象！

他那不屈不撓、嘔心瀝血，為拯救民族的獻身精神，將永遠激勵一代又一代的東突厥斯坦兒女，高舉他升起的星月藍旗，前仆後繼直至自由的東突厥斯坦恢復獨立！

因啟蒙恩師被謀殺，而轉往伊犁

薩比特·大毛拉·阿吉·阿卜杜巴克·卡瑪利，1883年出生於阿圖什阿扎克村（Azraq）。很小就進入村裡的宗教學校，師從瓊·愛蘭·阿訇（Chong Elem Ahunum）學習伊斯蘭宗教學，後進入喀什噶爾的汗宮宗教學校繼續其學業。

1　**金樹仁**：自1928年至1933年底，繼楊增新接任新疆省主席。

1910年初，在蜚聲東突厥斯坦及中亞的悲劇英雄——伊斯蘭宗教學者、思想家、教育家、改革家、啓蒙學者阿卜杜卡迪爾・大毛拉、馬木提・阿訇等人的力促推薦下，薩比特・大毛拉前往當時中亞的伊斯蘭學術中心布哈拉，去學習深造。

　　1914年薩比特・大毛拉完成學業，獲得「大毛拉」的伊斯蘭學者稱號後，借道伊犁，返回東突厥斯坦。在暫留伊犁霍城期間，薩比特・大毛拉與霍城維吾爾人伊斯馬伊力・阿吉的女兒熱比婭成婚，並有一子名爲阿卜杜拉。幾年後，因夫妻不和，薩比特・大毛拉和熱比婭離婚。

　　大約是在1919年或1920年左右，薩比特・大毛拉將兒子阿卜杜拉留給前妻熱比婭，自己隻身返回喀什噶爾。

　　關於薩比特・大毛拉隻身返回喀什噶爾的原因，眾說紛紜。一種說法是和綏定（霍爾果斯）的維吾爾人市場大火（1916年）有關。在那一場神秘大火中，綏定城南大門外的維吾爾市場被大火完全摧毀。因而，城牆內天津人的市場卻漁翁得利。那場大火，也把薩比特・大毛拉的商舖燒光，使其血本無歸。

　　返回喀什噶爾後，薩比特・大毛拉在汗宮宗教學校，和前師阿卜杜卡迪爾・大毛拉及同道沙姆希丁・大毛拉、庫特魯・邵柯一起從事教學。同時，他和同道們一起在喀什噶爾，開展了反對保守落後、反對愚昧、反對黑暗、反對奴役、奴性的維吾爾現代啓蒙運動，也被稱爲扎吉德（Jedidism）運動。

　　1924年阿卜杜卡迪爾・大毛拉因宣傳新式教育，反對保守、落後、愚昧，而遭到由中國侵略政權煽動、支援下的喀什噶爾保

守派謀殺。很快，薩比特・大毛拉也成了反動分子準備暗殺的下一個目標。薩比特・大毛拉感到危險，以要去沙特[2]朝覲天房[3]的名義，於1925年離開了喀什噶爾，再次落腳伊犁。

曾口譯古蘭經，且遠赴開羅學術會

在伊犁期間，薩比特・大毛拉首先在一些尋求東突厥斯坦民族振興同道的幫助下，先後寫作、翻譯，出版了好幾本有關先知穆罕默德聖人的傳記、有關伊斯蘭法學、神學等的著作。

他撰寫的，有關穆罕默德聖人的傳記《甘泉之路》，在幾位有錢朋友的贊助下，在綏遠當地一家印刷廠出版。同時，薩比特・大毛拉還對自出版以來，伊斯蘭宗教學校廣泛使用的——由安達盧西亞著名的阿拉伯語法學者伊本・馬利克，所撰寫的阿拉伯語語法專著——《韻律語法彙總》，書寫了註釋和解說。

同一時期，薩比特・大毛拉還在伊犁市中心的客棧清真寺，每天口譯、講解《古蘭經》。他歷時三年，完成了全部《古蘭經》的詮釋、講解。

薩比特・大毛拉以其博大精深的伊斯蘭法學、神學知識，對《古蘭經》的準確詮釋，在伊犁各界的穆斯林民眾、尋求民族振

2　**沙特**：沙烏迪王國（即沙烏地阿拉伯），沙特王國。

3　**朝覲天房**：根據伊斯蘭教五項義務，每一個穆斯林在其一生，如果經濟條件和環境條件（路途安全）允許的情況下，必須前往沙特王國麥加朝拜克爾白Kaaba天房一次。無路費、貧窮者可以免除此項義務。如果有適婚兒女未婚，必須等兒女完婚後才能去。

興的學者當中，獲得極高的威望！

這一時期，國際風雲變幻。第一次世界大戰爆發，與伊犁比鄰的沙俄帝國崩潰，蘇俄建立（1917年）。對東突厥斯坦有影響力的鄂圖曼帝國崩潰，土耳其共和國成立（1923年）。沙烏地阿拉伯王國以兩聖城[4]為中心的獨立建國運動（1902～1932年），始自1916年的西突厥斯坦（中亞）反抗蘇俄的巴斯瑪奇運動，及其在1920年代末期被蘇聯（1922年之後，蘇俄已改為蘇維埃社會主義共和國聯盟，簡稱蘇聯）血腥鎮壓，運動失敗，領導人逃亡至鄰近各國，包括大批逃亡至東突厥斯坦落腳；可以說，對東突厥斯坦憂國憂民的知識分子，產生了極為深刻的影響，包括薩比特‧大毛拉。

正值此動盪變革的1930年，和田人穆罕默德‧伊明‧柏格拉來到了伊犁，並很快與薩比特‧大毛拉相識、會面，兩人進行了幾次深入的會談。穆哈默德‧伊明從和田來到伊犁，是以前往塔爾巴哈台城，求學於著名韃靼學者木拉提‧阿凡迪為名，通過周遊觀察東突厥斯坦各地，考察民情，和仁人志士交流觀點的。

穆罕默德‧伊明比薩比特‧大毛拉年輕十五、六歲。會談中，薩比特‧大毛拉不僅給穆罕默德‧伊明留下極為深刻的印象，而且他們這兩位，為民族前途憂心忡忡、尋求民族拯救之路的維吾爾啓蒙者，如舊交相會、相見恨晚！

4　此處兩聖城，指的是，麥加（Mecca，第一大聖城）和麥地那（Medina，第二大聖城）。

在這次會見中，薩比特‧大毛拉分析了中國、東突厥斯坦和國際形勢之後，他告訴穆罕默德‧伊明：縱觀歷史，橫看現代世界發展趨勢，東突厥斯坦擺脫中國殖民統治的唯一出路，是以武裝起義驅趕侵略者，恢復東突厥斯坦的獨立。處於混亂中的中國，可能無暇顧及，派不出大規模兵力鎮壓；但有一個危險，那就是蘇聯干涉，所以要等待最佳時機。

薩比特‧大毛拉並告訴穆罕默德‧伊明，發動起義的最佳地點，應該是和田。他並囑咐穆罕默德‧伊明，盡快返回和田，廣泛聯絡各界，做好充分準備，等待時機。

1931年早春，薩比特‧大毛拉帶著已經十幾歲的兒子阿卜杜拉，與來自喀什噶爾、阿圖什的沙姆希丁‧大毛拉、牙庫甫‧阿吉等近百人，一起自伊犁出發，借道蘇聯、土耳其，前往沙特（即沙烏地阿拉伯）麥加朝覲。

1931年五月底，在完成朝覲功課後，薩比特‧大毛拉告別鄉鄰，為與當時中、西亞伊斯蘭世界的名流學者，進行學術、思想交流，考察土耳其等國政治、新興科學技術，尋求民族拯救、振興之路，他開始其周遊沙特、土耳其、埃及等國的探索之旅。

在土耳其考察、交流期間，薩比特‧大毛拉聽說，埃及開羅要舉行伊斯蘭世界著名學者學術交流會，為趕上交流會，他匆忙離開土耳其前往開羅。他得以按時出席這次的伊斯蘭世界最高學術討論會，並和與會學者就伊斯蘭世界面臨的危機，進行深入的討論交流。

薩比特‧大毛拉不僅與伊斯蘭世界最著名的學者們交流，而

且向他們請教民族復興拯救的經驗、教訓。他在後來發表的旅遊觀感《信仰精華》的前言中寫到：「我深入地思考了這些問題，與土耳其伊斯坦布爾（伊斯坦堡）、埃及亞歷山大、沙特兩聖城和印度著名追求眞理的學者們，進行深入的交流；還有幸和舉世聞名的學者拉希德‧里達在幾次會議中進行深入交流。他們向我推薦了……《爲什麼穆斯林落後，而其他進入現代化》等幾本書，通讀這些書後，我發現，作者們也都和我一樣，在研究和思考同樣的問題。」

周遊考察中，薩比特‧大毛拉印象最深的，應該是伊斯蘭世界的落後與愚昧，他在《信仰精華》前言中感嘆道：「非常令人遺憾，這次旅行，無論走到那裡，我看到都是伊斯蘭世界的極端落後；這使我深感憂慮，並常常陷入深深思考。」

顯然，薩比特‧大毛拉這次周遊列國之後，得出最現實的結論是：「貧窮落後，無暇自顧的伊斯蘭世界，是根本無能力幫助東突厥斯坦的民族獨立，我們不能對伊斯蘭世界抱任何幻想；必須親力親爲，啓蒙沉睡的民族。」

起義從和田開始，並推至全東突厥

1932年初，薩比特‧大毛拉在完成近兩年周遊伊斯蘭世界之旅後，爲返回祖國東突厥斯坦，輾轉來到印度。在印度短暫停留期間，薩比特‧大毛拉在德里出版自己有關伊斯蘭的幾本書。

在印度短暫停留期間，薩比特‧大毛拉在一些海外維吾爾商人的贊助下，於印度德里的沙‧加汗印刷廠，印製了傾注其心血

的，由周遊心得和學者交流思考匯集而成的《信仰精華》這本書。

薩比特・大毛拉不像其他朝覲者一樣，從國外帶回大包小包的沙特蜜棗和滲滲泉水，而是把他的著作——《信仰精華》這本書，送給前來迎接他的家鄉親朋好友。

1932年秋季，薩比特・大毛拉帶著要喚醒民族，實現民族復興、獨立建國的崇高理想，和堅決擺脫異族殖民統治的堅定信念，終於回到闊別已久的祖國——東突厥斯坦。

但薩比特・大毛拉，這位遠遠地走在當時東突厥斯坦時代前面的憂國憂民政治家、學者、思想家，與眾不同。他和其他朝覲者不一樣。他沒有先回自己的家鄉阿圖什，而是先落腳在喀什噶爾與和田交接的南部重鎮——葉城一段時間，然後按事先約定，直接去和田。

1932年11月，薩比特・大毛拉到達和田後，立即與穆哈默德・伊明進行會面交流。他向穆哈默德・伊明講述其周遊海外的經歷和觀感，及與各國學者的交流心得。薩比特・大毛拉建議，盡快舉行武裝起義。

穆哈默德・伊明，聽了薩比特・大毛拉的所見所聞，及其建議後，也向其匯報自己按約定成立「和田民族復興組織」的經過、宗旨及發展狀況、人員組成等。薩比特・大毛拉聽完、並肯定穆哈默德・伊明的組織工作之後，立即表達他自己想要加入該組織的強烈願望。

很快，穆哈默德・伊明立即召集「和田民族復興組織」核心

成員，在和田墨玉（Qarqash）吾伊巴克（Oybagh）清眞寺，召開第一次由薩比特·大毛拉參加的秘密會議。會議應穆哈默德·伊明的要求，討論了薩比特·大毛拉和和田著名的宗教學者麥麥提·尼亞孜·愛蘭穆參加組織的申請，成員們並當場經討論通過，接受他們倆加入組織。

這次會議，有130多人出席。會議根據穆哈默德·伊明和薩比特·大毛拉提議，大家討論通過在和田舉行武裝起義的決議，及起義的日期，討論並通過起義負責人員名單。

會上，薩比特·大毛拉再一次向與會者，介紹他周遊、考察各國的情況；分析國際、國內形勢；談及他的感受與觀感。他特別提醒大家，不要將民族拯救的希望寄託在外國的支援上。他引用《古蘭經》經文，強調只有當一個民族自強不息、站起來自我拯救時，眞主會和這個民族在一起，然後正義世界才會伸出援助之手。薩比特·大毛拉要大家齊心協力，做好起義的準備工作。

薩比特·大毛拉特別強調，他這次回來，是因爲此刻是舉行武裝起義、拯救東突厥斯坦民族於危難的最好機會。儘管國際形勢非常複雜，中、蘇聯、英帝國主義政策反覆無常，但國內形勢對東突厥斯坦人民非常有利。只要相信自己、依靠自己，有堅定信念，就一定能擺脫中國殖民統治，贏得東突厥斯坦獨立，民族的復興。他說他直接來和田，是因爲起義必須從和田開始，再推進到喀什噶爾，直至全

穆哈默德·伊明。
資料來源：維基百科。

東突厥斯坦。

堅持和田與喀什噶爾義軍聯合作戰

這次會議之後，薩比特·大毛拉立即投入其已準備的工作，他利用齋月之便利，周遊和田各地講解《古蘭經》。他引經據典，引用《古蘭經》經文，特別強調參與聖戰，拯救祖國、民族，保衛伊斯蘭信仰，是每一個穆斯林應盡的義務，也是信仰的一部分。通過這種走訪、講解，薩比特·大毛拉在人民群眾中，為起義打下了堅實的精神基礎和物質基礎。

儘管非常小心保密，然而，起義消息還是洩漏了。當薩比特·大毛拉和穆哈默德·伊明獲知起義消息外洩，墨玉縣殖民政權已開始調兵、準備鎮壓之後，他們一起決定立即發動起義。

1933年2月24日，薩比特·大毛拉和穆哈默德·伊明帶領組織成員，按事先約定，裡應外合，進攻和田墨玉縣衙門。很快地，義軍佔領了衙門，光復了墨玉縣。緊接著，義軍向和田進軍。和田殖民政權嚇壞了，放棄抵抗，向義軍投降。很快地，3月底、4月初，和田大部分地區已經落入穆哈默德·伊明領導下的義軍手裡。

1933年4月5日，和田伊斯蘭國宣佈成立。由麥麥提·尼亞孜·愛蘭穆擔任最高領袖；薩比特·大毛拉擔任其高級顧問，負責教育、司法和宗教事務；穆哈默德·伊明任軍事總指揮，負責軍事事物。跟隨穆哈默德·伊明最堅決，作戰最勇敢的，是他的兩個弟弟，分別擔任其軍事左右手。

在和田起義期間，薩比特·大毛拉非常及時有效地，調解處理了和田義軍與沙車義軍之間的一些糾紛，避免了內部衝突的發生，表現出一個嫻熟、有遠見的政治家之外交手段。

和田稍事安定之後，薩比特·大毛拉先是艱難地說服了默罕默德·伊敏，然後說服和田政府，要求和田當局同意，讓他帶一部分和田義軍，進軍喀什噶爾。

當時，喀什噶爾當地各路義軍矛盾重重，衝突不斷，百姓生活不得安寧。喀什噶爾殖民政府帶著一小部分軍隊，還仍然盤踞在喀什噶爾新城、虎視眈眈。因而，有一部分喀什噶爾名人紳士，不停地寫信、派代表，希望薩比特·大毛拉能前來喀什噶爾，以其威望，團結各路義軍，消滅盤踞喀什噶爾新城殖民政府軍隊，宣布獨立建國，一勞永逸地擺脫殖民侵略。

1933年7月17日，薩比特·大毛拉和穆罕默德·伊明·柏格拉的弟弟埃米爾·阿卜杜拉（沙·曼蘇爾 Shah Mansur），帶著兩千多位裝備極其落後，但抱著建國宏大理想的和田義軍，踏上暗伏殺機、風雲難測的喀什噶爾不歸之路。

義軍出發前，薩比特·大毛拉和埃米爾·阿卜杜拉，會見以阿卜杜霍普爾·沙埔圖·大毛拉（Abdughopur Shaptul Damollam）為首的喀什噶爾軍事長官鐵木爾師長的特使團。特使團的目的，是勸說和田義軍放棄進軍喀什噶爾的計畫。

鐵木爾師長想保持和田、喀什噶爾各自為政、互不侵犯之現狀。但薩比特·大毛拉堅持和田、喀什噶爾義軍聯合起來，先打下盤踞喀什噶爾新城的中國殖民侵略軍，然後宣布東突厥斯坦獨

立，建立東突厥斯坦伊斯蘭共和國。

薩比特‧大毛拉以其遠見卓識，天生領袖魅力和極富感染力的演講才能，向代表團陳述，「要實現民族復興，只有以各方團結爲唯一出路」之理，最終說服了各方，特使團也只好無功而返，未能阻止和田義軍向喀什噶爾出發。

鐵木爾與薩比特，燕雀安知鴻鵠之志

當和田義軍到達英吉沙時，坐不住的鐵木爾師長，親自坐著他的車，來到英吉沙，會見薩比特‧大毛拉。鐵木爾師長盡全力，試圖說服薩比特‧大毛拉放棄進入喀什噶爾的計畫。

再一次，因爲薩比特‧大毛拉據理力爭，誠懇解說，鐵木爾師長在無奈中，接受和田義軍進入喀什噶爾，雙方共同打擊盤踞喀什噶爾新城的中國侵略軍，建立東突厥斯坦伊斯蘭共和國這一宏偉方案。

但剛愎自用、懷疑成性的鐵木爾師長，並未體認到薩比特‧大毛拉希望和他共同完成建立東突厥斯坦共和國這一民族賦予歷史使命的重要性！「燕雀安知鴻鵠之志哉」！

這也爲日後鐵木爾師長自己的悲劇人生，及喀什噶爾、和田義軍間的紛爭，埋下了禍根。

盤踞在喀什噶爾新城作垂死掙扎的中國侵略軍，最後能夠成功地伏殺鐵木爾師長，削弱義軍力量，完全得益於喀什噶爾、和田義軍將領間的短視、不團結！鐵木爾師長剛愎自用、狂妄自大，過份輕信他人讒言，革命還未成功就貪圖安逸享受，都是導

致他敗亡的因素。

1933年7月20日，薩比特‧大毛拉和埃米爾‧阿卜杜拉帶著兩千名和田義軍雄赳赳、氣昂昂地進入喀什噶爾城，喀什噶爾幾乎全城出動，夾道歡迎薩比特‧大毛拉、埃米爾‧阿卜杜拉為首的和田義軍。

在喀什噶爾期間，薩比特‧大毛拉很快進入角色[5]，積極會見喀什噶爾各界代表，商討建國事宜，並幾次親自上門，懇請鐵木爾師長聯合出兵，攻打盤踞喀什噶爾新城的中國侵略軍，以除心患。但鐵木爾師長再三推託，就是不出兵。

薩比特率領義軍，戰勝中國侵略軍

最後，當薩比特‧大毛拉將其為首的「東突厥斯坦獨立組織」，所起草的有關建立東突厥斯坦伊斯蘭共和國的草案，遞交鐵木爾師長過目簽字時，鐵木爾師長大概覺得和田義軍要攬權的證據已經足了，就愚蠢地下令，繳了和田義軍的槍；並將薩比特‧大毛拉和埃米爾‧阿卜杜拉軟禁在住處。

1933年9月27日，盤踞喀什噶爾新城的中國侵略軍，借義軍內訌，鐵木爾師長義軍大部在和田與和田義軍作戰，喀什噶爾城內空虛之際，先是伏殺鐵木爾師長於喀什噶爾郊外去欄杆鄉的路上，然後乘亂再次佔領喀什噶爾城。

危亂之際，喀什噶爾的有識之士乘亂先是將埃米爾‧阿卜杜

5　**很快進入角色**：很快得心應手的開展工作。從不熟悉，到熟悉。

拉送出了喀什噶爾。埃米爾‧阿卜杜拉在幾位同道的陪同下，安全抵達莎車。緊接著薩比特‧大毛拉也被喀什噶爾的朋友們安全護送到阿圖什。

薩比特‧大毛拉一到阿圖什，就馬不停蹄地開始其未完成的民族拯救事業，繼續在阿圖什，建立東突厥斯坦伊斯蘭共和國準備工作。他會見阿圖什各界有識之士，宣傳啓蒙思想，建立完善組織，訓練士兵。

1933年10月1日，按計劃，各路義軍同時向佔領喀什噶爾的中國侵略軍發起進攻。經過殘酷激烈的血戰，東突厥斯坦義軍將佔領喀什噶爾的中國侵略軍趕出了喀什噶爾。古老的王城喀什噶爾，再一次回到了東突厥斯坦人民手中。

奪回喀什噶爾後，在薩比特‧大毛拉爲首的義軍將領，及各界仁人志士鍥而不捨、兢兢業業的努力下，各路義軍最後放棄前嫌，走在一起，決定建立東突厥斯坦伊斯蘭共和國，恢復民族的獨立自由。

人民含淚，望著星月藍旗徐徐升起

1933年11月12日，在喀什噶爾坤啓（Kunchi）社區前的廣場上，薩比特‧大毛拉和他浴血奮戰的同道們，一起莊嚴地向世界宣佈：東突厥斯坦伊斯蘭共和國成立！並舉行了東突厥斯坦伊斯蘭共和國升旗儀式。第一次，在東突厥斯坦的土地上，現代東突厥斯坦伊斯蘭共和國的星月藍旗徐徐升起！

廣場上當時聚集了2萬多人，其中七千多人爲東突厥斯坦伊

東突厥斯坦伊斯蘭共和國總統霍嘉·尼亞孜·阿吉。資料來源：維基百科。

斯蘭共和國的軍人，1萬3千多人為喀什噶爾各族居民。人們眼含著淚花，看著自己的旗幟在陽光下隨風飄蕩，禁不住高呼：「真主偉大！真主偉大！」

東突厥斯坦伊斯蘭共和國總統為霍嘉·尼亞孜·阿吉，薩比特·大毛拉為政府總理；政府設軍事部（國防部）、外交部、教育部、財政部、司法部、衛生部、宗教事務部等等。

東突厥斯坦伊斯蘭共和國很快地發佈了共和國憲法；宣佈保護各民族平等，尊重宗教信仰自由，保護個人私有財產等等。

伊利夏提於2019年在台北的一場演講中，介紹東突厥斯坦伊斯蘭共和國總統霍嘉·尼亞孜·阿吉。（攝影：台灣東突厥斯坦協會理事長何朝棟律師。）

在薩比特‧大毛拉的協調、力促下，以庫圖魯克‧阿吉‧肖克（Qutluq Haji Shewqi）爲首的喀什噶爾各界學者共同努力，利用瑞典駐喀什噶爾傳教團駐地印刷機，於1933年11月15日發行共和國《獨立》雙月刊。雙月刊主要發佈東突厥斯坦伊斯蘭共和國領導成員的簡歷及其職務、職責；發佈東突厥斯坦伊斯蘭共和國法令法規。《獨立》雙月刊，爲宣傳、貫徹東突厥斯坦伊斯蘭共和國的建國指導思想、啓蒙民眾等事務，立下了汗馬功勞！

中蘇怕東突厥強大，薩比特遭關押

東突厥斯坦伊斯蘭共和國的建立，讓周圍虎視眈眈的各大國惴惴不安，尤其是中國、蘇聯、英國。史達林特別害怕東突厥斯坦的獨立、自由之聲，傳到蘇聯高壓下的西土耳其斯坦，害怕在西土耳其斯坦引起連鎖反應。所以史達林開始其陰謀破壞活動，這也正中中國侵略政權代表——屠夫盛世才之懷；所以兩屠夫一拍即合。

更可悲的是，義軍中一些將領的短視、剛愎自用、自私、心懷鬼胎，導致內部紛爭不斷。敵人正是利用這些人的致命弱點，奪取剛剛站起來的東突厥斯坦各族人民的勝利果實。而中國、蘇聯的陰謀家，也藉著悲劇英雄霍嘉‧尼亞孜‧阿吉之手，摧毀了這個年輕的東突厥斯坦伊斯蘭共和國。

1934年初，在蘇聯的威脅利誘下，東突厥斯坦伊斯蘭共和國總統霍嘉‧尼亞孜‧阿吉卑鄙地答應蘇聯，負責幫助盛世才，解散東突厥斯坦伊斯蘭共和國，以換得蘇聯的武器裝備、支援，及

獲得所謂「新疆省政府」副主席之職。

1934年4月，在蘇聯壓力下，在沙車休養的霍嘉‧尼亞孜‧阿吉，下令手下軟禁當時在沙車的澤日普‧卡熱‧阿吉（Zirip Kari Haji）、沙米西丁‧大毛拉 （Shamshidin Damollam）、阿布拉汗‧蘇里坦別克（Ablahan Sultanbeg）等人。

1934年4月13日，霍嘉‧尼亞孜‧阿吉的手下，馬赫穆提（Mahmut）師長下令手下吳普爾 （Ghopur）團長前去葉城，逮捕薩比特‧大毛拉。不久，在霍嘉‧尼亞孜‧阿吉親自部署下，薩比特‧大毛拉及澤日普‧卡熱‧阿吉等人被押送到阿克蘇，交給盛世才的軍隊。

1934年下半年，薩比特‧大毛拉被盛世才的軍隊，押送到臭名昭彰的烏魯木齊第二監獄去關押。

反思歷史留給我們慘痛的經驗教訓

在監獄期間，薩比特‧大毛拉沒有悲觀失望，他還是抱著希望，繼續他能在監獄條件下從事的工作。薩比特‧大毛拉設法弄到一本《古蘭經》、紙和筆。他不顧監獄惡劣的環境，利用一切時間，在短短十個月內，完成全部《古蘭經》的翻譯、詮釋這一宏偉工程[6]。

6　薩比特‧大毛拉在獄中翻譯、詮釋的這本《古蘭經》，後來幾經輾轉，送到了薩比特‧大毛拉留在伊犁的兒子阿卜杜拉手上。1944年在伊犁成立的東突厥斯坦共和國，為紀念這位先賢，專責宗教部撥款印刷出版了他的這本《古蘭經》最早維吾爾語翻譯詮釋本，這個版本也

薩比特‧大毛拉，東突厥斯坦人民的好兒子，東突厥斯坦伊斯蘭共和國的設計師、奠基者、國父，近代東突厥斯坦啓蒙運動的發起者之一，思想家、改革家、宗教學者，於1941年被屠夫盛世才殺害，享年58歲！

　　薩比特‧大毛拉，可以說是近代東突厥斯坦維吾爾啓蒙運動發起者之一，也是新式教育的推動者之一。就其時代來說，他無愧於政治家、思想家、改革家、宗教學者稱號。

　　薩比特‧大毛拉，作爲在近代東突厥斯坦恢復獨立、建立現

這本維吾爾文的書，是作者伊利夏提在撰寫薩比特‧大毛拉‧阿吉的主要參考資料來源。書名：《正在復甦的先輩精神》（作品集）。此書作者是Yalqun Rozi（牙里坤‧肉孜）。

成了絕本。因該書譯者，薩比特‧大毛拉，在東突厥斯坦歷史上的特殊身份，近代中國有關《古蘭經》研究，一概無視作者和他這個版本。而本文作者伊利夏提，卻又非常幸運地擁有1945年有東突厥斯坦共和國印刷出版這部《古蘭經》維吾爾文翻譯詮釋本。

該書作者Yalqun Rozi所寫的文章名稱：
〈薩比特‧大毛拉是誰？〉

Yalqun Rozi[7]，照片來源：World Uyghur Congress
世界維吾爾代表大會2019年5月17日臉書照片。

代共和國歷史上，一個劃時代轉折性歷史時期，承上啓下、創造
了伊斯蘭世界第一個共和國的偉大人物，東突厥斯坦伊斯蘭共和

7　牙裡坤‧肉孜（Yalqun Rozi）長期花費精力，編輯了一大批維吾爾人
　　文教科書，發表過若干有關維吾爾文化文章，並於2001年—2011年，
　　編寫了中小學校的維吾爾教學大綱和語文教學課程，頗受社會廣泛歡
　　迎，並成爲維吾爾知識份子中的典範。自2016年8月陳全國被任命爲新
　　疆黨委書記起，因其極左思想，將從事維吾爾教科書的工作，均視爲

國的設計師、奠基者、國父，他給我們留下的不僅是其模糊的人生軌跡，而且更重要的是，現代掌權者——中國，試圖使其人生模糊的。薩比特‧大毛拉的獨立建國政治理念，這是他留給我們的一份最沉重、最具歷史價值的政治遺產！也是他含恨而去的未

該書作者Yalqun Rozi有關寫作薩比特大毛拉一文的簡要說明。

「意識形態問題的表現」，Yalqun Rozi及其眾多同行遂遭嚴酷打壓。2016年10月，牙裡坤‧肉孜（Yalqun Rozi）及其所屬教科書編輯公司的全體成員，突遭烏魯木齊市警方抓捕。因抓捕之初並未受到指控，故其涉嫌罪名不詳，但自此失聯。2018年，Yalqun Rozi被中共新疆當局，以「顛覆國家政權罪」重判有期徒刑15年，刑期至2031年10月。據悉，因其自被捕至判刑以來，一直無具體資訊，故而其身體健康狀況及所押地點等均不知情；其家屬請求探視、通信權等亦遭拒絕。【編者按：本段文字資料，出自「中國政治犯關注」（China Political Prisoner Concern，簡稱CPPC。）網站。牙裡坤‧肉孜（Yalqun Rozi）（CPPC編號：00810）】

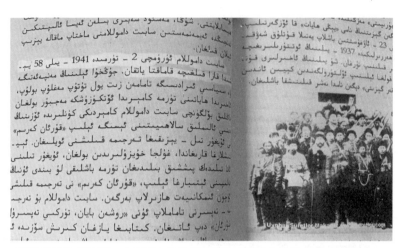

（維吾爾文）薩比特‧大毛拉，生於1883年，直到1941年58歲去世為止，一直被關押於烏魯木齊第二監獄。

竟事業！

　　在紀念東突厥斯坦伊斯蘭共和國成立之時，我們懷念以薩比特‧大毛拉為首，為祖國的獨立、自由，奮鬥不息、鍥而不捨、前仆後繼的民族英雄們！敬仰他們為祖國不屈不撓的獻身精神！

　　同時，我們也被那些製造民族悲劇的悲劇英雄（我一直不確定這些人是否可以被稱為英雄），如；鐵木爾師長、霍嘉‧尼亞孜‧阿吉等的事蹟所困惑、折磨。這些「民族英雄」們，可悲地、一而再、再而三地輕信敵人的諾言，與民族的敵人合夥謀皮，他們不僅葬送了自己的生命，葬送了民族英雄薩比特‧大毛拉與澤日普‧卡熱‧阿吉這樣優秀的東突厥斯坦兒女的生命，而且也葬送了東突厥斯坦的國家民族前途。

我們，作為薩比特‧大毛拉等民族英雄的跟隨者，此時特別需要深深反思歷史：反思在尋求祖國獨立、自由之路上，我們前輩走過的坎坎坷坷；反思東突厥斯坦近代歷史上的悲劇性事件、悲劇性人物，總結歷史留給我們慘痛的經驗教訓，以清醒的頭腦昂首挺胸，為恢復我們獨立、自由的東突厥斯坦共和國而努力奮鬥！

　　薩比特‧大毛拉‧阿卜杜巴克‧卡瑪利，是東突厥斯坦人民的民族英雄，他將永遠活在我們心中！

　　謹以此文，奉獻給為建立東突厥斯坦伊斯蘭共和國而犧牲民族英雄們！

（本文發表於 2011 年 11 月 2 日博訊新聞網）

4 ‖ 艾提尕爾清真寺的故事

編者按：本文作者伊利夏提，於2011年11月，在維吾爾語「祖國」網站上，看到關於喀什噶爾艾提尕爾清真寺的故事，因而寫下這篇文章。「祖國」這個網站後來關閉了。本書編輯之時（2020年），作者想方設法連繫該網站的工作人員。據該網站的工作人員表示，此文原始資料來自被判15年徒刑的維吾爾作家Yalkun Rozi（牙裡坤・肉孜）。2016年10月，牙裡坤・肉孜（Yalqun Rozi），突遭烏魯木齊市警方抓捕，自此失聯。2018年，Yalqun Rozi被中共新疆當局，以「顛覆國家政權罪」重判有期徒刑15年，刑期至2031年10月。據悉，因其自被捕至判刑以來，一直無具體資訊，故而其身體健康狀況及所押地點等均不知情；其家屬請求探視、通信權等亦遭拒絕。

大門兩邊不對稱的艾提尕爾

最近我在「祖國」維吾爾語網站上，看到了一篇有關喀什噶爾艾提尕爾清真寺的故事。看完頗有感觸。覺得有必要介紹給漢語讀者。

小女孩在艾提尕爾清真寺前餵鴿子。維吾爾攝影家Yulghun 拍攝。

　　維吾爾人的建築，因受伊斯蘭的影響，基本上是和伊斯蘭世界保持一致。大多的維吾爾建築強調對稱。特別是作為維吾爾人祈禱、學習、民眾議事的公共場所，清真寺建築更是以高大、對稱的拱頂大門，主建築宏大圓頂著稱！

　　但是在東突厥斯坦，喀什噶爾的艾提尕爾清真寺，卻是個例外。艾提尕爾寺的大門兩邊不是對稱的。面朝艾提尕爾清真寺，大門的左邊牆，遠遠寬於右邊牆，且有兩個壁龕；右邊卻一個壁龕都沒有，只有一道短牆！艾提尕爾清真寺，大概是全東突厥斯坦唯一一個，擁有不對稱結構的清真寺！

　　這是為什麼呢？

　　據歷史記載，最早，艾提尕爾寺的位置上，有一個小清真

寺，規模只有現在艾提尕爾寺封閉的那部分那麼大。後來在葉爾羌汗國時期，艾提尕爾清真寺才開始初具現有規模。

葉爾羌汗國鼎盛期，艾提尕爾清真寺不僅變成中亞一帶著名伊斯蘭學術的中心，而且艾提尕爾寺前的廣場，也自然地形成一個匯聚東西方商賈，及喀什噶爾附近大小商販的一個市場。

伊斯蘭曆944年，公元1558年；拉希德汗（Rashid Han）國王派駐喀什噶爾的總督阿奇木別克（Hakim Beg）[1]歐布勒・哈迪・別克（Obul Hadi Beg）決定擴建艾提尕爾清真寺，以滿足日益增長前來艾提尕爾寺祈禱、學習穆斯林民眾的需求。

歐布勒・哈迪・別克請來伊斯蘭世界的建築名匠們，開始進行艾提尕爾清真寺的宏大建築工程。

堅持不搬，要保留祖傳家產

但很快，問題來了。挨著艾提尕爾清真寺，住著一位維吾爾老寡婦，她怎麼也不願意搬家，不願意讓出她名下的那塊土地。儘管寺裡的阿訇、毛拉們做工作[2]，附近鄉鄰、長老們做工作，承諾為她蓋一個比她現在還好的房子，承諾給老太太最好的地段，但她就是不讓出來。建築工程最後被迫停下來了！

無奈中，主持建築的官員不得已，只好向歐布勒・哈迪・別克匯報了情況。

1　阿奇木別克（Hakim Beg）是總督或縣長，是官銜。
2　做工作，就是勸說，威逼利誘了。

歐布勒・哈迪・別克親自找到了老婦人，苦口婆心勸說老婦人，請她為了穆斯林大眾的利益，放棄她這裡的房產，隨意另選他處。歐布勒・哈迪・別克鄭重承諾更多的賠償價格。

但老人就是不為金錢、權勢所動，就是不搬，要保留祖傳家產！

不得已，歐布勒・哈迪・別克將老婦人告到了喀什噶爾的最高卡孜（Qazi）（地區伊斯蘭最高法官）。

卡孜了解情況後，根據伊斯蘭法有關保護鰥、寡、孤兒等的法律，作出了最終的判決：判決官員或政府不能強迫老人搬家。房子是老婦人的祖傳私產，任何人、任何組織，不能以任何名義剝奪老婦人的房產！只能協商！

一個無依無靠的維吾爾老寡婦勝訴了！

卡孜建議歐布勒・哈迪・別克再去和老人洽談，給予更高的價格。據說，卡孜建議阿奇木別克，將老婦人的房子，四面牆貼滿金子，看看能否打動她？

最終，總督貼滿牆的金子，也沒有打動老婦人！

不得已，總督命令建築師，放棄老人地產這邊的擴建，以現有的有限空地繼續建築。這樣，造就了今日大門兩邊不對稱的艾提尕爾清真寺！但這不對稱的艾提尕爾清真寺，卻也留下了膾炙人口、傳世百年的故事——伊斯蘭法治勝人治、弱者勝強權的維吾爾社會，其燦爛光輝的一面！

維吾爾社會更早具法治基礎

對照今天中共侵略政權，鐵蹄下被踐踏的東突厥斯坦，強權暴政下呻吟的維吾爾人社會；對照一下胡「和諧」的「科學觀」指導下，遍及中國、東突厥斯坦、西藏、南蒙古的，以所謂「開發、建設」之名義，瘋狂掠奪各地土地、礦藏、文物古蹟及其對自然、人文景觀的破壞；對照一下不顧維吾爾人社會、文明世界、各行學者的強烈呼籲，以舊城改造為名，繼續毀壞維吾爾千年古城——喀什噶爾人文歷史沉澱老城；對照一下以所謂「柔性治疆」作旗號，繼續恐怖暴政的中共侵略政權新代表——總督張「大善人」的一意孤行；對照一下中共各級貪官污吏，以法制名義，犯下的滔天罪惡！

說真的，這千年前的葉爾羌汗國，太先進了！太法治了！

如果這維吾爾老婦人活在現今，還那麼堅持的話，早被臭名昭著的城市執法隊，其拆遷專家們趕出了家門！如果老婦人還繼續不知好歹，上訪告狀的話，說不定還會被張「大善人」的反恐專家們，定義她為「恐怖分子」啦！然後接著就是關進監獄，直至她消失！

被中共指責為封建社會的，幾百年前的維吾爾王公貴族、宗教神職人員，居然無法撼動一個孤寡的維吾爾老婦人，無法迫使她搬家，騰出地產！

這艾提尕爾清真寺不對稱的建築，說明了什麼呢！

說明東突厥斯坦的維吾爾社會，事實上如果沒有外敵的侵

入，沒有滿清、中國幾百年的黑暗、愚昧殖民統治，如果繼續保持其伊斯蘭文明法治社會的建設，說不定早已經躋身於世界文明社會之行列！

這還說明，相對於中國的封建社會，東突厥斯坦維吾爾社會早具有了法治文明的基礎！也證明，沒有中華文明影響的維吾爾人社會，實際上更文明、更公平！

這是因為，人類社會的文明程度，不僅僅是反映在物質的豐富程度上，最為重要的是，要反映在這個社會對其成員的公平、公正程度上！

（本文發表於 2011 年 11 月 25 日博訊新聞網）

5 ‖ 維吾爾花帽贈給誰？

賽福鼎‧艾則孜竟將花帽贈毛澤東

維吾爾人的花帽，是維吾爾民族獨有的維吾爾服飾。花帽有男女老幼之別：女性的花帽色彩豔麗，男性花帽淡雅樸素，青年花帽活潑華麗，老年花帽則凝重端莊。

維吾爾人有給自己敬仰的、尊貴的客人贈送花帽、「Tun」（一種特製的維吾爾式長袍）以示敬仰、友好之意的習慣，非常類似於藏人贈送「哈達」之禮儀。這種禮尚往來，當然是要建立在自願、平等基礎之上。送貴重之物給尊貴客人的目的，當然是希望「投桃報李」，獲得相應的敬仰、友好、尊重。

自東突厥斯坦被中共佔領以來，維吾爾人當中，一些自稱代表維吾爾人的維奸[1]奴才們，給佔領者送了不少次的花帽、Tun。但一直是這些維吾爾奴才一廂情願地、或被迫地送，佔領者以主子的高傲接受。結果是「肉包子打狗，有去無回」，沒有任何回報！

1　維奸，指背叛維吾爾民族利益之人。

這種一廂情願、贈送維吾爾花帽給佔領者的始作俑者，是背叛東突厥斯坦民族獨立事業的大維奸——賽福鼎‧艾則孜。1949年，賽福鼎在北京參加中共第一次政協會議時，未經和東突厥斯坦任何人商量，他就自稱代表維吾爾人民，給中共大屠夫毛澤東戴上了維吾爾花帽，並給毛澤東披上了維吾爾人的Tun。

背叛東突厥斯坦民族獨立事業的大維奸——賽福鼎‧艾則孜。

自此，歷屆兩會[2]召開期間，只要有新任中共最高領導人，來到偽自治區參會代表團駐地，一定會有一位漂亮的維吾爾女士，自稱代表維吾爾人，給中共新任的最高領導者獻花帽。當然，老百姓都知道，這贈送維吾爾花帽之戲，是一場中共導演的「民族團結」之戲。送者無心，受者無意。接受花帽之漢人領導，更從來沒有過「來而不往非禮也」之愧疚！

贈花帽給中共高層的戲，不斷重演

很快，這齣贈送花帽之戲，將再次在北京人民大會堂重演。三月份即將召開的兩會期間，肯定會有漂亮的維吾爾族女士，自稱代表維吾爾族人民，將給習近平贈送花帽！當然，也少不了藏

2　全國人民代表大會，全國政治協商會議；每年三月舉行全體會議，聽取政府工作報告，審議通過預算等，也被稱為橡皮圖章。

人自稱代表藏民族，給習近平獻哈達之戲！

非常有意思的是，儘管那些擔任偽自治區主席、副主席等職的維奸奴才們，因為怕自己被中共漢人主子標籤為強烈的民族情感，而自己不敢戴上維吾爾花帽。他們也從來不戴維吾爾花帽。但在兩會召開第一天的開幕式上，或者在有記者拍照的時候，他們一般都會按主子的要求，讓一些奴才民族代表穿戴自己民族的服飾，以示各民族都在「參政議政」之盛事。

但維吾爾人都知道，只要任何維吾爾人，在穿戴方面表現出濃厚的民族特點，那麼這位維吾爾人的政治仕途也就走到了頭[3]！

中共漢人領導不喜歡戴花帽的維吾爾人，這是事實！但中共獨裁者仍然需要表演維吾爾人送花帽，漢人領導喜收花帽之「民族團結」戲碼。目前，這還是劇情需要！

然而，人民的眼睛是雪亮的。維吾爾老百姓知道，這神聖的花帽應該送給誰，知道應該送給哪些對維吾爾民族表示了敬意、誠意、尊重的領導、領袖。

維吾爾人，因為失去了國家，失去了民族的獨立，因而也失去了作為一個國家的主人自覺、自願地在平等的基礎上，給其他關心並敬仰維吾爾民族的世界領袖贈送花帽、Tun的機會。

但聰明的維吾爾人卻並未因此而甘休。維吾爾人運用現代科學技術，通過電腦PS技術，將維吾爾人的花帽，贈送給了維吾

3　即走到了盡頭。

爾人心裡敬仰的世界領袖們。

（本文發表於 2013 年 1 月 29 日博訊新聞網）

6 中國的民主化 能給我們帶來什麼？

1989年519維吾爾穆斯林遭鎮壓

1989學潮時，我在石河子教師進修學校當老師。

1989年學潮前後，對東突厥斯坦人民，特別是維吾爾人來說，實際上也是個動盪的、到處是血和淚的多事之際。

1989年5月19日，烏魯木齊的維吾爾、回族等穆斯林群眾，走上街頭，抗議《性風俗》一書作者褻瀆伊斯蘭、污蔑穆罕默德聖人、行宗教歧視。中共殖民當局以一貫的殘暴，陰險地使用欲擒故縱之詭計，殘酷地鎮壓烏魯木齊的穆斯林遊行！有大批維吾爾人被抓捕、判刑、失蹤。

學潮進入高潮前，東突厥斯坦早已是腥風血雨、人心惶惶、風聲鶴唳。報紙媒體正連篇累牘地報導，中共軍警在烏魯木齊廣場，鎮壓穆斯林遊行示威的血腥戰績。各地「嚴打，維穩」之聲不絕於耳。自治區各地、各單位組織，學習嚴厲打擊「5.19暴力犯罪打、砸、搶分子的」檔，主要是要求維吾爾人必須人人表態。

儘管遊行的最初發起者，主要是以烏魯木齊各回族清真寺長

老為主，參加遊行的群眾也有近一半是回族信眾，但最後，共產黨鎮壓的屠刀，還是重重地落到維吾爾人的頭上！被抓捕、判刑的，絕大多數是維吾爾人！各地的牆上，到處是要抓捕維吾爾人的通緝令！

正當維吾爾人被壓得喘不過氣、幾近窒息時，八九學運進入了高潮！

本來，大多數維吾爾人只是冷眼旁觀。但很快，維吾爾人發現，學運中，有一瘦小的維吾爾孩子的身影，而且還是學生領袖。這激發了維吾爾人對學運的興趣。等到令維吾爾人驕傲的——維吾爾人吾爾開希，被學生們扛在肩上的電視圖像出現時，維吾爾人不再壓抑、沉默了。維吾爾人開始激動了，維吾爾人也開始每天坐在電視機前，關心學運的發展，關心運動的動向了。

維吾爾孩子成為學運的領袖之一

特別是，當維吾爾人看到吾爾開希作為學生領袖、學生代表，他和共產黨李鵬總理對話的新聞片段時，吾爾開希那無畏無懼、不卑不亢、義正詞嚴地駁斥李鵬總理的理智、勇敢，再次點燃了維吾爾人騷動的心！維吾爾人沸騰了！吾爾開希算是為維吾爾人出了一口氣！

一個維吾爾人的孩子，不僅做了學運的領袖，還領著幾十萬漢人的孩子，和長期殘酷鎮壓中國人、維吾爾人、藏人的獨裁中共針鋒相對，進行較量，這能不讓維吾爾人激動嗎？

如果說，胡耀邦在東突厥斯坦、西藏短暫的開明政策，曾經讓一部分對中共政權抱幻想的維吾爾知識份子，因自由曙光的出現而激動過的話，那麼，學運中的吾爾開希，作為以漢人為絕對多數的學生領袖姿態出現時，著實讓一大批維吾爾人，包括我本人，按捺不住內心的激動，抱著一線希望，開始關心起中國的民主化運動，也開始積極參與支持當地學運的各種活動中。

那時，我是班主任。我的學生，是即將畢業的民族電器大專班的學生。我利用晚上晚自習的時間，向學生講解電視劇《河殤》的內容。而且，我要求民族學生每天到學校圖書館去讀《中國青年報》、《參考消息》。每天晚上，我都會以激動的心情，利用晚自習時間，向民族學生講解學運進展，回答他們的疑問。

大概也是因為我們學校，集中了石河子最多的「右派」的緣故吧，那一段時間，我們學校幾乎整個出動聲援學潮。而且，學生科的科長（上海人）、教務科的科長（天津人），帶頭組織學生，在石河子市舉行聲勢浩大的聲援遊行，然後捐款、發聯名聲援信等！

學運遭鎮壓，我也被迫離家出走

當時，有維吾爾學生問我：「老師，學潮學生的目的是什麼？如果學生呼籲的願望實現了，我們能得到什麼？『我們』當然是指我們東突厥斯坦土著人民啦！」

我當時回答說（大意）：「學生現在的要求是反貪污腐敗、要求實行政治改革，但最終目的應該是在中國實行民主。至於民

主能給我們帶來什麼具體變化，我說不上，但是一定會給我們帶來一個求得民主、平等的機會。至於這機會有多大，我們是否能抓住，我說不上，但是我肯定，機會，會給我們帶來改變！」

　　儘管我也不太自信，但還是繼續鼓勵學生道（大意）：「只要共產黨的專制被推翻的話，一定會有改變。如果今天，在天安門廣場的漢人學生，能夠信任身為維吾爾人的吾爾開希的話，將他推舉為領袖，那麼至少應該可以想像，如果中國實現了民主的話，這些參加過學運、經歷過民主洗禮的漢人，應該是會和我們進行平等的對話，和我們共同尋找解決民族問題的出路！」

　　學生似信非信！當然，我自己也不是很確定！

伊利夏提2011年在美國哈佛大學，向中國民運人士演講。

後來，學運被中共殘酷鎮壓，希望破滅！再後來，我也被迫離家出走。

到美國沒有幾個月，我就和紐約的中國民運人士建立了聯繫，也一起開展了幾次抗議中共暴政的遊行示威活動。自那時起，我堅持參加不同黨派、不同觀點民主人士舉辦的各類有關中國形勢、中國未來趨勢、中國民主化的研討會。

在美與漢人學者民運人士有交流

有時，這些會議，看起來似乎都是空談。但藉此會議機會，我們還是獲得了直接和漢人學者、民運人士交流的機會。這些漢人學者、民運人士，畢竟在耐心地聽我們說話，即便我們的話很刺耳，他們還在聽。也開始有漢人學者，站在我們的立場，替我們說話。

儘管他們的聲音微弱、單薄，但畢竟他們是漢人學者、民運人士，他們站在正義的立場上，和我們一起指責共產黨的強權霸道民族政策，而且這些正義人士的數字也在逐年增加。這在讓我們感到希望的同時，也讓專制政權極不舒服。

我個人對參加這類會議的原則是：只要民主民運人士邀請，只要時間、條件允許，我就一定去參加他們的會議！在座者中，肯定會有人不同意我的觀點，這也非常正常。關鍵是，大家是否有誠意，做到一起平等地討論存在的問題？爭論也很正常。因為能坐下來談、聽我們講、和我們爭論，就說明這些漢人還有誠意，有平等交流的願望。有交流，就會有理解的開始！

參加這類會議的過程，我認識了很多中國民主運動的先行者，他們都是參加過六四民運的民主人士、學生領袖，如：楊建利、胡平、謝選軍、薛偉、項小吉、陳破空、王軍濤、方政、吾爾開希、魏京生、劉國凱等等。儘管並不是每位學者、民運人士，都贊同我們維吾爾人對東突厥斯坦獨立、自由的追求，但他們都承認，自中共佔領東突厥斯坦以來，維吾爾人從來沒有和平安寧的日子。

　　他們都承認，維吾爾人正在遭受中共政權最殘酷的民族壓迫。

　　他們都承認，過去的中國國民黨政權、現在的中共政權，在東突厥斯坦，都犯下了民族屠殺罪。

　　他們都承認，中共政權現在還在繼續對維吾爾人，進行以民族滅絕為目的——法西斯種族滅絕政策！

民主制度下可能實現的民漢和解

　　而且其中不少人，如：公民力量楊建利博士、著名學者胡平、民運老戰士薛偉、六四學運學生領袖項小吉律師、著名時事評論員作家陳破空先生等人，他們幾次在不同的公開場合，旗幟鮮明地表達支持維吾爾、藏民族追求民族自決的堅定立場！他們的支持，讓我們看到，在民主制度下可能實現的民漢和解，實現民族平等、民族自決的一絲曙光。

　　同樣，在美國也有不少維吾爾人問我：「伊利夏提，你一直在和漢人學者、民運人士來往交流。中國真的實行了民主，我們

能得到什麼嗎？這些民運人士會不會一旦掌權就變臉、變卦呢？我們能信任這些漢人學者、民運人士嗎？」

當初，國民黨蔣介石政權，也曾經承諾過許多。共產黨頭子、屠夫毛澤東在掌權前、掌權初期，也承諾過很多，也搞了個「自治區」。但我們的境況卻越來越糟，現在幾乎到了垂死掙扎以求生存的地步，我們還能相信這些漢人嗎？

我的回答仍然是：「我不知道我們是否可以百分之百的信任這些學者、民運漢人！但我相信，如果中國實現了民主，總會有改變。至少民主的運行規則，不會讓執政者為所欲為，這或許會給我們帶來千載難逢的機會，關鍵是看我們如何利用機會！」

隨著中國民主化的實現，民主、自由、平等、自決的機會，肯定會降臨維吾爾人、藏人、南蒙古人等等，關鍵是看我們如何掌握機會，利用機會。

國民黨佔領東突厥斯坦時期，儘管國民黨政府也是一個專制政權，但在言論控制方面至少比共產黨寬鬆一些，國民黨政府至少允許維吾爾學者說話、發表自己的觀點。

自由是要用血、火與生命換來的

如在四〇年代的重慶，維吾爾人的三位領袖——玉素甫·艾沙·阿里普特肯（Yusup Eysa Aliptekin）、麥斯烏德·薩比爾·拜闊孜（Mes'ud Sebry Bayqozi）、穆罕默德·伊明·柏格拉（Muhammed Imin Boghra），不僅能在國民黨的《中央日報》發表文章、闡述自己的觀點，和當時的中國著名歷史學家爭論東

突厥斯坦歷史地位問題，而且自己辦各類宣傳東突厥斯坦人文、歷史、宗教信仰的雜誌！

他們公開發表不同於中國學者的、表明維吾爾人立場的歷史觀點：即東突厥斯坦各族人民，有著不同於中華民族的文化、歷史、宗教信仰；東突厥斯坦不是「自古以來，就是中國不可分割的一部分」。歷史上，突厥各民族，在包括東突厥斯坦在內的廣大土地上，建立過許多獨立的民族國家，維吾爾人有權要求民族獨立、民族自決等很尖銳的問題。

現在歷史發展，人類進入了文明的二十一世紀，民主制度更趨完善了。人權高於主權的原則普遍被各國接受，也被中國很多的獨立學者、民運人士所接受。在這種國際的、國內的大環境下，中國如果實現了民主的話，包括我們維吾爾人、藏人、南蒙古人一定會獲得更多的機會。至少我們會獲得在北京、在烏魯木齊辦報、辦雜誌的機會，並獲得向世界、向中國民眾，特別是漢民族，宣講我們尋求民族自決觀點、依據的機會！

中國民運的民主人士也不至於敢在世界公眾的眾目睽睽之下，違背自己在國際舞台上的承諾而自食其言吧！？畢竟這不是通訊不發達、封閉的二十世紀。

如果上世紀四○年代的維吾爾三位領袖，能夠利用國民黨專制政權表面寬鬆的新聞檢查制度，辦報紙、辦雜誌宣講維吾爾人追求自由、平等、尊嚴的訴求，我相信，實現真正現代民主的現代中國，一定會給我們維吾爾人帶來一個，以和平、民主的方式，尋求維吾爾民族自由、平等、民族自決的良機。

關鍵，還是要看我們維吾爾人，如何運用中國實現民主的良好機會，爲東突厥斯坦各民族爭取到平等、自由、民族自決的權力，實現民族利益最大化！

　　但是記住：別人是不會給我們恩賜自由的！自由也不是免費的午餐；自由是要用血與火，用生命換來的！

　　　　　　　　　　（本文發表於 2013 年 8 月 3 日博訊新聞網）

7 ┃ 伊斯蘭教是維吾爾人最後的精神堡壘

「宗教的苦難是對現實中苦難的表現，同時也是對現實中苦難的抗議。宗教是被壓迫的生靈的歎息，是無情世界當中的有情，正如它是沒有精神的景況中的精神一樣。它是人民大眾的鴉片。廢除作為人們幻想當中幸福的宗教，就是實現他們真正的幸福。要揚棄與這處境相關的幻想，就是要揚棄產生這種幻想的處境。」（馬克思《黑格爾法哲學批判》）

中共以宗教名義醜化維吾爾

中共在論述其宗教政策時，引用最多、最喜歡引用的馬克思的話是「宗教是麻醉人民的精神鴉片」。顯然，中共不喜歡馬克思這段，論宗教陳述中反映其思想深度的、最重要的前一部分。中共故意斷章取義，選擇性的使用對其有利部分。

一段時期以來，中共出動大批御用學者、文人，紛紛在電視、報章，以及在中共在國外的喉舌、法西斯黨徒胡錫進的《環球時報》上，極力鼓噪維吾爾人正在走向極端伊斯蘭，維吾爾人正在背離溫和伊斯蘭、背離維吾爾優秀文化、背離維吾爾傳統等

等的話題。

　　當然，大家都很清楚，中共殖民政權的目的，是轉移中國及文明世界關心維吾爾問題民眾的視線，以達到掩蓋其因實施不平等的民族壓迫政策，而導致的東突厥斯坦存在的、嚴重民族問題！同時，中共以極端伊斯蘭為指斥口實，達到合理化其對維吾爾人的殘酷血腥屠殺。

　　站在前台跳得高、叫得歡的有幾條維吾爾小哈巴狗，如：阿布都熱紮克・沙依木（Aburazaq Sayim，自治區社會科學院副院長、編審）、吐爾文江（自治區社科院社會學所副研究員）、愛來提・薩利耶夫（Ghey ret Saliyif，自治區黨委宣傳部副部長）、穆合塔爾・買合蘇提（自治區文化廳廳長）、阿紮提・蘇里坦（維吾爾自治區文聯黨組副書記、主席）等。

　　當然，《環球時報》、《鳳凰週刊》等港、澳、台的親共媒體，也不會坐視這樣一個向共產黨獻媚邀寵，替中共塗脂抹粉，醜化、妖魔化弱勢維吾爾人的機會的。

　　然而，這些維、漢哈巴狗們，對共產黨的祖師爺馬克思，論宗教中最重要的這段話，「宗教的苦難是對現實中苦難的表現，同時也是對現實中苦難的抗議。宗教是被壓迫的生靈的歎息，是無情世界當中的有情，正如它是沒有精神的景況中的精神一樣」，卻故意視而不見。

中共正蠶食維吾爾種種權利

　　是的，維吾爾人在回歸伊斯蘭，但不是今天開始的。是的，

維吾爾人在回歸傳統、保守伊斯蘭，但維吾爾人的回歸伊斯蘭教，不是因為國際伊斯蘭的極端主義的影響，而是對中共獨裁暴政的反動，是民族危亡中的自救！

是出於中共高壓下、幾近窒息的維吾爾人，對中共政權製造苦難現實的抗議！是維吾爾人在中共無情壓迫、殘酷鎮壓下的無奈歎息！維吾爾人在伊斯蘭／維吾爾文化中，寬容、包容、善良好客等優良傳統影響下，對中共政權、漢人政治移民的妥協、讓步，換來的是中共政權及其政治移民，咄咄逼人的排斥驅趕、歧視侮辱、屠殺掠奪！

維吾爾人的土地被佔領、政權被剝奪、文化被摧殘、歷史被篡改、信仰被褻瀆、尊嚴被踐踏。如今，兒女被搶、房屋被拆、妻離子散、家破人亡、無依無靠的維吾爾人，不轉向精神世界的拯救者——真主，還能求助於誰呢？！

如今的維吾爾人已經成了真正的「無產階級」，一無所有。如果維吾爾人再不回歸伊斯蘭，依靠信仰拯救民族，維吾爾人恐怕最後會連這精神堡壘——伊斯蘭信仰也會失去。

維吾爾人的兒女，不僅不能在學校學到自己的語言、自己的文化、信仰，就算學異族語言，初高中、大學畢業了，也還是無法在自己的家鄉找到工作，無法在自己家鄉養家糊口、生存！

而且，現在中共政權正在逐步蠶食維吾爾人的種種權利。維吾爾父母在自己家裡，沒有教育兒女學習自己的語言、文化、信仰，及傳統的權利。維吾爾父母沒有權利，帶自己兒女去清真寺做禮拜。維吾爾老師沒有權利，在課堂裡用自己的母語和學生進

行交流。維吾爾人還有退路嗎？

自救的精神引導就是伊斯蘭

維吾爾人已經沒有退路了。逆來順受、步步退讓，換來的是今天民族的整體窒息、掙扎！反抗又不行，力量不對稱。民族的出路在哪兒？應該怎麼辦？維吾爾人處於歷史上最黑暗、最無助的空前生存危機中！

維吾爾民族能指望什麼人的拯救嗎？指望大小維吾爾官員的拯救嗎？絕大多數失去伊斯蘭信仰的維吾爾官員，不說拯救民族於危亡，因為他們自己都拯救不了！這些維吾爾官員早已墮落不堪，在邪惡與罪惡的汪洋中醉生夢死，隨波逐流，何言拯救民族？他們和中共殖民政權的貪官污吏，狼狽為奸、沆瀣一氣、魚肉人民，早已失信於維吾爾人民，成為中共的喪家惡犬！

指望維吾爾知識份子的拯救？維吾爾知識份子中，除了極少數外，大多數沒有信仰的維吾爾知識份子，和中國御用文人一樣，早已腐化墮落為一群自私自利、追求虛榮，追求榮華富貴的文痞、流氓！他們自己的靈魂早已骯髒腐爛，他們的演講、作品，散發出的是令民族窒息的腐臭！這樣的一群知識份子隊伍，是根本不能承擔民族拯救之重任的！維吾爾民族不信任他們，這也是顯而易見的！

在這種史無前例的前無出路、後無退路的危亡困境中，維吾爾民族只能尋求在精神引導下自救，而自救的精神引導，只能是維吾爾人最傳統的信仰——伊斯蘭！而且，伊斯蘭教，自十世紀

喀喇汗王朝國王蘇圖克‧伯格拉汗（Sut uq Bughrahan）接受伊斯蘭信仰那天起，就是維吾爾人的最後信仰，是維吾爾人在民族存亡危機時刻戰勝強敵的精神法寶！

危亡時刻，靠堅定精神信仰

伊斯蘭自那時起，就成為了維吾爾人生活中不可分割的一部分，維吾爾人精神力量的源泉。維吾爾文化、歷史、傳統，和維吾爾人的伊斯蘭信仰，自此融為了一體。所以，在困境中的維吾爾民族，轉向更為傳統的伊斯蘭信仰，偉大的真主及其降示的《古蘭經》——伊斯蘭教，去尋求民族的拯救之路，不僅是維吾爾民族伊斯蘭信仰的返璞歸真，而且更是現階段維吾爾民族生死存亡時刻，自我拯救的必然選擇！

生死存亡危機中的維吾爾民族，回歸伊斯蘭信仰的精神世界，尋找精神武器。以伊斯蘭精神武器，反抗中共殖民政權，反抗強大的物質邪惡，反抗異族文化的侵蝕，這是再自

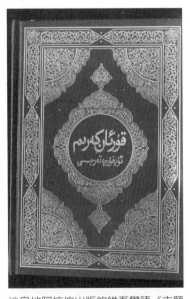

沙烏地阿拉伯出版的維吾爾語《古蘭經》，維吾爾自治區伊斯蘭協會主席穆罕默德‧薩里‧阿吉譯文，他於2017年被抓捕失蹤，年底傳出死於集中營拘押中；他的女兒也一起被抓捕，至今杳無音訊。

然不過的、順理成章的民族生存競爭結果！這也是維吾爾人回歸伊斯蘭的根本原因。

縱觀東突厥斯坦歷史，每次維吾爾人回歸傳統伊斯蘭時期，都是維吾爾民族正處於異族統治、遭受民族壓迫，民族處於生死存亡危機關頭時起。回歸傳統伊斯蘭後的維吾爾民族，每次得以平安渡過危亡時刻，就是靠堅定的精神信仰——伊斯蘭！

但這並不意味著，保守伊斯蘭會成為維吾爾社會的主流，不！如果我們檢視近代兩個東突厥斯坦共和國的短暫歷史，儘管第一個共和國的名稱包括有伊斯蘭——東突厥斯坦伊斯蘭共和國，但由其《憲法》、實施政策法規來看，東突厥斯坦伊斯蘭共和國的建國者們，更多宣導的是現代教育、科學技術發展、人民生活水準的提高等等，即便是和實施保守伊斯蘭法的現代阿拉伯國家比較，東突厥斯坦伊斯蘭共和國的奠基者們，還是非常有現代文明思想的一群菁英！

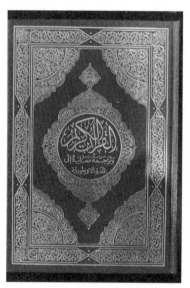

沙烏地阿拉伯出版的維吾爾語《古蘭經》背面。

兩共和都無實施保守伊斯蘭

　　至於第一共和國的奠基者，國父，薩比特‧大毛拉‧巴克阿吉（Sabit Damola Baqi Hajim），他不僅是當時最著名的維吾爾伊斯蘭宗教學者、《古蘭經》翻譯者，他更是一個遊歷過世界、接受過現代高等教育、思想非常開闊的維吾爾知識菁英！

　　重建於1944年的第二共和國——東突厥斯坦共和國，儘管國名中已去掉伊斯蘭三個字，但同樣，第二共和國的奠基者，第一任總統埃力汗‧圖熱（Elihan Torem），就是當時的東突厥斯坦另一位著名的伊斯蘭學者。儘管總統是伊斯蘭學者，但東突厥斯坦共和國卻是世俗的共和國，沒有實施保守伊斯蘭。這可以由共和國實施政策法規查到。如有人懷疑，可以前去問共和國第二任總統阿合買提江‧哈斯木的妻子瑪依努爾‧哈斯木女士。

　　以上歷史事實證實，每次，當維吾爾民族處於生死存亡的危機時刻，維吾爾人是依靠伊斯蘭信仰的力量，戰勝民族的敵人、擺脫民族壓迫、求得自由，得以重建其失去家園的！

　　沒有信仰、信仰軟弱的民族是一盤散沙、更是待屠殺的羔羊！沒有信仰的人，更是一個不如豬狗的行屍走肉。信仰破產的中共，當然不是一群待屠殺的羔羊，反之，他們是一群吃人肉、喝人血的惡魔！

　　要戰勝這共產黨惡魔，維吾爾人非得靠信仰的力量，只有回歸伊斯蘭、回歸真主之道、強化信仰，維吾爾人才能戰勝強大的敵人，才能以堅定的伊斯蘭信仰，築起銅牆鐵壁堡壘，來防禦中

共侵略滲透，保護維吾爾民族文化歷史傳統！

包容與寬容帶來今日的災難

儘管共產黨豢養的維漢哈巴狗、小丑們，紛紛在維吾爾自治區報紙、電台，及《環球時報》、《鳳凰週刊》等媒體上，長篇大論維吾爾人的伊斯蘭信仰、維吾爾文化、維吾爾傳統，他們卻都閉口不談正在瀕臨滅亡的維吾爾語言問題、維吾爾服飾問題、維吾爾手工藝術問題。他們不談正因為遭受中共黨文化侵蝕，而面臨消失的維吾爾歷史文化問題，不談正在消失的維吾爾優良傳統問題，不談正在消失的維吾爾特色城鎮問題。當然，作為共產黨的哈巴狗，他們是沒有勇氣去談維吾爾人為何會走向所謂「極端」的根本問題！

這些小丑儘管侃侃而談、東拉西扯，然而，看起來，他們卻沒有一個是真懂維吾爾文化、維吾爾傳統的，他們更談不上懂伊斯蘭。這些中共豢養的維吾爾小丑只是在主子的授意下，以現代文明、文化的名義，誣衊維吾爾人，誣衊維吾爾文化歷史，誣衊維吾爾傳統，更是在誣衊維吾爾人的信仰——神聖伊斯蘭！

這幾條哈巴狗的吠叫，基本上大同小異，沒有本質區別。以下我摘錄當中幾位文章要點加以分析。

阿布都熱紮克在其〈包容正是維吾爾人的傳統美德〉文章中這樣說道：「一個優秀的民族應該學會尊重他人，以增強文明的相容性和包容性。不同信仰、不同民族之間，理應友好交往，和平共處，這是各民族共同發展和中華民族持久昌盛的基礎。」這

話拿來教育中共，還能讓人理解；但拿這話教育維吾爾人，這哈巴狗是狗臉不要、恬不知恥！

正是維吾爾人的包容、寬容美德，給維吾爾人帶來了今天的災難！

要飯漢人招兵買馬反客為主

記得小時候，我生長的曲魯海鄉，來的第一位漢人，是個要飯的漢人。全鄉的維吾爾人，沒有人嫌棄他，沒有人打罵他。全鄉的人給他吃給他穿，最後他在我們鄉安營紮寨，成了我們鄉裡的第一個漢人。從此，這位漢人開始擴大據點、招兵買馬，他首先招來了七大姑八大姨、然後是鄉鄉親戚。現在的曲魯海，已經有近萬漢人！而且，這位要飯漢人的親戚後代，現在早已經是鄉、縣裡的書記官員了，他們早已經開始給曲魯海維吾爾人當官老爺、指手畫腳！

共產黨1949年進來的時候，也說是來幫助我們維吾爾民族的。半個世紀過去了，誰在幫助誰？如果當時的維吾爾人不寬容、不包容的話，哪會有今天維吾爾人無盡的苦難，哪會有維吾爾兒童婦女流落中國的、維吾爾男人的恥辱？哪會有手無寸鐵維吾爾年輕人，橫屍街頭的血腥慘景？別忘了，當時我們還有手持現代武器、經歷過戰爭的「血與火」洗禮的，五萬名東突厥斯坦共和國民族軍啊！什麼不能幹呢？

現在東突厥斯坦的每一個縣鄉，都居住著成千上萬的漢人，他們當中有極大一部分，是所謂「三年自然災害」時期流浪、討

飯來的漢人，就因為維吾爾等土著民族的寬容、包容，他們現在佔據了東突厥斯坦大大小小的水源，最好的操場、土地，佔據了東突厥斯坦的山川自然資源。正如維吾爾人歌裡唱的：

> 你佔領了的我的家園，
>
> 我不得已搬到了山川，
>
> 你又來到了山川，
>
> 我又移到了戈壁、沙灘；
>
> ……

維吾爾人的好客、寬容、包容、善良，最後的結果是引狼入室，將自己變成了自己家園的流浪者、討飯者，被侮辱與被迫害者！

維吾爾人溫飽問題沒有解決

另一條哈巴狗，穆合塔爾‧買合蘇提，在其《重回家鄉的喜與憂》的文章中，描述回到家鄉後的所見所聞，他寫道：「在婚宴上表演一系列優美情歌、婀娜多姿的舞蹈和麥西熱甫[1]，是維吾爾族的優良傳統。但近些年來，喜事沒有了喜慶，根本看不到

1　麥西熱甫是一種寓教於樂的維吾爾傳統娛樂方式，主要是在農閒之後，大家輪流一月一次進行聚會；聚會一開始投票選擇麥西熱甫主持人，法官、檢察官等，對違規違反傳統習俗者可以在麥西來甫開始時向主持人反應，由法官聽取雙方意見，進行寓教於樂的懲罰。

熱鬧情景。好像有一種勢力在暗地裡操縱管控。這是進步還是倒退？我們的溫飽問題已經解決了，該是心曠神怡的時候了，我們的激情喜悅爲什麼被無情的限制？」穆合塔爾・買合蘇提認爲，這是由「宗教極端勢力」造成的。

首先，誰的溫飽問題解決了？維吾爾人的？還是漢人政治移民的？當然，作爲共產黨的哈巴狗，穆合塔爾廳長，及其七大姑八大姨的溫飽問題，應該是解決了的！但絕大多數和田的維吾爾人，還在貧困線上掙扎，這應該是事實。穆合塔爾廳長應該看看自治區貧困人口統計及其分佈！

其次，維吾爾人是個有著悠久文化的、有信仰的民族。維吾爾人注重唱歌跳舞時的精神境界和環境狀況！不可能像穆合塔爾廳長和他主子那樣，吃飽了就隨風起舞、「心曠神怡」！人與動物有所區別，是因爲其有思想、信仰！吃飽了就「心曠神怡」、唱歌跳舞的，是介於人和動物之間，沒有思想、沒有信仰的「共產黨人」。只有動物，吃飽後，要嘛睡、要嘛上串下跳，如豬、狗、猴！顯然，廳長大人是以小人之心度君子之腹！

是誰讓維吾爾文化瀕臨滅亡

再次，和田是遭受中共殖民政權最殘酷鎮壓地區之一，那裡的維吾爾人，每一村、每一戶都有親戚兒女被共產黨軍警所屠殺的深仇大恨，每一個家庭都有一本血淚史。尤其是近幾年，抓捕、失蹤、槍殺的案件，每天都在發生。

這位穆合塔爾廳長卻「飽漢不知餓漢饑」，還昧著良心指責

那些失去父母、兒女的維吾爾家庭沒有在婚禮上唱歌跳舞？你還有點維吾爾人的人味嗎，穆合塔爾廳長？你有資格指責他們嗎？

村裡有人被屠殺、家裡有人失蹤、被抓捕，維吾爾的街坊鄰里，如同世界上大多數文明民族一樣，是要悲傷哀悼、同甘苦共患難的！

再看文聯[2]主席阿紮提·蘇里坦在其文章〈堅持以現代文化為引領弘揚維吾爾優秀傳統文化〉中的這段話：「發展我們民族文化與葬送我們民族文化前途的殊死鬥爭中，熱愛自己民族、有責任感的、有良知的正義之士決不能坐視不管。」

阿紮提主席，作為自治區文聯主席，你熱愛你的民族嗎？你有正義感嗎？你有責任感嗎？你是個有良知的正義之士嗎？誰在葬送我們的文化，主席大人？是維吾爾人嗎？如果你還未變成「主席」，你應該知道答案的。

顯然，你一無所有，你什麼都不是，你只是一條哈巴狗！有良知的正義之士，是不會閉著眼睛說瞎話！維吾爾文化經歷幾千年的發展、積累、沉澱，本已成為人類燦爛文明的一部分，但現在卻在自己的發源地瀕臨滅亡！這是誰造成的，主席大人？

將來誰能讀懂突厥語大辭典

作為維吾爾文化載體的維吾爾語言，正在作垂死掙扎，正在逐漸被迫退出維吾爾文化領域。作為傳承維吾爾文化的維吾爾歷

2　中國文學藝術家聯合會，中國的官方認可作家、藝術家的組織。

史，也已被漢人御用學者搞成了面目全非的「民族團結」史。作為維吾爾文化最重要組成部分的維吾爾信仰——伊斯蘭教，也已被共產黨搞得支離破碎，成為了控制維吾爾人的工具。作為作家出身的自治區文聯主席，這一切，你不應該不知道吧？

阿紮提，把手放到你胸口上，問問你自己，照此發展下去，再過五十年，你還能找到幾個能讀懂《突厥語大辭典》、《福樂智慧》、《真理之門》的維吾爾年輕人？《塔里木》、《喀什噶爾文學》、《天爾塔格》等維吾爾語雜誌，自治區文聯還能繼續辦幾年？

看看日漸走向衰落、衰亡，採編工作人員數目正在急劇減少的維吾爾自治區維吾爾語電視台、電台，維吾爾語文報章、雜誌，以及維吾爾語出版社、出版業、書店，阿紮提主席，知道是誰在讓維吾爾文化走向毀滅，應該不難吧？

狗還是狗，即便是披上一張人皮，也無法擁有人的思維。這些哈巴狗的謬論，是打向自己的嘴巴，是在不打自招，承認自己是討共產黨殘羹剩飯的喪家犬、民族敗類！這些人根本沒有資格談維吾爾民族問題，根本沒有資格談維吾爾文化、歷史、傳統，更沒有資格談維吾爾人的神聖信仰——伊斯蘭教！

他們不過是共產黨在焦頭爛額之中，推到前台的幾條哈巴狗；偶爾在主人授意下，狗仗人勢，狂吠幾下而已。

（本文發表於 2013 年 12 月 30 日博訊新聞網）

8 ‖ 人在北京的伊力哈木‧土赫提，為何關押在烏魯木齊？

編者按：本文作者伊利夏提，在本書中，以相當多的篇幅，關注伊力哈木‧土赫提教授被抓捕、關押之事。本書編輯之際，伊利夏提曾連絡伊力哈木的女兒嬌哈爾，請求她提供其父親的照片，她表示，父親遭到判刑，她手邊也僅只有三張而已。

伊力哈木‧土赫提（Ilham Tohti），維吾爾人，北京中央民族大學經濟學副教授。

2006年伊力哈木教授創辦「維吾爾在線」網站，他通過網站平台，用中文和讀者交流看法，對中國政府民族政策進行討論、評判，並通過一些實地調查，站在維吾爾人角度，向中國政府提供政策建議，建言政府調整民族政策，試圖緩和日趨緊張的民族矛盾。

2009年7月5日烏魯木齊事件爆發後，伊力哈木更是利用其網站的影響力，呼籲中國政府盡快調整民族政策，傾聽維吾爾人的聲音。

但不幸地，他的善意，被中共當局認為是對其政策的挑戰和

挑釁。2014年1月15日，他遭到中國政府抓捕。2014年9月23日，
伊力哈木·土赫提教授被烏魯木齊市中級人民法院，判處無期徒
刑並沒收全部財產。

　　伊力哈木·土赫提教授被抓捕判刑後，他在海外（美國）
的女兒嬌哈爾（Jewher），和各界及海外維吾爾人一起，奔走呼

伊力哈木·土赫提（Ilham Tohti）教授。照片提供／伊力哈木·土赫提的女兒嬌
哈爾·伊力哈木（Jewher Ilham）

籲，要求國際社會施壓中國政府，釋放伊力哈木教授。

伊力哈木‧土赫提教授倡導的，通過非暴力和平對話解決民族矛盾的呼籲，得到國際社會的高度認可，伊力哈木教授先後被授予「馬丁伊南人權捍衛者獎（2016年9月）」、「瓦克勞‧哈維爾人權獎（2019年9月）」、「薩哈洛夫自由思想獎（2019年10月）」。

儘管國際社會持續施壓，維吾爾人不斷呼籲，但東突厥斯坦的局勢卻日益惡化，中國政府不僅繼續拘押無辜的伊力哈木教授和他的學生，而且自2016年底開始，又將幾百萬維吾爾、哈薩克等突厥民族，拘押於集中營，將近百萬維吾爾人判刑入獄，近萬名維吾爾知識菁英失蹤，或被判刑。

伊力哈木‧土赫提教授被判刑後，其妻子古扎麗努爾和兩個兒子在北京被軟禁，且生活也因此而陷入困境。而伊力哈木‧土赫提教授的女兒嬌哈爾不辜負伊力哈木教授的期望，在於2019年完成學業之後，加入成千上萬海外維吾爾人的人權隊伍，在為其父親呼籲自由的同時，也在為維吾爾人的自由、民主奔走呼號。

戶口在北京，卻被關在烏魯木齊

伊力哈木教授突然被抓捕之後，他的關押地點，成了神秘的「哥德巴赫猜想」[1]！

但根據近幾日多方消息綜合看，伊力哈木教授被「新疆」警方所抓捕，關押於烏魯木齊監獄是可以肯定的。

但由此而來的疑問是：為什麼是烏魯木齊？為什麼不是

北京？

　　伊力哈木教授自1985年、以16歲年齡，考入中央民族大學預科部以來，基本上就是居住在北京（見伊力哈木教授：〈我的事業和理想選擇之路〉），雖然中間有一些中斷，但似乎都不長。

　　可以肯定的是，自1991年大學畢業分配到中央民族大學工作以來，伊力哈木教授應該是擁有北京戶口的北京合法居民！

　　根據中共新聞網的報導，結合伊力哈木教授的工作經歷、地點、家庭住址，可以肯定伊力哈木教授被指控莫須有的「罪名」，都是他住在北京期間發生的。

　　伊力哈木教授公開宣傳「維吾爾人要用暴力的方式開展抗爭」，「維吾爾人要像當年反抗日本侵略一樣反抗政府」，將「4‧23」、「6‧26」等暴恐案件的暴徒稱為「英雄」，煽動學生仇恨國家、仇恨政府、「推翻政府」等罪名，都是發生在北京的中央民族大學校園內發生的！

　　伊力哈木教授「勾結」境外「東突」勢力，利用網路鼓吹「新疆獨立」等罪名，都是在北京的中央民族大學校園內發生的！

　　伊力哈木教授「利用教師身份，拉攏、誘惑、裹挾一些人員

1　哥德巴赫猜想：是數學論證中久未解的一個問題。有很多數學天才自稱解決了該問題，但因為該問題的深奧、難解，還是眾說紛紜。在此，作者藉用這一未解猜想暗指中共政權的做法，往往出乎正常人善意猜測。

形成團夥，與境外『東突』骨幹勾連，策劃、組織，並派遣人員出境參加分裂活動。」也都是在北京的中央民族大學校園內發生的！

在烏魯木齊，審判可以無法無天

這裡，我們暫且不質疑，伊力哈木教授是否能夠在北京，在戒備森嚴、佈滿員警的皇城根兒下，「勾結」、「勾連」境外「東突」勢力而不被發現？也不質疑是否能在到處充斥密探、奸細的中央民族大學校園內，宣傳「新疆獨立」而不被發現？咱更不去追究伊力哈木教授「宣傳分裂、獨立」、「勾結、勾連東突」十幾年而未被發現的奇蹟？

這裡，我只有一個疑問：伊力哈木教授的「犯罪」地點，由上所述，我們可以百分之百地肯定是在北京。是在北京的中央民族大學。而且伊力哈木教授的戶籍地也在北京。所以理所當然地，如果伊力哈木教授的罪名成立的話，應該是由北京警方抓捕，北京法院審理！然而，為何伊力哈木教授要被遠在千里外的烏魯木齊警方抓捕、審問、調查？

答案只有一個，為了在烏魯木齊審判伊力哈木教授！

為何要在烏魯木齊審判伊力哈木教授呢？

答案非常簡單：審判可以無法無天！甚至還可以讓伊力哈木教授，在審判前就神秘失蹤！

我一直在說，中共在東突厥斯坦實施的是佔領軍政策，在東突厥斯坦沒有法律！

伊力哈木‧土赫提教授。照片提供／伊力哈木‧土赫提的女兒嬌哈爾‧伊
力哈木（Jewher Ilham）

　　儘管中國政府一再聲稱「維吾爾自治區」是中國的一部分，
維吾爾人是中華民族一員，但在中共的政策實施上，「維吾爾自
治區」不是中國的一部分，是佔領區、是敵區（由自治區新聞報
導）！維吾爾人也不是中華民族一員，是被佔領區（殖民地）人
民，是敵人（恐怖分子、分裂分子、宗教極端分子）。

　　所以，在東突厥斯坦，任何人一旦牽扯到民族問題，中共駐
東突厥斯坦殖民政權就可以佔領政策替代所謂的中國法律，不經
任何名義上的法律程式、不經通知律師、親人，而不公開、快速

地判決被指控者！

成為國家安全委員會祭旗的犧牲品

有時，為了省事，中共殖民政權乾脆就讓那些發表異見的維吾爾人神秘失蹤。維吾爾人的這種失蹤，可以發生在家裡、街上、公安局、派出所、監獄。

當然，對那些敢於反抗中共殖民政權的維吾爾人，現在，中共殖民政權乾脆就以「先發制人、就地快速處理」的名義先槍殺，然後再羅織罪名，管他是兒童、婦女還是老人！

這不是佔領軍政策是什麼？根據中國歷史書籍的描述，二戰時的日本皇軍，不也是這麼對付中國人的嗎？

伊力哈木教授被「新疆」警方抓捕，可以肯定是由中共高層參與點頭、自治區殖民官員精心設計，有自治區警方具體實施的陰險策劃。

其目的：在烏魯木齊使用佔領政策，快速以莫須有的罪名，重判伊力哈木教授，殺雞儆猴，杜絕任何維吾爾人在中國境內要求正當權利的呼聲！

我確信，烏魯木齊大多數殖民官員對伊力哈木教授早已恨之入骨，恨不得將伊力哈木教授五馬分屍、「壯志饑餐胡虜肉、笑談渴飲匈奴血」！自治區以王・白克力為首的維奸奴才們，那更是對伊力哈木教授恨得咬牙切齒，恨不得將伊力哈木教授生吞活剝了！

烏魯木齊對殖民政權來說，是審判伊力哈木教授的「天時地

利人和」處！

為何不在北京？北京有太多的關心伊力哈木教授的外國人、記者、中國良心律師，以及一大批關心維漢關係、敢於發表獨立見解的中國知名學者！而且在北京，無論如何，還得過一過法律程式，即便是裝模作樣，也得開庭審判！這會為難檢察官，為難法官，為難員警。最重要的是，為難中共政權，為難剛剛上任、屁股還沒有做穩的中共新主習近平！

真摯熱情、坦率大膽，然而生不逢時、生不逢地的伊力哈木教授，作為被占領土東突厥斯坦殖民地維吾爾人在國內的代言人，要成為習近平新成立中國國家安全委員會祭旗的犧牲品。

（本文發表於 2014 年 1 月 31 日博訊新聞網）

9┃中共要重判伊力哈木教授

維奸奴才抓捕教授學生

我剛寫完有關伊力哈木教授至今杳無音信的短文，就看到伊力哈木教授被烏魯木齊市檢察院，正式以「涉嫌分裂國家罪」批捕[1]的新聞。

看完新聞，無言以對，一種莫名的悲哀籠罩身心。望著電腦，坐了一會兒，深深嘆口氣；走出辦公室，走一圈回來，仍然無法集中精神工作。

眼前始終浮現著，伊力哈木教授那真誠、期待理解的炯炯目光！眼前浮現著，伊力哈木教授妻子，因焦慮、擔心而發紅的無神眼光；浮現著，伊力哈木教授兩個年幼無知孩子，恐懼、慌張的淚眼；浮現著，伊力哈木教授唯一在國外孤苦伶仃女兒，無助、憔悴的目光。

自伊力哈木教授被抓捕以來，我隱隱約約預感到會有今天，

---

1 對政治犯，中國往往是先抓人，以消除影響力，然後找罪證。罪證找好了，由公安局向檢察院報批准逮捕，這就叫批捕，也就是正式以法律名義的逮捕。

伊力哈木‧土赫提教授。照片提供／伊力哈木‧土赫提的女兒嬌哈爾‧伊力哈木
（Jewher Ilham）

但我一直以僥倖的心理，期盼著奇蹟出現，企盼著伊力哈木教授還和前幾次一樣，十天半月後，以疲憊身軀回到家裡、回到民族大學，告訴大家，他自己被強迫旅遊、喝茶了一段時間！

但奇蹟終究沒有出現，預感卻不幸變成了現實！

由今天的新聞可以肯定，習近平政權是要重判伊力哈木教授。

既然是以涉嫌「分裂國家罪」，由烏魯木齊檢察院批捕的，則毫無疑問，自治區殖民當局將以「分裂國家罪」重判伊力哈木教授！看樣子，伊力哈木教授至少要蹲10到15年的監獄！

如在我的上一篇文章（原題爲：〈爲什麼是烏魯木齊？〉，現改爲：〈人在北京的伊力哈木，爲何被關押在烏魯木齊？〉）指出的：烏魯木齊有很多殖民官員、維奸奴才，他們對伊力哈木教授恨得咬牙切齒，例如張春賢、王白克力·奴兒[2]等。

　　這些無能但又貪婪兇惡的共產黨貪官污吏、維奸奴才，自己無力、無膽識扭轉維吾爾自治區日趨惡化的民族關係，卻有能力抓捕手無寸鐵、又無縛雞之力的一介書生伊力哈木教授，及其學生穆塔利普 伊明（Mutelip Imin）、阿提克姆（Atikem）等！

教授搶了習近平的風頭

　　在烏魯木齊，這些奸臣酷吏，狗仗人勢，以強權暴力，無法無天、爲所欲爲。他們以殖民佔領政策，行使暴力統治，槍殺掠奪維吾爾人，抓捕敢說眞話的任何維吾爾人；他們更以殖民佔領政策，黑箱操作，重判任何他們認爲是阻礙中共殖民統治的任何人！

　　伊力哈木教授雖然遠在北京，雖然伊力哈木教授是以和平理性、以文筆爭取維吾爾人的生存權、平等權，但他還是因爲替維吾爾人說出了眞話、揭示了維吾爾自治區中共殖民統治的黑暗，觸犯了王樂泉、張春賢、奴兒·白克力等人的既得利益，得罪了這些奸臣酷吏、維奸奴才。

2　此處「王白克力·奴兒」指的是，當時的新疆維吾爾自治區人民政府主席，努爾·白克力（Nur Bekri）。他的任期，從2007年12月至2014年12月。

同時，伊力哈木教授也得罪了豢養這些奸臣酷吏、維奸奴才的中共當局。特別是，伊力哈木教授的勇敢直言、豪邁俠氣，讓躊躇滿志、要實現「中國夢」、當中國好「男兒」的新皇習近平極為尷尬，特別不舒服！很多時候，伊力哈木教授搶了新皇習近平的風頭[3]！

自治區奸臣酷吏、維奸奴才的既得利益，也是暴君毛賊澤東的高徒習近平要極力維護的，也是習近平自己的直接利益所在，再加上伊力哈木教授的勇敢豪邁，使習近平嫉妒、憤恨不已，所以中央及自治區雙方，在抓捕、重判伊力哈木教授這一點上沆瀣一氣、一拍即合。

暴政眼皮底下敢言真理

實際上，我一直認為，在抓捕、重判伊力哈木教授這件事上，習近平是主謀！

習近平以「三個自信」、「中國夢」上台，他認為：是胡錦濤的軟弱無能及對美國的讓步，使熱比婭女士得以成功擺脫中共圈圈、奔向自由世界，在美國及世界政治舞台叱吒風雲，領導國外維吾爾獨立運動走向成熟、走向高潮。是熱比婭女士將一個分散、多頭的國外維吾爾獨立運動，成功轉化為一個團結統一的、在世界政治舞台上有一定影響力的、讓中共暴政不敢小覷的一個

3　**風頭**：在這裡可以說是搶了鏡頭，或比他還更出名。在中國，總書記總是在媒體頭條新聞，伊利哈木搶了頭條。

組織！是熱比婭女士使維吾爾獨立運動國際化！

以習近平看來，這是胡溫政權[4]最大的失誤！

2009年7.5前後，伊力哈木教授成了國內維吾爾人的代言人。很快，伊力哈木教授也成為國際知名的維吾爾代言名人。而且，令中共特別不舒服的是，伊力哈木教授就在北京，就在暴政的眼皮底下，敢言真理、替維吾爾人說話！

他的一言一行，不斷被來往北京、烏魯木齊的維吾爾學生、知識份子、有良知公務員、幹部、商人在自治區傳播。伊力哈木教授的真知灼見，在維吾爾人中，特別是維吾爾知識份子中，引起強烈的共鳴，而且促成一部分勇於維權維吾爾群體的出現。

就習近平看來，這也是胡錦濤政權的優柔寡斷、養虎為患所致。所以習近平自上台之日起，一直就在尋找一個他認為是合適的時機，去除掉伊力哈木教授、使其沉默！

獨裁者將面臨未來審判

現在，習近平等待的這時機，似乎來臨了！

現在，第一步抓捕伊力哈木教授，及搜刮、編造、指控伊力哈木教授罪名的步驟，已初步完成。剩下的第二步，是快速、秘密重判伊力哈木教授！這對無法無天、無恥至極的自治區殖民當局來說，應該不是難題！

但是，重判伊力哈木教授，是否真的能讓維吾爾人，在自治

---

4 指的是2002年～2012年，國家主席胡錦濤與國務院總理溫家寶。

區內日益高漲的維權運動沉寂？是否眞的能讓國內維吾爾人，要求自由、正義、平等之聲沉默？

殘酷鎮壓、街頭屠殺，尙且無法讓追求自由、平等、正義之維吾爾人停止反抗，重判伊力哈木教授，更不可能讓維吾爾知識份子、學生沉默！況且還有國外維吾爾獨立運動高漲的自由、獨立之呼聲！

中共對伊力哈木教授的重判，是天降大任於伊力哈木教授。天助維吾爾人，伊力哈木教授將成爲維吾爾人的曼德拉！明年諾貝爾和平獎的獲獎人！

重判伊力哈木教授的人，將永遠被釘在歷史的恥辱柱上！終有一天，重判伊力哈木教授的人，將面臨人類歷史的審判！中共最終將搬起石頭，砸自己的腳，習近平的下場不會比卡紮非[5]、穆巴拉克[6]、張承澤[7]好多少！

（本文發表於 2014 年 2 月 26 日博訊新聞網）

5　利比亞獨裁者，中國音譯爲「卡扎菲」。台灣譯爲「格達費」。
6　穆巴拉克，埃及的獨裁者。
7　張承澤，曾是朝鮮二號人物，金正恩的姑父，後被金正恩處決。

10 ║ 請不要忘了伊力哈木教授

文痞流氓，竟歪曲維吾爾歷史

2014年3月1日發生的昆明血案，及由此引起的維吾爾問題，不僅成為世界新聞的頭條，而且也成為各大中文論壇激烈討論、爭議的重頭戲。而且連中共的兩會[1]也都未能置身事外。政協主席、政協委員、習近平、總理以及人大委員都在談論昆明血案。當然，這些人的談論，只是聲嘶力竭地就事論事，他們都在刻意躲避談論事件背後存在的嚴重民族對立問題。

我很高興看到，各大中文網站上，有大量漢人學者、文人在討論昆明血案及其背後的原因，無論其觀點如何，只要是以和平、理性，以文明、尊重的方式，討論民族問題、民族對立，還是能夠給予人一些思考，一些印象，說明這些學者是在誠心誠意尋求和解之路。

當然，我也看到了一些文痞流氓，在中共主子授意下，對維

1　**兩會**：每年三月初召開的全國人民代表大會，和全國政治協商會議；也被簡稱人大、政協兩會。

吾爾歷史、宗教信仰、文化等的歪曲、褻瀆、侮辱。如有一位文痞，在其文章開頭，就以侮辱性的「纏頭」[2]、「維亂」[3]等字眼，指稱維吾爾人及其獨立運動，他貌似很有學問地引用對其有利的一些學者的片面觀點來，歪曲維吾爾歷史，以利其混淆視聽、渾水摸魚。

這位流氓作者在文中一再聲稱，維吾爾民族是近代被某人某黨給予維吾爾名稱後，才形成的維吾爾族的。爲了不浪費大家的時間，我只問這位文痞一個問題：「中華民族、中國、中國人，是自古就有的嗎？」

還有一位姓曾的作者，還大談維漢衝突是因爲，維吾爾人口多於漢人人口所致。所以這位曾先生的建議是，中共還要大量移民維吾爾自治區（我勸這位曾先生，還是先看看維吾爾自治區人口年鑒，對比一下1949年前及現在漢人人口變化，再來談民族問題吧！）。他也和那位文痞一樣，杜撰了維吾爾人和其他民族如回、哈薩克等歷史上廝殺的故事，而且還繼續引用毫無出處的「殺漢滅回驅哈薩」等漢人自己杜撰的口號，來自證其正確、誣衊維吾爾人。

---

2 **纏頭**：虔誠的穆斯林喜歡用白布纏頭，而不是戴帽子。自滿清開始，把維吾爾人稱爲纏回，歧視性的稱爲纏頭。
3 **維亂**：維吾爾暴亂、騷亂的意思。中國學者喜歡以歧視性的維亂，稱呼維吾爾人的任何反抗。

勇提諫言，海賴特被重判15年

但無論如何，昆明血案在震驚中國的同時，也讓大多數的中國人思考，引起昆明血案背後的民族問題。不管中共政權如何否認民族問題的存在，稍有頭腦的中國人今天已經知道：中國存在民族問題，而且非常嚴重！

很多人在思考，民族問題的解，在哪兒？大家都認識到，一味的強權鎮壓，並沒有起作用，自王樂泉[4]時代開始喊「反恐」、「反分裂」至今，這「恐怖事件」越反越多，「恐怖分子」也越反越多，而且觸及地區範圍也越來越廣，現在延伸到了北京、昆明！這是怎麼了？

原因很簡單，中共只認暴力，聽不進和平、理性的呼聲。

維吾爾人一直在呼喊、呻吟，但中共政權中，沒有人願意傾聽底層民眾的心聲。維吾爾有識之士在呼籲、吶喊，但中共當權者中，還是沒有人願意傾聽這些有識之士的肺腑之言！底層民眾為了讓殖民政權聽到他們的聲音，走上街頭，遊行示威，中共說他們是「暴亂」，因此中共就「血腥鎮壓」人民；維吾爾有識之士直言上書，中共指控他們「分裂國家」、「顛覆政權」，抓捕

4　**王樂泉**：自1994年9月至2010年4月擔任新疆維吾爾自治區共產黨黨委書記，兵團第一政委，中共中央政治局委員。 2009年7.5烏魯木齊事件之後被調離自治區，任中共中央政法委副書記。後慢慢退出中共政治舞台。他統治的十幾年期間，民族矛盾醞釀激化，最後以7.5烏魯木齊血腥民族屠殺事件，為其政治生涯畫上了句號。

重判。

2009年的七五事件，就是維吾爾底層民眾試圖表達心聲的一次遊行示威，但因為中共殖民政權欲擒故縱詭計使然，最後演變成一場民族屠殺；行政不作為、行使欲擒故縱之計的罪人王樂泉、奴兒‧白克力還在台上狐假虎威；但直面自治區領導、勇提諫言，要求採取防範措施的維吾爾知識份子──海賴特‧尼牙孜，卻被重判15年，至今還在服刑。

伊力哈木，錚錚直言竟遭抓捕

自2009年七五事件以來，身在皇城根兒[5]、天子腳下的伊力哈木教授，不懼各方老大威脅、利誘，不怕得罪既得利益的各方神聖，一再上書中共，提真誠諫言，要求中共政權面對現實，以和平、理性尋求民族和解之路，落實、兌現中國《憲法》及《民族區域自治法》賦予維吾爾人各項權利，但伊力哈木的這些金玉良言，都如石沉大海，杳無回音。

無奈的伊力哈木教授，仍以維吾爾、漢民族和解利益為重，鋌而走險、冒著隨時被抓捕判刑的生命危險，接受境內外各方各界的採訪；試圖使中國學者、知識份子、平民百姓，直接聽到伊力哈木教授代表維吾爾人發出的維吾爾心聲，企圖使中共政權能夠聽到他的錚錚肺腑之言。

5　**皇城根兒**：北京因為繼滿清之後，又是共產中國首都，共產黨中央機關駐地，因而被戲稱為皇城根兒。

這似乎起作用了。中國的學者、知識份子、平民百姓，聽到了伊力哈木教授的聲音，他的朋友多起來了。但中共似乎也聽到了伊力哈木教授的聲音，他的敵人也多了。

　　從中共政權傳來的回音，卻不是伊力哈木教授所期盼的回音。伊利哈木教授先是被國保找去談話、騷擾，繼而被禁止出境、被取消教課權利，再往後是一些神秘人物、神秘機關開始威脅、利誘伊力哈木教授的家人、學生，再往後是強迫喝茶旅遊、機場粗暴關押截留、在街上被警方開車撞車、還揚言要撞死伊力哈木教授，最後是2014年1月15日的抓捕！

　　這就是一個維吾爾知識份子以耿耿赤子之心、錚錚直言換來的回音！

拯救伊力哈木，即是拯救自己

　　上週（2014年2月27日），伊力哈木教授家人委託律師李方平先生，前去烏魯木齊會見伊力哈木教授。然而，維吾爾自治區烏魯木齊市公安局的阿姓、帕姓警官[6]，以伊力哈木教授案涉國家安全為由，正式拒絕律師的會見。這意味著，維吾爾自治區殖民政權準備快速、秘密、重判伊力哈木教授！

　　嚴格地說，這不是審判判決。因為判決是要通過正常的法律程式，而伊利哈木教授首先是被綁架走的。為什麼說是綁架呢？因為抓走伊力哈木教授時，抓捕者沒有出具伊力哈木教授家人任

6　沒聽說過漢人有姓阿、姓帕的；維吾爾人更沒有姓阿、姓帕的。

何抓捕理由、原因，以及由何人抓捕、將被關押於何處等的書面通知，這不是綁架是什麼？

伊力哈木教授是北京人[7]，卻要在烏魯木齊審理，這不符合管轄權原則，這不是綁架是什麼？現在，烏魯木齊警方又禁止律師會見伊力哈木教授，剝奪其辯護權，這一切都證明：這不是一個法律意義上的審判，最多是個政治審判而已。

而正如我在另一篇文章裡所指出的：對伊力哈木教授的這種政治審判，無論其刑期長短，都將迫使維吾爾人，在絕望中放棄以和平、理性方式，尋求解決存在的民族問題，這將使暴力氾濫。而無論何方，以何種形式實施暴力，暴力的最直接受害者、多數時候都是無辜老百姓。

所以，我始終認為拯救伊力哈木教授，就是在救我們自己，為伊力哈木教授發聲，就是在為自己發聲。如果維吾爾人當中如伊力哈木教授一樣仁人志士，以和平、理性發出的聲音被壓制了，被黑暗吞噬了的話，代之而起的，只能是一波接一波的殺聲、槍聲、爆炸聲、哭喊聲！

（本文發表於 2014 年 3 月 6 日博訊新聞網）

---

7 在中國，戶口決定一個人的地方管轄歸屬。伊利哈木教授因為在北京中央民族大學教書工作，他的戶口從新疆遷移到北京，已經變成了北京戶口，所以從中國法律角度，他是北京人。所以根據中國司法管轄權，他應該屬於北京司法管轄。

11 ‖ 伊力哈木教授家人雪上加霜

抓捕學者，迫使家人經濟困窘

昨天（2014年3月25日），在臉書上，看到一則有關伊力哈木教授家人的消息，令我非常不安。

消息說：伊力哈木教授於2014年1月15日，被維吾爾自治區國保抓捕後，國保還凍結了伊力哈木教授一家人在北京所有的銀行卡，包括伊力哈木教授任教民族大學的工資卡。這意味著，伊力哈木教授的妻子古再麗努爾，及其孩子們，無法支取、使用伊力哈木教授名下的、全家要使用的積蓄。

消息還說：伊力哈木教授妻子古再麗努爾，是民族大學圖書館的一位合同工[1]，工資每月僅2000元。現在伊力哈木教授的小兒子上幼稚園，就需要1100元（人民幣），大兒子學費需要600元（人民幣）。

如果我沒有記錯的話，伊力哈木教授還有一位女兒在美國上

1　**合同工**：按中國就業規則，合同工不是正式員工，不享受任何福利，而且可以隨時以任何理由結束合同。

大學。美國的學費加生活費，對一個靠工資過日子的家庭來說，本來就不是一個小數目。現在，伊力哈木教授的妻兒家人，失去了家庭支柱，也失去了主要的收入來源。我無法想像，伊力哈木教授的妻子要如何應付這拮据的局面，如何過日子？

根據目前掌握的資訊，以及維吾爾自治區烏魯木齊公安局，阿、帕警官閃爍其詞、武斷拒絕伊力哈木教授律師提出「會見當事人」要求，可以肯定，伊力哈木教授的案子不會公開審理。而且，根據傀儡主席奴兒‧白克力在「花瓶」兩會上，對伊力哈木教授毫無根據、色屬內荏的指控，我懷疑，中共高層及自治區殖民政權，早已內定好了伊力哈木教授的刑期。

罪名量身定做，旨在殺雞儆猴

中共高層既然敢冒天下之大不韙，編造莫須有的罪名，指控伊力哈木教授，可以肯定，刑期應該是在編造罪名時就考慮好了的；也可以這麼說：伊力哈木教授的罪名，是中共為其「量身定做」的！

現在，中共只是在等待一個恰當的時機，宣佈伊力哈木教授的刑期。

顯然，中共重判伊力哈木教授的目的，是要殺雞儆猴。中共政權不僅要恐嚇東突厥斯坦及中國境內敢於發聲、表達不滿的任何維吾爾人，而且還要對膽敢表達對中共統治不滿的維吾爾人，實行株連九族之政策！

中共不僅以編造的、莫須有的罪名，抓捕了伊力哈木教授，

而且還通過凍結伊力哈木教授銀行卡的方式，讓伊力哈木教授家人陷入經濟困窘，使其家破人亡、妻離子散；以用來警告、恐嚇任何敢於發聲表達不滿的維吾爾人，讓他們不得不在採取行動之前，考慮家人、妻子兒女可能為此而面臨的家破人亡、妻離子散之後果。

何其毒也！這就是習近平包子要實現的「中國夢」——少數官二代、紅二代的「一人得道、雞犬升天」，以及大多數維吾爾人、圖博特人、中國人的家破人亡、妻離子散！

（本文發表於 2014 年 3 月 26 日博訊新聞網）

12 正在深入人心的「東突」（東突厥斯坦）

北京球迷，叫維吾爾人為東突

昨天（2014年）我在臉書和微信上，看到了一則瘋狂轉傳的、非常有趣的圖片新聞：一位憤怒的維吾爾自治區籃球隊的維吾爾隊員，正在做類似於美國比中指的動作；從他因憤怒扭曲的臉部表情來看，這位維吾爾小夥子似乎已經是到了忍耐極點。

再看事情原委，才知道：大概是昨天，維吾爾自治區籃球隊客場戰北京籃球隊，儘管維吾爾自治區籃球隊並不是單純由維吾爾人組成，但在比賽過程中，因為維吾爾自治區籃球隊幾位維吾爾隊員的勇猛攔截搶投，特別是球隊隊長的精彩表現，自始至終北京球迷大聲謾罵、侮辱。其中最有意思的是，北京球迷指斥維吾爾隊員為「東突傻逼」！

「東突」，當然是指維吾爾人的祖國家園——東突厥斯坦！

除掉中國球迷不分場合時間、濫用至極的「傻逼」一詞，中國球迷使用「東突」來指稱維吾爾人（維吾爾自治區球隊），不僅說明北京球迷知道名副其實之理；而且維吾爾人家園的真實名稱——「東突厥斯坦」已經在中國家喻戶曉！

在東突厥斯坦，維吾爾人稱呼自己祖國爲東突厥斯坦是絕對不可能的。談論東突厥斯坦名稱，維吾爾人是要面臨牢獄之苦的，甚至，有可能要搭上生命[1]；因此，不少維吾爾年輕人，特別是一些受漢化教育較深、不關心時事、也不關心自己民族出境的維吾爾年輕人，對東突厥斯坦這個稱呼還是不太瞭解。

國外的維吾爾組織，爲了使東突厥斯坦這一神聖名稱，深入維吾爾人之心，特別是爲了讓維吾爾年輕人，瞭解自己祖國的歷史，以及近代維吾爾先輩，流血犧牲建立過的兩個東突厥斯坦共和國歷史，他們在竭盡全力進行維吾爾歷史、文化、信仰等的教育。但因爲中共對網路的嚴格控制，國外的維吾爾組織的教育結果也還不是非常有效；可以說是事倍功半。

從球賽，學到一堂政治歷史課

然而，令我們慶幸的是，中共近幾十年來，伴隨在東突厥斯坦及中國各地發生各類維吾爾、漢民族間衝突中，第一時間、一面倒地將事件歸咎於所謂的東突厥斯坦分裂組織；以及對國外各東突厥斯坦維吾爾組織不分青紅皂白，利用政府控制網路、電視電台、報章媒體連篇累牘的指控宣傳企圖，卻使東突厥斯坦政治概念不僅深入維吾爾年輕人之心，而且也是東突厥斯坦這一名稱家喻戶曉、深入中國漢人之心！可謂事半功倍。

這不，連北京球迷都喊出了「東突」，這不是東突厥斯坦名

1　付出生命代價！

稱在東突厥斯坦、在中國家喻戶曉、深入人心的標誌，那會是什麼呢？

在連北京球迷都在喊維吾爾人為「東突」的情況下，如果維吾爾人再不稱呼自己祖國真正的名字為東突厥斯坦！維吾爾人再不稱呼自己為東突厥斯坦人，不僅天理不容、愧對祖先，也愧對北京球迷的一片「苦心」呀！

當然，國內的維吾爾人是無法稱呼自己祖國神聖名稱的，這可以理解。北京人或其它地方的中國人稱維吾爾人為「東突」可以，他們不需承擔任何責任。但維吾爾人不行，維吾爾人是要付出代價的。

但是，生活在國外的維吾爾人，在任何場合、任何機會都應該毫不猶豫地、勇敢自豪地使用自己祖國的神聖名稱——東突厥斯坦。國外的維吾爾人也別在自作多情、枉費心機去當什麼中國人、「新疆人」！

這次球場事件，也可以認為是中國球迷在教育那些膽小、糊塗、愚昧的維吾爾人。儘管一有些維吾爾人天真地以為自己可以代表所謂維吾爾自治區，自以為自己是中國人；但是，正如這次的北京球迷，總有一些「聰明」的中國人，還是不斷地以各種表達方式，表明其根本無法接受身材、長相及文化、信仰完全不同於中華文化的維吾爾人為中國人的真實心理。

感謝北京球迷，為一些執迷不悟的維吾爾人所上這一堂生動鮮明的政治歷史課，感謝北京球迷，成全國外維吾爾組織的成就感！

維吾爾人是東突厥斯坦人，不是中國人。這就是北京球迷所要傳達的真實內容！再次謝謝北京球迷！

（本文發表於 2014 年 4 月 1 日博訊新聞網）

13 ‖ 未審教授先判學生

編者按：本文作者在部落格的原標題，為〈先判伊力哈木教授學生 隱藏陰謀〉。

先審學生，為的是轉移焦點

幾天前，自由亞洲電台維吾爾語部發佈消息：伊力哈木教授的學生——穆塔利普·伊敏（Mutelip Imin）的家人，收到維吾爾自治區警方發來的信函。信函通知穆塔利普·伊敏的家人，說穆塔利普·伊敏的案件調查已經結束，案件已移交檢察院。

然而，當伊力哈木教授的律師李方平聽到此消息後，聯繫烏魯木齊警方時，得到的答案是，伊力哈木教授的案件還在繼續調查中。

這也就是說，中共殖民當局決定：先審判伊力哈木教授的學生，最後再審伊力哈木教授本人。而且是先審判曾經在土耳其學習、生活過的前民族大學學生穆塔利普·伊敏。他是伊力哈木教授學生當中，維權抗爭最屬害的一位學生。

為什麼？為什麼先審判伊力哈木教授的學生，而不是伊力哈木本人？照中共編造指控伊力哈木教授的各項罪名，伊力哈木教

授應該是「指使者」、「罪魁禍首」、「煽動者」，是這些學生背後的「總指揮」。爲什麼中共不先審「總指揮」，而先審跟隨者？

中共先審伊力哈木教授的學生是有目的的，中共在打以下的如意算盤：

一，拖延審判伊力哈木教授的時間，使伊力哈木教授逐漸淡出人們的視線、焦點，再突然宣佈秘密審判結果，使關心伊力哈木教授的各方、各界人士措手不及。

二，中共殖民政權要觀察國際社會的反應。伊力哈木教授的被捕，不僅引起國際社會的廣泛關注，而且也在東突厥斯坦與中國境內，引起一部分關注民族問題有識之士的關注。西方各國、及非政府組織，都或明或暗，向中共政權施壓，要求釋放伊力哈木教授。國內、國外的維吾爾人與漢人，聯名要求釋放伊力哈木教授的呼聲也此起彼伏。

無論認罪與否，都會被審判

國際社會的持續關注，體現在伊力哈木教授被捕不久，很快就獲得了第一個國際獎項，即美國筆會頒發的2014年度——自由寫作獎。這使中共殖民政權如鯁在喉、有所忌憚。中共害怕，審判做不好，會將伊力哈木教授樹立爲繼熱比婭女士之後、另一位世界級維吾爾代言人。

然而，無論中共如何打他的如意算盤，只要伊力哈木教授還在監獄，未來幾年內，他將成爲各類世界級人權獎及諾貝爾和平

美國筆會 PEN PEN/Barbara Goldsmith Freedom to Write Award（1987～2015）頒發的2014年度——自由寫作獎，給伊力哈木‧土赫提教授。（網頁截圖之一，取材自美國筆會網站。）

**PEN Honors Ilham
Tohti with
PEN/Barbara
Goldsmith Freedom
to Write Award
March 31, 2014**

**Organization
Deepens Focus on
Protecting Digital
Expression by
Honoring Uyghur
Chinese Writer Jailed
for Online Activities**

NEW YORK—PEN
American Center
announced today that
it will confer the 2014
PEN/Barbara

伊力哈木獲頒自由寫作獎。（網頁截圖之二，取材自美國筆會網站。）

Long harassed by Chinese authorities for his outspoken views on the rights of China's Muslim Uyghur minority, 44-year old Tohti—a member of the Uyghur PEN Center—was arrested by authorities at his home in Beijing on January 15, 2014. The arrest occurred in front of Tohti's two youngest children, aged 4 and 7, who were forced to sit silently and watch as their home was ransacked and their father taken away.

美國筆會描述伊力哈木的內容。（網頁截圖之三，取材自美國筆會網站。）

獎的最熱門候選人，這是顯而易見的事實。借用奴兒‧白克力的說法：「這是不以人的意志爲轉移的」！

其實，伊力哈木教授就是不被提名獲獎，他也早已成爲國際知名的、廣受歡迎敬佩的另一位維吾爾代言人，這也是「不以人的意志爲轉移的」事實。

最後一點，也是最重要的一點：先審判伊力哈木教授的學生，中共是要以「法律」的名義，爲指控伊力哈木教授的編造罪名做實！

伊力哈木教授學生當中，穆塔利普‧伊敏不僅僅是一位維吾爾維權年青勇士，而且他還曾經留學土耳其。其女朋友阿提克姆（Atikem），也是一位維吾爾維權巾幗女英雄。他們兩人的維權事蹟，曾被各大媒體廣泛報導。

先審判穆塔利普‧伊敏，中共就不只是一石二鳥而已，而是一石數鳥。中共軍警可以以編造、威脅利誘、屈打成招等方式，要穆塔利普‧伊敏承認，其在土耳其期間，曾經和東突厥斯坦「分裂分子」、「恐怖分子」有過往來聯繫。實際上，根據東突厥斯坦中共殖民政權，審判涉「分裂」罪名的維吾爾人的慣例，穆塔利普‧伊敏無論承認與否，他肯定都會按此罪名被審判的！

中共審判維權者的一貫伎倆

穆塔利姆‧伊敏的審判，肯定不會引起太多的世界媒體關注。近來不斷發生一起又一起維吾爾人被屠殺的慘案，也必定會轉移人們對穆塔利普‧伊敏審判的關注。這樣，很快地，在

人們專注於其他中共更爲血腥鎮壓維吾爾人的慘案時，殖民政權將宣佈穆塔利普·伊敏的宣判結果。緊接著，應該是穆塔利普·伊敏女朋友阿提克姆及其他伊力哈木教授學生的審判結果。而穆塔利普·伊敏的審判罪名，將成爲審判其他學生時的「法律證詞」！

這一做法最陰險之處在於，最後，穆塔利普·伊敏及其他學生的審判罪名，將以「法律」名義，成爲審判伊力哈木教授的「法律鐵證」！

這樣，中共軍警編造的虛假指控罪名，經過幾輪虛張聲勢的假審判，將「華麗轉身」爲通過所謂法制程式的「法律證詞」，然後，以此「法律證詞」及所謂學生口供等編造指控罪名，就可以順理成章地重判伊力哈木教授。

這就是中共先審伊力哈木教授學生的目的！

儘管，大多數有頭腦的人，不會相信中共這種、以拙劣伎倆編造的指控罪名，但難保不會有一些被洗腦的中國人搖頭嘆息：好端端的一個教授放著正事不做，卻去參加分裂大中華的「東突分裂分子」。也難保一些對中共獨裁政權執迷不悟的外國學者，一聽土耳其、「恐怖主義」，就囫圇吞棗、不假思索地接受中共指控。

當然，這只是中共殖民政權的如意算盤。中共獨裁政權能否達到其邪惡目的，最終，還將取決於我們大家的努力，取決於國際社會、文明世界的反應。我還是那句話：拯救伊力哈木教授，拯救穆塔利普·伊敏、阿提克姆等師生，就是拯救我們自己。大

家共同努力，盡自己所能，奔走呼籲。在此基礎上，做最壞的打算，期盼奇蹟的出現！

（本文發表於 2014 年 4 月 19 日博訊新聞網）

14 | 重判伊力哈木教授、徹底堵死和解之路

秘密審判在兵團法院進行

對敏感政治問題，以小道消息先期釋放，藉以試探民眾群體心理承受能力及其反應，是中共一貫使用的手法！

這不[1]，自昨天開始，伊力哈木教授被秘密重判的消息開始傳播；由今天的消息來看，秘密審判是在中共駐東突厥斯坦最大的非法組織、中共殖民東突厥斯坦先鋒、中共「開拓團」——兵團法院進行的。

又一次，伊力哈木教授的不幸結局，被我言中！

伊利哈木教授被判重刑，是可以肯定的了！我確信，過不了一兩天，《環球時報》的主編胡錫進，會以「單仁平」的筆名，發表長篇文章，為中共殖民當局重判伊力哈木教授狡辯。說不定，胡錫進現在正在按其主子授意，苦思冥想拼湊起文章。

上個月，我去土耳其，在一次聚會中，大家談到伊力哈木教授，在敬佩其勇於為民族拯救事業獻身精神的同時，大家也為其

1　**這不**：不是嗎？這不是嗎？中國式反問。

身家生命擔憂。

談話中，一位曾長期爲維吾爾人民主、自由事業孜孜不倦、殫精竭慮，且憂國憂民的維吾爾長者，不無憂慮地說道：「伊力哈木教授面臨三種出路。一是，向中共屈服低頭。如其他中國良心知識份子，在中共施加種種酷刑折磨、威脅利誘下，在電視上認錯[2]，承諾不再參與任何民主活動、且保持沉默。但憑伊力哈木教授的性格，這不太可能。」

「二是，中共以其一貫的邪惡陰毒，以心臟病突發等名義，謀害伊力哈木教授，肉體消滅伊力哈木教授。但，這不僅將使伊力哈木教授成爲維吾爾民族烈士，名列維吾爾英烈名單，成爲繼麥邁提力・陶皮克（Memt ili Tewpiq）、阿卜杜哈里克・維吾爾（Abduhaliq Uyghur）、魯特夫拉・姆特裡普（Lutpulla Mutelip）之後，又一被維吾爾人歌頌傳唱的傳奇英雄。而且此舉，將在國際社會引起極大的震驚、譴責、憤怒。」

抓捕人時，就已定好刑期

「三是，中共殖民政權不顧一切，冒天下之大不韙、按中共新皇習近平既定計謀，秘密重判伊力哈木教授，徹底堵死維吾爾人的和解——『即以和平理性、對話方式，實現維吾爾人自由、平等』之路！但這將使東突厥斯坦血流成河！」

---

2 被強迫在電視裡說自我檢討的話，自我認罪的話。中國政府最常用的手段之一。

長者在說完他的判斷後，屋內一片沉寂，似乎，大家都被長者的悲觀分析，引入深深的沉思中。

　　我對長者的判斷未加置評，因為，基本上我同長者意見一致。

　　據我對中共殖民政權的瞭解，我確信「自治區」殖民當局，在得到中共新皇習近平點頭抓捕伊力哈木教授的許可時，早已知道主子的意思，是要他們重判伊力哈木教授。甚至，我確信中共在抓捕伊力哈木教授時，就已內定好了刑期！

　　我認為，從一開始，中共就沒有想過要釋放伊力哈木教授。中共只是沒有想到，抓捕伊力哈木教授，會引起如此大的國際反響。但習近平是個剛愎自用、野心極大的人，他不會因為國際社會的壓力，而對維吾爾等民族問題顯示靈活，因為習近平認定，對民族問題的任何靈活都是軟弱，更何況先前有熱比婭女士提前釋放[3]之前例！

　　隨意找個理由重判伊力哈木教授，這在無法無天的「自治區」並不難，而且在「維吾爾自治區」這也不是什麼新鮮事，對維吾爾人的抓捕、屠殺，歷來都是按擬定好的中共名單、策略在進行！

　　這再次印證我一直強調的一個事實，在東突厥斯坦，根本不

3　熱比婭女士於2000年3月，由烏魯木齊中級人民法院，以洩露國家機密罪，被判處8年徒刑。但由於國際社會，主要是在美國政府的壓力下，於2005年3月，以赴海外治病為由，中國政府允許她離境前往美國。熱比婭女士等於是提前三年被釋放了。

存在法制。連名義上的法制都不存在，更遑論法治了！

　　然而，就有一些愚頑不化的善良人士，還在對中共侈談法律，什麼沒有律師怎麼可能審判等等。有律師，又能怎麼樣呢？劉曉波不是照樣被判了11年嗎，許志勇不是也一樣被判了嗎？很快，浦志強也將被判刑，這早已是「司馬昭之心、路人皆知」的事實！

良心律師甭奢談依法辯護

　　中國良心律師，勇敢、正義，他們在喚醒民眾法治意識、依法維權上，確實做了很多工作，但他們改變了誰的命運？現在的中國良心律師，已經是「泥菩薩過河，自身難保」，就甭奢談依法辯護、拯救他人了？

　　「秀才遇到兵（應該是強盜）、有理講不清。」這就是中國的現實！當遊戲規則的制定者，不遵守遊戲規則的時候，路只有一條：以任何可以使用的手段，將不遵守遊戲規則的制定者趕下台，自己制定遊戲規則且遵守規則！

　　沒有法制，沒有法治，有的只是強權掠奪、抓捕屠殺！這就是東突厥斯坦的現實。也罷，一如在我過去的文章裡一再強調的，維吾爾人走到今天，什麼樣的血腥日子沒有經歷過，什麼樣的黑暗沒有見過？掠奪、抓捕、屠殺，早已變成了維吾爾人日常生活的一部分，過去維吾爾人沒有怕過，現在不怕，將來也不會害怕！

　　對伊力哈木教授的重判，只能使大部分維吾爾人，追求自由

平等的意志更加堅定、義無反顧，也將使一部分「對以和平理性對話、和解，仍抱幻想」的維吾爾人徹底失望！伴隨對伊力哈木教授的重判，中共給維吾爾人送去的信號是：「順我者昌、逆我者亡」。然而，中共不知道的是，維吾爾人也早已抱定了「不自由、毋寧死！」之決心。

維吾爾人前有麥邁提力・陶皮克、阿卜杜哈里克・維吾爾、魯特夫拉・姆特裡普，後有伊力哈木・土赫提、木塔里普・伊敏（Mutelip Imin）、阿提克姆（Atikem）等勇士，前仆後繼為維吾爾人自由事業獻身！維吾爾人自由、獨立、平等之理想，一定能實現！

（本文發表於 2014 年 6 月 19 日博訊新聞網）

15 ‖ 維吾爾自治區
伊斯蘭教經文學校

拜訪好友，得以參見經文學校

昨天，我在維吾爾自治區亞心網上，看到了一則有關「維吾爾自治區伊斯蘭教經文學校」舉辦「臥爾茲」演講比賽的新聞。該新聞報導：「2014年6月10日，以『確立正信、抵制極端、構建和諧社會』為主題的自治區第二屆專題『臥爾茲』演講比賽，在新疆伊斯蘭教經文學校舉行。」

上述報導，立即勾起了我對曾此學校的一次參觀印象，以及參觀過程中，我和一位在該校工作的朋友，一段非常有趣對話的回憶。

2001年的秋季，我去烏魯木齊辦事。事情辦完後，我想去拜訪一位久別的朋友，一位維吾爾復轉軍人[1]。這位朋友，過去是駐石河子部隊的副營長，他復轉之前幾年，因其部隊駐紮地離石河子市區不遠，我們一直保持來往，關係非常好。

他復轉後，因其夫人在烏魯木齊的一所學校任教，而被分配

1　**復轉軍人**：由軍隊，以同級別轉到地方政府官員的前軍人。

到烏魯木齊市北郊南湖路附近的，「維吾爾自治區伊斯蘭教經文學校」人事處工作，當時可能是個幹事吧。

提前一天，我給他打了個電話。他要我第二天一大早，去他的學校找他。我也正好想去看看，這所無神論共產黨辦的「伊斯蘭教經文學校」是什麼樣子，所以就爽快地答應了他，我一定一大早趕到「伊斯蘭教經文學校」去拜訪他。

第二天，我起了個大早，坐上巴士，趕到坐落於烏魯木齊市北郊南湖路附近的「維吾爾自治區伊斯蘭教經文學校」。進得校門，打聽我朋友的辦公室，門衛告訴我，朋友在學校主樓前等我。

這所「自治區伊斯蘭教經文學校」校園並不大，當時就只有一棟樓。在大門口就可以看到主樓，樓並不很高，大概兩三層。

快到主樓門前時，朋友笑盈盈地走出樓來迎接我。然而，朋友睡眼朦朧、極其疲乏的表情，以及手裡的礦泉水瓶，讓我有點驚訝。因為我知道朋友的習慣，我敢肯定，前一晚朋友一定是在酒桌上，而且肯定是喝多了！

我開玩笑地說道：「朋友，不會是昨晚和共產黨的紅色阿訇²們聚會，酒喝多了吧？」

2　**阿訇**：是對伊斯蘭教學者的稱呼，主要指擁有伊斯蘭教基本的、常識性知識的教職人員。

要去朝觀的帶隊領導也喝酒嗎

朋友尷尬地笑了一下，回答道：「沒有、沒有，不是和紅色阿訇們！有一批宗教人士要去沙特[3]麥加朝觀，昨晚，學校領導為他們及帶隊領導餞行，酒稍微喝多了點！」

朋友這回答更出乎我預料，我本來只是開個玩笑，然而想不到，非常意外地，得到一個讓我瞠目結舌的答案。

我哭笑不得，問他道：「你們學校領導，是共產黨員還是宗教人士？」

他回答說：「校長是一位回族宗教人士，副校長是一位維吾爾宗教人士。校黨委書記，當然是共產黨員了！」我又問道：「那他們都喝酒嗎？昨晚他們也喝酒了嗎？」

他看了看我，說道：「你問那麼多幹什麼？既然他們能和我們一起坐在酒桌上吃喝，喝不喝酒都無所謂了，不是嗎？」我還未從驚訝中緩過來[4]，懵懵懂懂地回答：「也是、也是。」

但我還是禁不住好奇，繼續問他道：「那，那些要去朝觀的帶隊領導也喝了嗎？」他看看我，眼神，似乎是在看一個未見過世面的鄉巴佬，說道：「那還用問嗎，伊利夏提！他們大都是統戰部挑選的人員，一進沙特[5]就基本喝不上酒了。回來，再背個

3　沙特，即沙烏地阿拉伯。
4　**緩過來**：思想轉過彎來。
5　**沙特**：沙烏地阿拉伯。

阿吉[6]的宗教稱號,也不好公開喝了。所以他們想多喝一點,我們那,就使勁灌他們,嘿,還真他媽的,大多喝的爛醉如泥!這不,我也喝多了。」

我在感到驚訝之餘,又覺得這太有趣了,共產黨辦的「伊斯蘭教經文學校」,果然不同凡響,不同一般!共產黨不僅像其號稱的一樣「能讓鬼變人」;而且,也確實能讓人變成鬼,不,變成妖怪,蠱惑人心!

我繼續刨根問底:「在這學校裡,阿訇們主要學習什麼?」

朋友回答:「我剛來,具體的,還不很清楚。但我知道的是,阿訇們不僅每天要學習漢語!他們還要學習《新疆地方史》、《民族政策與民族理論》、自治區統戰部編《臥爾茲演講》,以及黨的最新檔、領導講話等。」

我嘴巴張得更大了,幾乎合不攏了!但心理的感覺是,不虛此行!我終於對無神論共產黨辦的,所謂「伊斯蘭教經文學校」,有了一個客觀的認識,也對共產黨培養的阿訇們,有了一個全新的認識。過去只是道聽塗說的傳聞,今天終於得到了證實。

(本文發表於 2014 年 6 月 19 日博訊新聞網)

6　根據伊斯蘭教規,凡事去沙烏地完成了朝覲義務的穆斯林,都可以擁有「阿吉」的稱號。在非阿拉伯的穆斯林世界,「阿吉」稱號同時擁有一些社會地位的含義,因而,在社會上擁有一定的影響力。

16 ‖ 誰在進行極端宗教宣傳？

長輩告知，中共掌控清真寺

2014年五月底，我去土耳其探望兒子，順道也拜訪朋友、同道，及伊斯坦布爾的維吾爾社團。最後幾天，一位住在土耳其的維吾爾朋友告訴我，有個來自家鄉的老者想見我。朋友告訴我，老者是一位德高望重的伊斯蘭宗教學者。

我一聽，特別高興。每次我來土耳其，就想找人瞭解一點家鄉的情況，但一直苦於找不到願冒風險接觸我們講實情的人。特別令我高興的是，能夠和一位德高望重的伊斯蘭宗教學者交流，那真是求之不得的好機會。就算是在家鄉，也都是一個難得的機會，更何況是在離別了家鄉十幾年以後的今天，而且是在土耳其。

會面安排在一個朋友的維吾爾餐廳。我們在門口見面，朋友介紹我們認識後，引我們進入餐廳地下室，並告訴我，不會有人進來打擾我們。然後，朋友找了個藉口也出去了，裡面只剩我們兩人。我們一邊喝茶，一邊開始交流。

老者在和我寒暄一番之後，長嘆一口氣，開始其敘述。

老者先是告訴我，現在共產黨政府是如何鼓勵安排、退休且可靠的維吾爾共產黨員，進入清真寺寺管會，掌控清真寺。這些共產黨員如何裝作虔誠教徒，和禮拜群眾近乎引誘的套話，如何監督阿訇及進寺禮拜群眾，如何每天向上級匯報阿訇及禮拜群眾在寺內說什麼、做什麼等等。

老者又告訴我，現在中共已經停止出版默罕默德‧薩利‧阿吉（Muhemmed Saly Hajim）八〇年代末翻譯的《古蘭經》維吾爾文版，因為中共政權認為穆罕默德‧薩利‧阿吉翻譯的《古蘭經》有問題。現在，共產黨代之以由其控制下的、一個所謂「伊斯蘭學者」組成的《古蘭經》翻譯委員會，翻譯的維吾爾文版《古蘭經》。

大批維吾爾人拖家帶口[1]逃亡

老者告訴我，翻譯委員會成員近一半都不是穆斯林，其他成員也都是聽黨的話的「五好[2]」宗教學者。這個翻譯委員會所翻譯出版的《古蘭經》維吾爾文版，有意將一些經文曲解，將一些經文按照中共的意圖進行翻譯解釋，這令所有有良知且虔誠的維吾爾伊斯蘭宗教學者汗顏、不安，不知所措。

談話最後，老者稍有點猶豫地問我道：「伊利夏提，你知道東南亞國家為什麼會突然冒出那麼多逃難的維吾爾人嗎？」我毫

1　**拖家帶口**：帶著妻兒老少的意思。
2　**五好**：政治覺悟高、思想好、學習好、愛國、愛黨。

不猶豫地、還帶點激昂地回答：「那還不是因為中共政權的長期迫害、鎮壓，及對維吾爾人的濫殺無辜！維吾爾人已經無法在自己的家鄉求生存了，東突厥斯坦已經容不下維吾爾人了！」

老者臉色沉重、直盯盯地看了我一會兒，搖搖頭說道：「不是，伊利夏提，不是。家鄉的情況，對維吾爾人來說，是非常惡劣，共產黨濫殺無辜也是真的。但那不是大批維吾爾人拖家帶口逃亡東南亞的真實原因！」

我急切地問老者道：「那是什麼原因？什麼原因使大批維吾爾人拖家帶口逃亡？」

老者環顧了一下四周，又將坐著的椅子向我拉進了點，開始了其陳述。

奇怪的「遷徙、聖戰」宣傳

老者說，大概是一年前開始，在東突厥斯坦南部各城鎮，出現了一些神秘的維吾爾中、青年伊斯蘭宗教學者，他們幾乎是半公開的進行「遷徙」、「聖戰」宣傳。這些人號稱，當穆斯林的家鄉被異教徒佔領後，如果當地穆斯林無法抵禦異教徒的鎮壓、迫害，應該毫不猶豫地遵行穆罕穆德聖人教導的「遷徙」聖行，不應該留戀家鄉，並且暗示可以向東進入中國，再由雲貴邊境進入東南亞，最終抵達西亞、南亞穆斯林國家。

最為詭異的是，這些人還半公開大膽叫囂先要「遷徙」進入穆斯林國家，然後一定要加入國際聖戰組織行列，支援伊斯蘭世界的國際大「聖戰」，要和世界上最大的撒旦「美國及西方」進

行「聖戰」。

而且，這些人還特別強調，真正的穆斯林，不應該特別強調自己的祖國；只為自己的祖國戰鬥的穆斯林，不是虔誠的穆斯林，最好忘掉東突厥斯坦這個名稱，要先和人類最大的撒旦「美國及西方」進行「聖戰」，最後再來解放其他穆斯林的土地家園等。

我急切地問老者道：「在東突厥斯坦，共產黨暗探密佈，這些人就不怕被抓捕、被當作宗教極端分子而遭到槍殺嗎？他們膽子就這麼大嗎？敢於這麼赤裸裸地進行宣講嗎？」

老者說：「問題的關鍵就在這裡，伊利夏提。他們不僅不怕共產黨，而且幾乎是半公開的進行宣講。而且也很奇怪，共產黨的員警、密探，似乎對他們沒有一點嗅覺！」

中共是玩弄陰謀詭計的高手

老者繼續說道，他以及其他一些維吾爾學者，試圖阻止這些人的這種極端宣講，所以他們暗中派了幾名自己的弟子，去告訴群眾不要輕信這些人的宣講，不要拋棄家鄉。聖行「遷徙」也是有條件的，保護自己的祖國家園，是每個維吾爾穆斯林首要的義務。迫害、鎮壓維吾爾人的是中國政府，而不是美國和西方等。

老者說，這些人的神秘就顯現於：老者的弟子宣講不到一兩天，員警就開始抓捕老者的弟子們了。而且，老者特別強調，員警只抓老者的弟子；而對那些高調宣講「遷徙」、「聖戰」者，中共的員警、密探卻視而不見！

老者說，中共的員警當中，有一位維吾爾員警，悄悄告訴老者的一位弟子，別自找麻煩妨礙那些宣講「遷徙」、「聖戰」的講者時，老者的疑慮頓消，也明白了這些人的特別來頭！老者明白，這些人是有人安排，來對維吾爾穆斯林進行極端主義傳播的！

　　我聽得瞠目結舌，嘴裡喃喃地嘀咕道：「沒有想到呀，沒有想到！真的是『道高一尺、魔高一丈』，中共政權真不愧是玩弄陰謀詭計的高手。」

　　老者最後說：「伊利夏提，我告訴你這些，是希望你們警惕，我們的敵人非常強大，不要被一些事情的表面現象所迷惑。我們往往太單純，尤其是一些年輕人，年輕氣盛，很容易被敵人利用。這些神秘宣講者中，隱藏著中共的驚天大陰謀！維吾爾人又要大禍臨頭！」

（本文發表於 2014 年 7 月 9 日博訊新聞網）

17 ┃ 悲劇民族英雄伊力哈木

罪名是老套的分裂指控

今天，惡夢成眞，看到了伊力哈木教授被起訴的消息！

罪名，依然是老套的分裂指控。凡是追求公平、正義的維吾爾人，不管是如伊力哈木教授及其學生，以溫和手段要求中國政府，兌現《憲法》、《民族區域自治法》中所承諾、給予維吾爾人的基本權利，還是以強力手段，反抗中國殖民政權，要求實現民族自由、獨立的維吾爾自由戰士，只要是追求公平、正義的維吾爾人，被抓捕後，被指控的罪名，基本上大同小異。伊利哈木教授也沒有例外。

他們，被指控的罪名基本相同，審判程式以及最後的判決，也不會有太大的差別。秘密地快審、快判，是殖民政權的要求。就算李方平律師被准許出庭辯護，伊力哈木教授案的判決書早已寫好，不會有峰迴路轉的可能。對維吾爾人來說，這一切已經不是什麼新聞。

生活在東突厥斯坦及中國境內的，維吾爾人仁人志士，包括伊力哈木教授在內，都對此非常熟悉，所以伊力哈木教授在半年

前，就已經爲今天做了些準備。

遺憾的是，伊力哈木教授因爲「不識廬山眞面目，只緣身在此山中」，還天眞地對中共所謂的「法治」，抱了一絲希望，因此，伊力哈木教授在其留下的書面聲明中，要妻兒找中國良心律師爲其辯護。按此要求，伊力哈木教授善良的妻子找了李方平律師。

李方平律師躊躇滿志，以爲能做些什麼，畢竟李方平律師及其他中國良心律師，還未曾在東突厥斯坦爲維吾爾仁人志士辯護過！他們以爲東突厥斯坦的情況和中國的情況一樣。

殖民佔領，無法律可言

然而，李方平律師早前爲了要見伊力哈木教授，在烏魯木齊市監獄及檢察院的遭遇，應該是一劑清醒劑！那故事，對我們維吾爾人來說太熟悉了。可惜，李方平律師不熟悉。

所以，李方平律師今天（2014年7月31日）發了微博：「剛剛從網上新華社消息，看到伊力哈木案移送法院。眞是太突兀了，烏魯木齊檢察院一直沒有答應律師多次口頭要求，以及一次書面要求——複製視聽資料的正當合法要求，更沒有聽取律師意見，也未依規定通知律師，就將伊力哈木·土赫提分裂國家案移送起訴，我對烏檢不尊重律師辯護權，感到十分震驚。」

李方平律師的不開竅，倒是有點令我驚訝。李方平律師在經歷、見證過那麼多中國政府對良心律師的非法羈押、毆打、阻撓，又在烏魯木齊歷經磨難，才得一見伊力哈木教授後，還對中

國的法制心存僥倖，還對東突厥斯坦殖民政府的「法治」抱一絲希望，還心存僥倖，以為他能以法律，為伊力哈木教授做無罪辯護！說李方平律師愚蠢，我於心不忍；但，我還是忍不住，要指責李方平律師太幼稚、單純！

不管中國政府，嘴上怎麼強調法制、法治，不管良心律師、中國公民運動及民主人士，怎麼往好裡去理解，中國在東突厥斯坦實施的，一直是殖民佔領！而且，中國政府始終蠻橫地，用一例又一例的、類似伊力哈木教授案的審判，告訴世人：「中國在東突厥斯坦實施的，是佔領政策，這裡沒有法律可言！」

伊力哈木教授以犧牲自己的自由，再一次告訴人們、告訴世人、告訴世界，在東突厥斯坦沒有法律，只有佔領政策！東突厥斯坦殖民政權，是一個吞噬維吾爾仁人志士的罪惡黑洞！

東突厥斯坦巴勒斯坦化

周永康倒台了，中國有一大批人歡天喜地，包括一些民主人士、公民運動人士、良心律師。他們以為周永康被正式羈押，將使維穩體制出現鬆動、改變。他們卻沒有看到，周永康倒台是因為他不是紅二代，不是共產黨正統！

且周永康的靠邊站始自共產黨的十八大，而其後，自習近平上台以來至今，被抓捕的民運、公知[1]、「死磕」[2]律師成千上

1　公知，公共知識分子，替公眾發聲的人。
2　死磕，中國流行語，在此是指不怕抓捕，勇往直前的律師。

萬。維穩體制正在以更恐怖的方式，向法西斯專政體制靠攏。至於現在的東突厥斯坦，那更是血流成河！

星期一宣佈周永康徹底出局，星期三宣佈起訴伊力哈木教授，這是習近平政權在告訴中國人、告訴世界，在中國只有他習近平說了算，只有共產黨紅二代說了算！東突厥斯坦是中國的殖民地，那裡沒有法律，沒有法制，也沒有法治，有的只是殖民政策，當地殖民政權可以為所欲為、橫行無忌！

重判伊力哈木教授已是既定事實！民族間的和解之路已被堵死，這將使維吾爾人的反抗更為激烈，更為極端。

實際上，中國一些所謂「維吾爾問題」學者所叨咕、擔憂的，東突厥斯坦的巴勒斯坦化，早已成為既定的事實！

7月28日，開齋節日，莎車維吾爾人勇敢走上街頭，誓死抗爭中國殖民侵略政權的英勇行為。昨天早上，維吾爾民族的敗類、伊斯蘭信仰的叛逆、喀什噶爾艾提尕爾清真寺大阿訇、中國伊斯蘭協會副主席、全國政協委員居馬・塔依爾（Jume Tayir）被除掉，預示著：維吾爾人已經進入反抗中國殖民政權游擊戰的前期階段。

（本文發表於 2014 年 7 月 31 日博訊新聞網）

18 ‖ 有險無驚的末日審判

美國反恐，無暇仗義救援

明天，中共殖民政權將在烏魯木齊市的中級法院，打著法治的旗號，裝模作樣地拉開審判伊力哈木教授的醜劇！

事實上，中共政權早在2014年初，抓捕伊力哈木教授的時候，就擬訂好了罪名、刑期。等這麼長時間再開庭審判，其原因是：

一，是為了通過拖延術，使伊力哈木教授事件，在國際社會得以冷卻，不再成為國際社會關注的熱點。

二，是為了羅織罪名，主要是通過酷刑，折磨伊力哈木教授的學生，將他屈打成招，迫使伊力哈木教授的學生，在法庭上指控伊力哈木教授。

三，是要通過各種陰險手段，使伊力哈木教授身心受損、屈服，使伊力哈木教授在脅迫下，自我認罪、自我指控。

就目前國際形勢來看，中共非常狡猾地，選擇一個對其極為有利的時間，來開庭審判伊力哈木教授。

西方世界現在正忙於對付敘利亞、伊拉克等伊斯蘭國恐怖分

子，解決烏克蘭危機，確實無法顧及中共越來越猖狂地踐踏人權的行為，無法顧及中共對伊力哈木教授的不公審判。再加上，美國希望中國加入對伊斯蘭國恐怖分子的打擊，美國可能會高聲抗議、批評中共的無恥審判，但不會採取任何實際行動來施壓中共。

伊力哈木教授的學生，肯定不會出庭指控伊力哈木教授，因為中共怕他們會在法庭翻供。所以指控方頂多只會拿出一些模棱兩可的、無法證實的證據，來指控伊力哈木教授在課堂上、在私下，教唆學生「分裂思想」。

至於通過各種陰險手段，迫使伊力哈木教授屈服，使伊力哈木教授自我認罪、自我指控，由伊力哈木教授所委託的律師，幾次會見後的陳述來看，基本上對伊力哈木教授沒有起作用。伊力哈木教授以頑強的毅力，戰勝了中共殖民政權獄方施加的各種身心壓力！

獨裁政黨，早已虛弱不堪

明天的審判，將是一場有險無驚的末日審判！

我說有險，是因為根據中共殖民政權所指控的罪名，伊力哈木教授有可能被判重刑，十五、二十年，甚至無期徒刑都有可能！我並不很樂觀。

無驚，是因為無論律師如何辯護，無論是無罪辯護、還是其它律師認為可行的輕罪辯護，其結果都是一樣的，判徒刑，且刑期已定──重刑！

其實，對一個無罪的人來說，被判五年、十年、十五年、二十年，直至無期徒刑，是沒有任何實質區別的！稍有頭腦、稍具備正常思維能力的人都知道，伊力哈木教授是無罪的！知道伊力哈木教授從一開始，就不應該被抓！

當一個自稱是崛起大國的政權，一個自號擁有三個「自信」的政黨，一個自認自己是「男兒」的獨裁者，敢冒天下之大不韙，以虛假、羅織罪名，審判一位講真話的學者的時候，只能說明這個政權，這個政黨，這個獨裁者，已經是虛弱不堪、草木皆兵；說明這個政權，這個政黨，這個獨裁者，已經是日薄西山、奄奄一息！

明天站在法庭受審的，將是無辜的伊力哈木教授！可以肯定，他將因言獲罪、被判重刑。然而，後天，或在不遠的將來，站在法庭上的，將是這些審判伊力哈木教授的、披著人皮的所謂法官、檢察官、法警等中共法西斯政權的走狗，以及驅使這些走狗昧著良心審判無辜者的後台老闆「邪惡法西斯政黨」：共產黨，及其獨裁者習近平！

明天，伴隨著法庭最後判決書的宣讀，伊力哈木教授可能會被迫消失在黑暗監牢中，被迫遠離人們的視線，就像《野鴿子》的作者努爾買買提・亞森（Nurmemet Yasin）、敢言真相的海來提・尼亞孜（Gheyret Niyaz）、熱愛民族教育的阿卜杜外力・阿有普（Abduweli Ayup）等。

但是，文明世界的人民不會忘記他們，國際社會不會忘記他們，有良知的中國人也不會忘記他們。當然，作為培養這些英雄

兒女的維吾爾人民，更是不會忘記自己這些爲民族嘔心瀝血、前仆後繼的獻身者！

（本文發表於 2014 年 9 月 17 日博訊新聞網）

19 ‖ 伊力哈木教授和蘇格蘭公投

中共害怕蘇格蘭獨立

本來，伊力哈木教授和蘇格蘭公投應該是沒有關係的，但中共政權以其一貫的小聰明、小伎倆，將伊力哈木教授和蘇格蘭公投聯繫起來了！

2014年9月18日，中國不顧世界各國的強烈抗議，完全踐踏中國自己的法律，完全以政治形式，進行對伊力哈木教授案的庭審，毫無波瀾地結束了。一如大多數人猜測的，儘管當局已經內定好判決的刑期，但還是沒有當庭宣判。

當天，我和大多數人一樣，以為中共當局可能要等一段時間，等國際社會，及其他關心伊力哈木教授命運的人們，忙於其他事務、或關注度稍微冷卻後，將會悄悄宣佈。

但出乎我們大家預料，今天凌晨看到代理律師劉曉原發佈的，烏魯木齊中級法院有關9月22日要宣判伊力哈木教授的通知！

我恍然大悟。鬧了半天，自稱崛起的中共儘管嘴硬，但在維吾爾人土地上，還是「強龍壓不過地頭蛇」，中共害怕維吾爾

人，會因爲伊力哈木教授及蘇格蘭獨立而鬧事。中共儘管擁有大量的軍、警、特，最現代化的武器——坦克、大炮、無人機，但因爲是在別人的土地上，中共還是心虛，心神不定、焦慮不安。

看起來，中共殖民政權還是知道、瞭解維吾爾人的眞實心理。所以，中共是怕如果蘇格蘭公投獨立通過的話，會給維吾爾人一個新的希望。因爲維吾爾人會一邊默默關注著，自己苦難的兄弟伊力哈木教授的案發展情況，一邊等待威廉‧華萊士後代的蘇格蘭人，以公投實現其獨立夢想。

中共害怕蘇格蘭獨立，恰似一針強心劑，使維吾爾人再一次在興奮中，勇敢地走上街頭，要求自己的自由、平等、尊嚴！要求釋放被關押的伊力哈木教授等維吾爾民族勇士！

不願蘇格蘭民主公投

今天，當中共看到蘇格蘭公投對自己相對如意的結果後，中共一顆懸著的心放下了，因而，中共獨裁政權匆忙決定，9月22日要宣判伊力哈木教授！

自始至終，蘇格蘭公投一事，讓中共政權非常尷尬！中共打從內心裡，希望蘇格蘭獨立。因爲對中共政權來說，任何一個西方國家地域的縮小、人口的減少、經濟綜合實力的變小，必將使其在世界的影響力減弱，而那是欲獨霸世界的中共極權統治者所暗自竊喜的。特別是西方文明大本營、西方文明主要散播者的大英帝國，它的變小、變弱，更是中共政權日思夜想、深切盼望的！

但是，中共又因為自己本身的麻煩一大堆，維吾爾人、圖伯特人、南蒙古人、台灣人、香港人等，要求民主、自由、平等、尊嚴的問題，且問題日趨嚴重，所以，中共極權政府不敢公開贊成蘇格蘭獨立，怕引火焚身！

實際上，中共極權政府最不願意看到的是，蘇格蘭人民以民主公投的和平方式，解決和英國長期存在的獨統問題！這是最讓中共極權政府感到心虛的七寸[1]！

當然，這也是蘇格蘭公投和伊力哈木教授案能夠聯繫起來的、令中共心虛、膽怯的關鍵！

效法華萊士絕地反抗

在中國境內，自八○年代中期，中國的電影公司開始放映《梅爾吉勃遜之英雄本色》好萊塢大片。此後，維吾爾人就開始熟悉蘇格蘭人民要求獨立的歷史，及其獨立願望。《梅爾吉勃遜之英雄本色》影片中的悲劇男主角——威廉·華萊士，曾經是多少維吾爾民族主義者心中的英雄！

幾百年後的今天，愛德華一世的後代和威廉·華萊士的後代們，以和平、理性的民主方式，解決獨統問題。他們在讓世界矚目、讓世界敬佩英國人大度、理解的同時，也讓世人敬佩蘇格蘭人一代又一代、持之以恆地，保持華萊士等蘇格蘭民族英雄的獨立之夢不死，以及蘇格蘭人實現獨立夢想的豪邁和豁達！

1　**七寸**：引自「打蛇打七寸」之說，意味致命弱點。

而伊力哈木教授，一個以民主、理性方式，解決民族矛盾的維吾爾知識份子，正是看到東突厥斯坦的維吾爾人、漢人之間的民族矛盾，日趨尖銳、惡化，因而提出以和平、理性的方式展開對話。伊力哈木教授試圖在維吾爾人、漢人之間，架起一座理解的橋樑。但是，看起來，伊力哈木教授也和成千上萬被中共抓捕、失蹤的維吾爾民族英雄一樣，也要以「出師未捷身先死」的悲壯，結束其宏偉的民族和解事業！

　　其實，大家都知道，伊力哈木教授和尊者達賴喇嘛一樣，只是要求中共兌現其《憲法》、《民族區域自治法》所賦予各民族的自治權利！僅此而已！但就這麼一個和平、理性的要求，都被中共強權以最野蠻、最邪惡、最無恥的方式所拒絕！

　　發出溫和、理性聲音者的悲劇性結局，毋庸諱言，將鼓勵更多的維吾爾人，走悲劇英雄威廉·華萊士之路，進行絕地反抗！

（本文發表於 2014 年 9 月 20 日博訊新聞網）

20 伊力哈木的無期徒刑
對維吾爾人的影響

蘇洛殺死了威爾塔，正義的勝利

我記得，小時候看過法國影片《蘇洛》。片中，法國殖民地——「新阿拉貢」的獨裁者威爾塔上校，派一個刺客，來刺殺即將上任的總督。此時，總督的好友，「蘇洛」，殺死這個刺客之後，站在因傷而將去世的總督面前，答應總督臨終的要求，假冒總督之名，赴任「新阿拉貢」，他並且承諾臨死的總督，不再使用暴力殺人。

後來，儘管「蘇洛」有幾次機會，完全可以除掉威爾塔上校及其幫兇，但「蘇洛」還是信守對已故朋友的不殺人承諾，給予這些惡棍一條生路，以期他們能夠收斂、改邪歸正。

但是，「江山易改、本性難移」，威爾塔上校將「蘇洛」信守承諾的忍讓，當成軟弱，而且上校並未因一兩次的失敗、丟醜而收斂，他反而越來越兇惡，越來越殘暴。

在殘暴的威爾塔上校當著眾人面前，殺害以理性、和平方式、勸善棄惡的弗蘭西斯科主教之後，忍無可忍的「蘇洛」，手拿利劍，對威爾塔上校說：「弗蘭西斯科主教之死，使我擺脫了我對另一個人的承諾，這個人也是被你殺害的。」說完，「蘇洛」和威爾塔上校展開了一場殊死的決鬥。最終，「蘇洛」殺死了威爾塔上校，影片以正義的勝利而告終。

同樣，我以為，今天，烏魯木齊中級法院對伊力哈木教授的無期徒刑判決，不僅僅是踐踏了中國法律的尊嚴，褻瀆了中國良心律師的尊嚴；同時也宣告了維吾爾人任何形式的反抗都是合情、合理、合法的！使維吾爾人擺脫了「恐怖」的指控，從今以後，維吾爾人任何形式的反抗都是合理的！

被判無期，無人能活著走出監獄

當溫和、理性的聲音被惡意壓制，和解、對話的橋樑被硬性拆毀，法律維權的管道被蠻橫堵死時，民族壓迫下的維吾爾人，還有什麼路可走嗎？總不能坐以待斃吧！

維護自己的尊嚴、維護民族的尊嚴，維護妻子兒女的尊嚴、維護家庭的尊嚴，維護自己及民族的信仰、傳統、文化、語言，是每一個維吾爾人的神聖責任！

當維吾爾人以現代文明社會所遵行的法律維權，無法保護自己、家庭、妻子兒女的尊嚴時，當文明世界看著中共獨裁政權對維吾爾人的野蠻暴行，殘酷鎮壓而無能為力時，維吾爾人當然有權利反抗壓迫，當然有權利攻擊政府、派出所！這根本不是什麼

「恐怖主義」，這是在保護自己，是在維護自己及民族的尊嚴！

中共獨裁政權對伊力哈木教授的無期徒刑判決，在維吾爾自治區，等同於死刑判決！因爲，到目前爲止，沒有哪一個維吾爾人因爲民族問題被判無期徒刑，還能活著走出監獄！

我不知道國際社會能做多少，施加壓力？授予諾貝爾和平獎？可能，也應該，伊力哈木教授值得國際社會施壓，值得拿諾貝爾和平獎！

當然，維吾爾問題將再一次成爲國際熱點，西方國家關注的焦點；各大報、各大媒體都將連篇累牘地報導伊力哈木教授、報導維吾爾人問題。但是，問題還繼續存在，維吾爾人的境況還在繼續日益惡化！伊力哈木教授還將繼續帶著沉重的手銬腳鐐、在黑暗潮濕的監獄牢房裡受苦受難！他的家人，將繼續承受常人難於想像的歧視、迫害！

坐以待斃，不如轟轟烈烈地反抗

每一個在中共壓迫下掙扎的維吾爾人，需要的是自由的呼吸空間，而不是國際社會的空口關注；每一個面臨窒息的維吾爾人，需要的是立即解決現實的問題，而不是未來的承諾和安慰！但這一切，都可望而不可及！維吾爾人只好被迫選擇絕地反抗！

如果國際社會的關注、施壓，能解決現實問題，尊者達賴喇嘛現在應該是在拉薩！

伴隨伊力哈木教授無期徒刑，以及沒收全部財產的判決，伊力哈木教授的妻子兒女將失去北京的住所。可以肯定，伊力哈木

教授的妻子也將失去工作，並將和伊力哈木教授的兄弟姐妹一起，處於中共政權無休無止的騷擾、監視、歧視、迫害中。而伊力哈木教授的高齡老母親，將每天以淚洗面，在思念勇敢兒子的痛苦中度過餘生。

伊力哈木教授及其家人的遭遇，將很快在全東突厥斯坦傳遍。伊力哈木教授及其家人的悲慘遭遇，將告訴那些對中共政權還抱一絲希望，還以為張大人可能會比王大人好的維吾爾人，此路不通！使他們在絕望中，選擇其他反抗形式！

張大人、王大人、習大人，都是中共政權利益的代表，所以不管維吾爾人以何種形式維權抗爭，無論維吾爾人是以溫和、理性，還是暴力來維權抗爭，都將是中共侵略政權的敵人，都是中共侵略政權要消滅的對象！

所以溫和、理性的伊力哈木教授，他的無期徒刑判決，將告訴觀望的維吾爾人，與其坐以待斃，不如轟轟烈烈地反抗一場，為民族、自由而死，死無足惜！

（本文發表於 2014 年 9 月 24 日博訊新聞網）

21 ‖ 最後的幻滅

伊力哈木教授一案的二審，將於2014年11月21日星期五，在烏魯木齊看守所宣判。二審不開庭審理。結果，顯而易見──肯定是維持一審判決！

伊力哈木也曾對習近平抱著希望

伊力哈木教授一直對共產黨，及其新老領袖胡「和諧」、習近平抱著希望。這渺茫的希望，產生於維吾爾人知識份子沾染漢人知識份子習性後的幼稚與天真，是一種絕望中，無奈的期盼；一種在絕境中，期盼奇蹟出現時的幻想！

我確定，大多數維吾爾人，是不相信共產黨的，不相信中共政權！我也相信，現在的中國人，除了少數甘願當奴才的，絕大多數也不相信中共及其政權！

記得幾年前，一位生活在阿克蘇的維吾爾朋友，告訴過我一段維吾爾爺孫的對話。當中共軍隊剛剛進入阿克蘇市時，中共軍隊的士兵們，熱情地幫助維吾爾人挑水、劈柴、掃院子。很多維吾爾人覺得，這些軍人太好了，共產黨太好了。

一位非常興奮的孫子，高興地跑回家，向爺爺講述、讚美這

些共產黨軍人的好，但爺爺一點都沒有高興起來。等孫子靜下來後，爺爺反問孫子：「這些軍人是否吃飯？是否睡覺？」

當孫子驚訝地告訴爺爺：「當然，他們吃飯，也睡覺。」時，爺爺深深地嘆一口氣，告訴他：「只要這些共產黨軍人吃飯、睡覺，早晚，他們會搶我們的飯碗，會霸佔我們睡覺的地方！」

剛「改革開放」時，我也猶豫、彷徨過，也抱過希望。但自1989年中共六四大屠殺之後，以及自1990年4月5日中共對巴仁鄉的維吾爾人大屠殺之後，我就不再對中共及其政權，抱任何希望！

尤其是牽涉到民族問題，特別是牽涉到維吾爾的問題時，我不僅不相信中共體制內的全體官員，即便是對大多數中共體制內外的漢人知識份子，我也是抱持極端懷疑的態度！更遑論相信什麼「設計師」鄧小平、開明派胡耀邦、江「科學」、胡「和諧」[1]，還是現在的習近平——習近平、習「大大」等新「設計師」了。中共這些人，無論是官員還是知識份子，沒有一個不是站在漢人的立場，以漢文化中心主義的天朝帝國（中國）大一統意識出發，制定其民族政策！

---

1 繼江澤民的「三個代表科學」理論，胡錦濤提出了「和諧發展觀」。因而，海外民運中戲稱其為：江「科學」、胡「和諧」。

提建設性意見者，也沒有好下場

中國中心主義及中國文化中心主義等，這些大漢極端民族主義者認為，「非我族類、其心必異」，對其他民族如維吾爾、圖伯特、蒙古等，「同化」、「消滅」是的唯一武器！

記得幾年前，有人將我的一些稿子，貼到伊力哈木教授主辦的「維吾爾線上」網站上。現在由李方平律師的辯護詞，我才知道，這些被他人貼到伊力哈木教授「維吾爾線上」網站自由發稿區的、我的文章，也成了這次中共政權指控伊力哈木教授分裂罪的罪狀之一。

在「維吾爾線上」貼我的文章，因為觸到了一些人的痛楚，後面有很多各類跟貼[2]。其中有一篇跟貼，我的印象較深。由他的名字看來，該貼是一位維吾爾人寫的。該貼指責我的文章，過多專注於揭露陰暗，缺少或沒有任何建設性意見。

當時，我看完跟貼，曾想過要寫點什麼，來談談我為什麼不提建設性意見，後來想一想，也就沒有寫什麼。

沒有寫的理由：自共產黨佔領東突厥斯坦以來，維吾爾知識份子中通過不同管道、不同方式，勇於批評共產黨的民族政策，提建設性意見的維吾爾人，可以說是前仆後繼！有幾個落得好下場的？

再說啦，由你們這麼多人寫建設性的意見，這麼大一個網站

---

2 跟貼，意指針對文本所發出的回應。

基本上都是在談建設性意見，不缺我一位啦！更何況，我生活在國外，生活在一個自由的國度，再去寫什麼建設性的意見，不有點抱共產黨大腿的味了嗎？

現在看起來，我又不幸言中了。提建設性意見的維吾爾人，從未見容於共產黨政權不說，也從未落得好下場！伊力哈木教授也不例外，他的學生也不例外！

只要是維吾爾人，只要這個維吾爾人還有一點民族意識，不管這個維吾爾人的意見是建設性的還是非建設性的，都是天朝的敵人！

伊力哈木教授，我不期盼奇蹟，但祈求真主，給予你更加堅強的意志！黎明前的黑暗，是黑夜中最暗的時段，過後就是黎明！我相信你能等到那一刻！

（本文發表於 2014 年 11 月 20 日博訊新聞網）

22 ‖ 伊力哈木教授和他的學生

公檢法司沆瀣一氣，判教授無期徒刑

伊力哈木教授被判無期徒刑，已然是既成的事實。習近平於10月20日至23日召開十八屆四中全會，高調制定所謂「依法治國」的宏偉藍圖。整整一個月之後的11月21日，在中共御用文人、學者高喊著：「中國要實施『依法治國』的陳詞濫調」中，自治區高院在不開庭、且律師缺席的情況下，就在拘留所，向伊力哈木教授宣佈：「駁回上訴，維持原判。」

伊力哈木教授終審一個月後的本周，又傳來一個消息：伊力哈木教授的7名學生又被秘密審判3到8年不等的有期徒刑。按中共公、檢、法、司[1]自己的說法，伊力哈木教授組成了一個以其為首的，由7名學生參與的「分裂集團」。

然而，同一個「分裂集團」的案子，卻將「首犯」和「集團成員」徹底地隔離審理，不讓他們相互見面，也不讓他們面對面

1　公安局、檢察院、法院、司法局（制定律師、安排協調公檢法工作）。

作證，也不允許律師質問證人證詞！

　　而且學生是被秘密審判，學生有無律師？律師是官方指定？還是自選？律師是如何辯護的？審判持續了多長時間？這些，通通是秘密，沒有人知道！如此法治？習近平不是在做夢吧？

　　毋庸諱言、且無任何疑問，伊力哈木教授一案是政治審判！這是以習近平為首的中共官、富二代統治集團，為了維持其一黨獨裁，維持其對東突厥斯坦各族人民絕對殖民統治、而實施的「殺雞儆猴」殘暴統治政策的一部分。

　　中共控制下的公、檢、法、司，沆瀣一氣、狼狽為奸，以公然蔑視中共自己指定法律、法規的粗暴方式，在沒有任何直接的證人、證詞，沒有任何硬性證據能證明伊力哈木教授「分裂國家」的情況下，僅僅以斷章取義的方式，搜集而來的幾篇伊力哈木教授公開發表的文章內容，與他人貼到伊力哈木教授網站上，反映他人觀點的文章內容，以及以斷章取義、剪貼伊力哈木教授上課內容的錄影片段，為所謂的「分裂國家罪」指控依據，以野蠻、赤裸裸的政治黑暗手段，冒天下之大不韙，判決伊力哈木教授無期徒刑！

現在幾乎沒有維吾爾人敢談民族問題

　　本週，伊力哈木教授的學生被秘密審判！中共殖民當局肯定也是以莫須有的、胡編亂造、硬性湊來的證據，指控這些無辜學生。秘密審判，就說明這種審判是見不得人的骯髒黑暗勾當，以這種黑社會、強盜方式，對付幾個嘴上沒毛的孩子，習近平還敢

恬不知恥地喊「三個自信」。

有個朋友最近從東突厥斯坦探親訪友回來，伊力哈木教授一審期間，這位朋友正好就在烏魯木齊。我問他，當時烏魯木齊的維吾爾人，對伊力哈木教授審判看法如何。

這位朋友告訴我，烏魯木齊的維吾爾人，現在幾乎沒有人談民族問題，更遑論公開談論伊力哈木教授案的審判，除非是非常可靠的朋友、親戚。

這位朋友告訴我，伊力哈木教授案審判前的一天，他的一位現任職自治區檢察院的、兒時朋友，請他到家吃飯。吃喝之後，這位朋友先是關掉了手機、並取下了其手機電池，之後，在切斷了家裡連結有線電視、電話等的繼電器[2]電線之後，再走到門口，打開門、對著樓梯，上下觀望了一陣，確定附近沒有耳目之後，坐回座位開始小聲談民族問題，打聽國外的維吾爾人。

這位維吾爾檢察官憤憤不平地，咒罵了一陣自治區政府的極端政策、存在的嚴重民族不平等的民族歧視，以及自治區的一切、只有漢人領導說了算的現實情況，然後唉聲歎氣地，怒罵奴兒‧王‧白克力為首自治區民族領導的無能之後，將話題轉到了伊力哈木教授的審判問題。

朋友說，談話間，這位維吾爾檢察官朋友，時不時地會輕手輕腳走到門口，突然打開家門，觀察樓梯上下情況。

2　在中國，尤其是新疆那邊，中國政府基本上要求每家都必須裝有線電視。而有線電視、家用固定電話等，都只有一個接線盒子鏈接。那個接線盒子，被稱為是「繼電器」。

北京來的領導暗示教授可判最高刑期

這位維吾爾檢察官說，大多數維吾爾人都爲伊力哈木教授的命運極爲擔心，特別是烏魯木齊的維吾爾知識份子，雖然他們都不吭聲，也不敢發聲，但都在默默地注視著伊力哈木教授案的發展，都在默默地爲伊力哈木教授向真主祈禱奇蹟！包括公、檢、法、司，及自治區政府大多數維吾爾公務員，也都在爲伊力哈木教授暗中擔心！

這位維吾爾檢察官透露說，自治區漢人領導和北京來的一些人，經過幾輪篩選，特別選擇了幾個他們認爲可靠、可信的維吾爾檢察官、法官，去辦理伊力哈木教授一案。這位檢察官長舒一口氣，有點幸災樂禍地說：「真主保佑，我沒有被選上！那些被選上的維吾爾檢察官、法官，表面看起來似乎信誓旦旦、前途輝煌，但內心裡一點都不高興，一直是忐忑不安，可以說度日如年、惶惶不可終日。伊力哈木教授案，對任何人來說，都是個『燙手的山芋』啊！」

這位維吾爾檢察官還透露說，自治區領導及北京來的人，在伊力哈木教授案開庭前幾天，在烏魯木齊市中級法院，秘密召開了一個由涉案檢察官、法官等參加的聯席會議。北京來的領導明確指出，伊力哈木教授一案的審理政治意義深遠，事關維吾爾自治區穩定大事，是考驗各位在座檢察官、法官政治立場的關鍵一案。領導並告訴主審法官，伊力哈木教授可判最高刑期，暗示應該往最高刑期判決！

這位維吾爾檢察官告訴我朋友，這是中共漢人官員在自治區範圍內，審理維吾爾自由戰士時，一貫使用的「以夷制夷」、「借刀殺人」政策的現代版頂級模式。

　　漢人領導暗示最高刑期，但不說出具體怎麼判，然後一再強調、告訴維吾爾法官，這是考驗政治立場的關鍵時刻。

不照領導旨意重判，法官就自身難保

　　維吾爾檢察官告訴我朋友，任何稍有頭腦的維吾爾法官都知道，如果不按漢人領導暗示的最高刑期判決，那就是政治立場不堅定。以後這樣的法官，輕了，早晚是要被清理出公檢法司；重了，就後果難於預料了，以貪腐罪名抓捕判刑，神秘失蹤，都有可能！

　　維吾爾檢察官對我朋友說，別相信街頭上維吾爾人當中流傳的，所謂「可能判伊力哈木教授十五年左右」的謠傳。十五年是「分裂國家罪」的最低刑期，主審維吾爾法官為了顯示其堅定的政治立場，一定會以漢人主子暗示的最高刑期判決！

　　最後，這位維吾爾檢察官垂頭喪氣地對我朋友說：「我們這裡已經是完了，漢人壟斷了一切權力，維吾爾人已經嚴重被邊緣化。維吾爾人要嘛像伊力哈木教授那樣站出來抗爭，以付出生命、自由為代價結束；要嘛出逃到國外去生活，以浪跡天涯、流浪一生的悲劇結束；要麼就是像我們這樣為了生活、生存，昧著良心，看著共產黨漢人的臉色，和共產黨漢人官員同流合污，渾渾噩噩、苟且偷生，不說虛度一生，也愧對自己良心、家鄉父

老、祖宗前輩！」

　　這位朋友告訴我這段他們彼此之間的對談後，他深深嘆口氣告訴我，每次當這位維吾爾檢察官，輕手輕腳走到門口，探聽門外情況時，他比這位檢察官還緊張，有種「心提到嗓子眼」的感覺。

　　當然，伊力哈木教授案的審判結果，果然不出這位維吾爾檢察官所料，是按共產黨漢人主子的暗示，由維吾爾法官來審理判決的，所以，審判過程，既沒有什麼驚濤駭浪似的驚心動魄時刻出現，更沒有什麼控辯雙方的唇槍舌戰、你來我往。而且，上訴，也如大多數人所預料，沒有出現什麼峰迴路轉的奇蹟時刻。

　　現在伊力哈木教授與學生們的秘密審判，也已悄悄結束。伊力哈木教授及其學生，以及他們家人們，更為苦難的日子開始了。

　　　　　　　　　　（本文發表於 2014 年 12 月 11 日博訊新聞網）

23 ‖ 期待東突厥斯坦第三共和國

編者按：本文作者在其部落格的原標題，爲〈東突厥斯坦第三共和國〉，爲避免讀者困擾，因此修改之。

中共故意歪曲和誤讀東突厥歷史

再過兩天，11月12日，是東突厥斯坦歷史上，兩個近代共和國的成立紀念日。一個是於1933年11月12日，在東突厥斯坦南部，維吾爾傳統文化發源地——喀什噶爾，所成立的「東突厥斯坦伊斯蘭共和國」。另一個是於1944年11月12日，在東突厥斯坦近代工業文明之萌芽地——伊犁，所成立的「東突厥斯坦共和國」。

兩個共和國的歷史，及其建立背景，已經有很多專家、學者談論過了。文章、大部頭的書也不少。我本人也寫過幾篇文章，談論過兩個共和國。

但有關兩個東突厥斯坦共和國的關鍵問題，仍然有一些人持續有意、無意地歪曲和誤讀。

其中最關鍵的，而且對兩次東突厥斯坦共和國成立、起了根本原因的、對東突厥斯坦各民族人民意願的「歪曲和誤讀」，是

最大的一個問題。

歪曲者，以中共官僚及其御用學者爲主。誤讀者，有外國專家、學者，也有一些維吾爾的白癡專家、學者。

這些人有意、無意地，將東突厥斯坦伊斯蘭共和國的成立，完全歸咎於英國的暗中支持，而將第二次的東突厥斯坦共和國的成立，則完全歸咎於蘇聯的支持！這是共產黨殖民政權對維吾爾獨立運動，釜底抽薪之戰略！

將東突厥斯坦各民族人民，在兩個東突厥斯坦共和國成立中的關鍵性、根本性作用則完全排除在外，不是釜底抽薪是什麼？將這些關鍵性、根本性的作用排除之後，就很容易證實，中共所謂的「東突厥斯坦各族人民自古以來，就反對分裂，而嚮往和中國統一」之無稽之談；也很容易證實，指控任何追求獨立之東突厥斯坦各民族仁人志士爲「帝國主義走狗」之荒謬歪理。

無論是在東突厥斯坦境內，還是在海外，大多數有關兩個東突厥斯坦共和國成立歷史的文章與書，鮮有參考參與兩個東突厥斯坦共和國建立者所寫回憶錄而寫的，訪問參與兩個共和國建立者撰寫的文章與書，那更是少之又少。

東突厥斯坦人民，才是關鍵因素

絕大多數對兩個東突厥斯坦共和國歷史的研究，要嘛，是依據中共選擇性提供的政府方篩選資料（殖民軍閥軍政人員、及國民黨軍政人員）；要嘛，是依據蘇聯、英國使領館及其他外國人提供的資料。

那些親自參與兩次東突厥斯坦共和國建立的各民族仁人志士，他們所書寫的回憶錄、訪談錄，幾乎完全被排除在研究之外。中共獨裁殖民政權的暗中作梗，是主要原因。但也不能忽視的另一個重要原因是：因爲參與者的回憶錄、訪談錄幾乎都是以維吾爾語爲主，鮮有被譯成其它主要語言的，如英文、中文等。但這些不是我今天要談的主題。

　　今天我要談的主題是：東突厥斯坦各民族人民，才是兩次東突厥斯坦共和國得以建立的，最關鍵、最根本的因素！

　　1933年，東突厥斯坦伊斯蘭共和國成立，和英國沒有任何關係！和英國沒有關係的最有利證據是：東突厥斯坦伊斯蘭共和國成立之初，急需槍械武裝軍隊，因而東突厥斯坦伊斯蘭共和國通過英國駐喀什噶爾領事館，要求英國給予軍火幫助，但英國政府以不能干涉中國內政爲由，完全拒絕了。反之，英國政府卻應新疆省政府金樹仁主席的要求，給了幾千支槍枝的軍火援助。

　　因而，可以斬釘截鐵地說，東突厥斯坦伊斯蘭共和國，是以維吾爾人爲主，其他各民族仁人志士拋頭顱、灑熱血而建立的。東突厥斯坦伊斯蘭共和國的成立，是一大批以維吾爾爲主的各突厥民族仁人志士，在東突厥斯坦開展新式教育（Jedidism[1]，也被

1　Jedidism：19世紀末、20世紀初，發端於奧圖曼土耳其的伊斯蘭世界改革運動。主張改革從教育入手，廢除以宗教爲主的傳統教育，強調以發展科技爲目的的現代西教育。由過去單一的宗教科目教育，轉爲以數、理、化、體育、音樂爲主的新式教育。東突厥斯坦的Jedidism，主要由中亞傳入。

譯爲「扎吉德」），啓發民智，以及周遊海外歸國的維吾爾等、各突厥民族先進人物，努力推動下成立的。

東突厥斯坦伊斯蘭共和國成立之前的東突厥斯坦，各突厥民族處於水深火熱之中，民不聊生。少數由滿清遺老、遺少，轉身爲民國殖民軍政官員的殖民官吏，巧取豪奪、肆意掠奪各族民眾。且因爲殖民官員的濫殺無辜、貪贓枉法，使東突厥斯坦的民族矛盾，達到了爆發的臨界點。可以這麼說，東突厥斯坦各民族人民，如等待燃燒的乾柴，只等火種的到來，以便形成燎原之勢。

上世紀三〇年代初，由於金樹仁政權，爲了巧取豪奪東突厥斯坦，而強行取消哈密維吾爾王公的自治權，實行其「改土歸流」政策，而引發了哈密霍加尼亞孜·阿吉的農民起義事件，使其成爲了火種。很快地，哈密起義，燃遍全東突厥斯坦，且成爲東突厥斯坦伊斯蘭共和國成立的導火線。

東突厥斯坦伊斯蘭共和國悲壯消失

但是誠如我兩年前的一篇，紀念東突厥斯坦伊斯蘭共和國國父薩比提·大毛拉·阿吉[2]的文章中所指出的，東突厥斯坦伊斯蘭共和國的成立，和薩比提·大毛拉·阿吉個人政治魄力，力挽狂瀾、力排眾議之堅定信念，是分不開的。

2　亦即薩比特·大毛拉·阿卜杜巴克·卡瑪利。薩比特·大毛拉·阿卜杜巴克·卡瑪利是全名，一般用薩比特·大毛拉·阿吉來稱呼。

薩比提‧大毛拉‧阿吉，周遊考察過土耳其、埃及、蘇聯，是一位傑出的維吾爾政治家，東突厥斯坦伊斯蘭共和國的奠基者。

根據默罕默德‧伊敏（參加東突厥斯坦伊斯蘭共和國的建立者）撰寫的《東突厥斯坦歷史》及其他回憶錄，當時參加起義的很多維吾爾領袖，包括默罕默德‧伊敏本人，都認爲成立共和國爲時過早、時機不成熟、條件不夠。

然而，薩比提‧大毛拉‧阿吉不顧各方反對、拖延，他持之以恆、堅持不懈，調節、協調各方勢力，力排眾議，說服各方團結，最終使東突厥斯坦伊斯蘭共和國得以成立，爲我們留下了非常短暫、卻又及其悲壯的共和國歷史篇章！他爲東突厥斯坦第二共和國，以及未來的第三東突厥斯坦共和國，奠定了堅實的基礎！

東突厥斯坦伊斯蘭共和國成立之後，共和國總統霍加尼亞孜‧阿吉（Hoja Niyaz Haji）爲了求得英國援助，曾經向英國國王喬治五世寫過求援信，但如石沉大海，沒有任何回音。當時的東突厥斯坦伊斯蘭共和國總理薩比提‧大毛拉‧阿吉（Sabit Damollam Haji），也曾經派人聯絡阿富汗政府，蘇聯政府，甚至試圖通過阿富汗聯絡日本政府，但也都是石沉大海、杳無音信。

因此，在英國爲其利益之虎視眈眈中，在蘇聯爲其利益之強力干預下，東突厥斯坦伊斯蘭共和國，存在了將近六個月之後，留下了輝煌歷史篇章之後，在維吾爾民族心中，烙下深深歷史印

跡和遺憾之後，悲壯地消失了！

反殖民鬥志堅定，第二共和國成立

十一年後，東突厥斯坦第二共和國的成立，卻有蘇聯的強力支持，這是不可否認的事實。但是，東突厥斯坦各民族仁人志士的積極參與，才是東突厥斯坦共和國得以成立的根本原因！沒有東突厥斯坦各民族人民的覺醒，沒有東突厥斯坦仁人志士的前仆後繼、義無反顧的獻身推動，縱使再有外援，也不可能使東突厥斯坦共和國得以成立！

當時的東突厥斯坦，正如今天的東突厥斯坦，以盛世才為首的殖民政權，殘酷迫害、屠殺、掠奪東突厥斯坦各民族人民，濫殺無辜、肆無忌憚；和今天的東突厥斯坦一樣，當時的各民族人民，生活在無盡的恐怖之中，不知道哪一天誰會突然失蹤；和今日之東突厥斯坦一樣，各族人民生活在一個沒有圍牆的大監獄中！

當時，第一共和國燎原之火的殘留餘燼，如星星之火，時不時在東突厥斯坦各地閃耀。東突厥斯坦各地反抗起義，此起彼伏，各地小股反抗殖民政權之游擊隊，經常出沒。東突厥斯坦各族人民，又一次，如乾旱之後的乾草地，只等待一粒火星的掉落。

這火星由伊犁各地游擊隊點燃，由艾力罕‧圖熱（Ilihan Torem）等各民族領袖散播之後，很快便開始在東突厥斯坦各地烽火燎原。

這時，一直在密切關注東突厥斯坦事態發展的蘇聯，為了達到其國家利益，而介入了東突厥斯坦人民的民族起義。蘇聯駐伊犁領事館官員顯示，秘密與會艾力罕・圖熱等維吾爾宗教領袖，明確承諾一旦起義開始，蘇聯一定會全力援助東突厥斯坦人民獨立訴求，並承諾以軍事援助火上澆油。

首先，因為東突厥斯坦各民族民眾，反抗中國殖民政權的堅定鬥志，有了如乾草般、等待點燃的火苗，才有可能使東突厥斯坦各地反抗殖民之火，星星之火足以燎原。其次，有了星火點點，才有可能使蘇聯在東突厥斯坦的土地上，火上澆油，使之形成燎原大火，燃盡中國殖民政權，滌淨東突厥斯坦祖國的神聖土地，建立東突厥斯坦共和國。

人民的意願才是獨立建國的前提

建立獨立的東突厥斯坦共和國，首要條件是，覺醒的東突厥斯坦各民族人民，有近代最堅定的長期意願、理想。有此一堅定意願、理想，有肯為此堅定意願、理想而願意獻身犧牲的東突厥斯坦各民族仁人志士，東突厥斯坦共和國的建立，才有可能成為現實。

人民的意願、犧牲精神，才是東突厥斯坦第一、第二共和國成立的絕對前提，也將是東突厥斯坦第三共和國的絕對前提。外國的援助、武器彈藥只是輔助外因。

沒有成熟的這些絕對前提條件，即便外國人送來最先進的武器，也不一定能夠建立起一個國家！

事實上，蘇聯對東突厥斯坦共和國領導人一再保障獨立之承諾，迷惑了一部分東突厥斯坦的領導人，使他們只將希望寄託於蘇聯未來的幫助、安排，坐失解放全東突厥斯坦之千載難逢良機。

　　更有甚者，蘇聯派遣克格勃[3]特務，混進東突厥斯坦共和國的領導階層挑撥離間，使一部分東突厥斯坦共和國的領導人，敵我不分，立場動搖，將大好時機，以及人、財、物浪費於內部紛爭；使一場轟轟烈烈的東突厥斯坦獨立運動，以悲壯的悲劇性結局，悄然退出歷史舞台，為東突厥斯坦各民族人民，留下了無盡的遺憾！

　　只能說，蘇聯在東突厥斯坦第二共和國的成立過程中，作為外因，只起了「助一臂之力」的作用。然而，可以肯定地的是，蘇聯在第二共和國的悲劇性消失中，卻起了「非常關鍵性、根本性」的作用！為摧毀東突厥斯坦共和國，蘇聯政權幫中共殖民政權一手策劃，以飛機失事的陰謀，先是屠殺了東突厥斯坦共和國的主要領導人，使年輕的東突厥斯坦共和國群龍無首，任人宰割！再使用蘇聯空軍，自蘭州空運中共軍隊，進占東突厥斯坦南部。

現在人民所受的壓迫更甚於以前

　　很多人有意、無意地，顛倒前因後果，要嘛是一味誇大外援

3　即所謂的 KGB。

作用，要嘛是把外援當作東突厥斯坦共和國能夠建立的唯一條件，這正好中了中共歪曲歷史之圈套，無形中成爲中共的幫兇、御用奴才！

只有肯定東突厥斯坦各民族人民，在兩次東突厥斯坦共和國成立過程中，必不可少的、絕對主要作用，才能對兩次東突厥斯坦共和國的歷史，作出客觀、公正的評價。

我們作爲矢志恢復東突厥斯坦共和國獨立的後繼者，也才能對兩次東突厥斯坦共和國之慘痛經驗、教訓，作出正確的總結，以便將來在建立第三東突厥斯坦共和國時，避免再犯前輩犯過的錯誤，重蹈歷史的覆轍！

現在的東突厥斯坦，正如上世紀三、四○年代，民族矛盾極端尖銳，民族衝突一觸即發。殖民政權，不僅瘋狂掠奪東突厥斯坦的自然資源，排擠、邊緣化當地各民族人民，而且公然以「反恐」的名義，濫殺無辜，屠殺維吾爾人，肆無忌憚、大肆抓捕各民族仁人志士。殖民政權已活生生將東突厥斯坦，變成了沒有圍牆的監獄。

以維吾爾人爲主的各民族，被強迫唱歌跳舞，歌頌殖民者的殖民統治；各民族人民的宗教信仰、傳統文化，被肆意踐踏，語言、文字被嚴重邊緣化！可以這麼說，現在東突厥斯坦各族人民所遭受各種壓迫，更甚於上世紀三四○年代。

獨立建國，人民利益才得到保障

也因此，如上世紀三四○年代，東突厥斯坦各地的反抗之

火，如星星之火，以不可阻擋之勢，正在東突厥斯坦東南西北各地燎原。今日是阿克蘇，明日便是和田、喀什噶爾，後天是吐魯番、哈密。殖民政權顧此失彼、手忙腳亂，盡管部署了大批軍警、飛機坦克，但仍然無法撲滅已點燃的星星之火。可以說，如上世紀三四○年代，重建東突厥斯坦共和國的絕對前提條件，正在東突厥斯坦各地逐步形成。

由於資訊傳播工具的迅猛發展，東突厥斯坦獨立概念比三四○年代更為深入人心。現在不僅每一個維吾爾人熟知第一、第二東突厥斯坦共和國的歷史，自中國共產黨於烏魯木齊七五事件，對維吾爾人的屠殺發生以來，人們對歷史上獨立東突厥斯坦共和國的思念更甚。

在經歷了血腥的、針對維吾爾人的四五巴仁鄉屠殺、二五伊犁屠殺、七五烏魯木齊屠殺、2014年莎車屠殺之後，東突厥斯坦各族人民再一次深切體會到：除非建立獨立的東突厥斯坦共和國，否則，東突厥斯坦各民族人民的根本利益，是無法得到保障的！這是建立獨立共和國思想條件的成熟！

現在，還由於共產黨殖民政權的宣傳，甚至很多中國的普通百姓，也知道東突厥斯坦各民族人民獨立建國的長期意願，以及東突厥斯坦兩次建立共和國的歷史背景，並理解以維吾爾人為主東突厥斯坦各民族人民追求獨立、自由的堅定意志！

同時，海外各國、各團體對維吾爾人獨立事業的關心，也與日俱增。現在，不說每天吧，幾乎每週，都會有至少一篇有關東突厥斯坦文章在西方主要媒體出現。可以說，東突厥斯坦獨立的

外部各條件，也正在逐步成熟。

回顧過去，展望未來，我確信，東突厥斯坦第三共和國重建之日，一定會盡快來到！

（本文發表於 2015 年 11 月 10 日博訊新聞網）

24 ‖ 11月12日，維吾爾人的國慶日！

維吾爾人以各種形式舉行紀念活動

今天一大早起來，我查看手機，發現手機裡，早已收到來自世界各地、十幾位朋友發來的，東突厥斯坦共和國日的祝福資訊。

再查看臉書，幾乎全部網友，無論是維吾爾人，還是其他兄弟民族，他們網頁今天的主題，幾乎都一樣——以星月藍旗為背景的、對東突厥斯坦共和國日的美好祝願，以及歷史上兩個東突厥斯坦共和國歷史圖片的展示。

除了幾大社交媒體之外，其他各語種的海外維吾爾人網站，也都全部清一色是共和國日的祝福，以及兩次東突厥斯坦共和國歷史的圖片回顧。一些網站上，還展示有參加過第一、第二次東突厥斯坦共和國成立、已去世前輩們的訪談錄、影片片段，參加過東突厥斯坦共和國建立前輩的回憶錄，有關東突厥斯坦共和國的歷史小說等。還有一些網站，甚至有八、九〇年代東突厥斯坦天山電影製片廠拍攝的、有關第二次東突厥斯坦共和國的電影片段。

當然，對東突厥斯坦共和國的紀念，不只局限於社交媒體、網站、網頁。自昨日開始，世界各地維吾爾人的組織都在開展東突厥斯坦共和國日紀念，有的組織全社區維吾爾人進行共和國日歷史回顧、經驗教訓總結座談；有的舉行東突厥斯坦共和國歷史圖片展示會；有的舉辦東突厥斯坦共和國歷史學術研討會，總之，都以各種各樣的形式在舉行紀念活動。

掛星月藍旗，高唱東突厥斯坦國歌

其中，最大的紀念活動，是在世界維吾爾大會總部所在地，德國慕尼黑。今年正好是歐洲東突厥斯坦聯盟成立二十五周年紀念，所以德國慕尼黑的維吾爾人組織決定，今年將兩個紀念合起來，在東突厥斯坦共和國成立日，一起大大慶祝一番。他們邀請世界各地各組織的維吾爾代表前來一起慶祝。

紀念活動自11月12日拉開序幕。11月14、15兩日在東道主的安排下，來自世界各地代表匯集一處，以升起東突厥斯坦國旗、唱國歌，維吾爾兒童演唱、詩詞朗誦、演講等形式，使東突厥斯坦共和國日暨歐洲東突厥斯坦聯盟二十五周年紀念活動到高潮。

土耳其的伊斯坦布爾、安卡拉、開塞利亞等城市，當然是東突厥斯坦共和國日紀念的主場地。仗著人口、組織的優勢，歷年來，土耳其都是東突厥斯坦共和國日紀念活動的主場地。

中亞五國中的哈薩克的阿拉木圖，是東突厥斯坦共和國日紀念的主戰場。那裡，仍然是海外參加過東突厥斯坦共和國建立時期的維吾爾老戰士最多的地方。那些老戰士沉痛的回憶、深深的

遺憾，時時刻刻激勵著在那裡生活的成千上萬維吾爾人。

　　儘管他們面臨來自政府的極大壓力，但他們還是頑強堅持不懈。他們每年匯聚維吾爾禮堂，高掛共和國星月藍旗，莊嚴地將右手放在胸前，傾情高唱共和國國歌，以東突厥斯坦共和國的老戰士，對祖國、對死難無數的東突厥斯坦英雄兒女之回憶、傾訴，使紀念活動達到高潮！

　　此外，美國、日本、加拿大、澳大利亞、英國等各國的維吾爾人組織，也將在本周週末匯聚一處，以升東突厥斯坦共和國的星月藍旗，演唱國歌，演講兩個東突厥斯坦共和國歷史及其經驗教訓，詩歌朗誦等形式，開展共和國日紀念活動。

　　據可靠消息，現在，甚至在東突厥斯坦國內，也還是有一些勇敢的維吾爾人，以各種名義，偷偷慶祝東突厥斯坦共和國日。

　　前天我就看到一個中文網站上，一篇指責海外維吾爾人組織，大肆慶祝兩個共和國日紀念的文章。通篇文章以謾罵形式，指斥海外維吾爾組織，憑空製造了一個共和國紀念日，但並不怎麼受歡迎等等的胡說八道。

　　然而事實是，東突厥斯坦共和國日，現在，不再僅僅是海外維吾爾組織的一個政治性紀念日，而是已經成為東突厥斯坦全民族的國慶紀念日，這大概是共產黨殖民政權做夢也沒有想到的一個現象。

　　下面，我以發生於今天的、一件和東突厥斯坦共和國日有關的小事陳述，結束這篇文章，權當是我對神聖祖國——東突厥斯坦共和國日的一個小小禮物：

今天早晨，在查看臉書時，臉書跳出通知告訴我：今天是一位年輕女士朋友的生日。我趕緊給她發一個生日祝福資訊。發完，我立刻想到，她會不會是將東突厥斯坦共和國日設為自己的生日呢？

不獨立，人民就如失去家園的乞丐

果不其然，幾分鐘後，這位女士朋友給我發來資訊（原文引用）：「謝謝你，伊利夏提大哥。首先，祝福我們的東突厥斯坦共和國紀念日！其次，大哥，今天不是我的生日，是祖國的生日，我將這一天，作為了我的生日。」

她接著寫道：「因為，只有當我的祖國──東突厥斯坦獨立，屹立在世界民族國家之林時，我才能體會到我的存在。如果祖國不存在，我也只是個行屍走肉而已！」

是的，如果祖國──東突厥斯坦不獲得獨立，人民還在黑暗中，無論我們是生活在自由世界，還是生活在兄弟民族的家園角落；無論我們取得多大的成績，成為專家、學者、科學家；無論我們擁有多少財富，成為億萬富翁、擁有私人飛機；我們仍然是失去家園的乞丐；甚至，還不如一個生活在自己家園的乞丐！

（本文發表於 2015 年 11 月 13 日博訊新聞網）

25 ‖ 拆穿中國外交部發言人的謊言

撒謊不臉紅，編謊不吭嗤[1]

今天我在網路看到，中國外交部發言人洪磊，就世界維吾爾人大會執行委員會主席多力坤・艾沙，訪問台灣受阻提問的回答。一如既往，我感到洪磊之流的中共發言人，他們千篇一律的無聊和機械呆板之外，我本人雖然因為非常瞭解、知道多力坤・艾沙，還是禁不住驚訝於洪磊，其撒謊不臉紅，編謊不吭嗤之無恥水準的高超！

下面我原文引用洪磊2月16日在外交部例行記者招待會上，有關多力坤・艾沙訪台受阻問題的回答。

問：「世維會」頭目多力坤・艾沙試圖訪問台灣，但遭到拒絕，他表示這是因為中國政府向台灣方面施壓。你能否證實？

答：多力坤・艾沙是國際刑警組織和中國通緝的對象，涉嫌

1　**吭嗤**：結巴、停頓的意思。

在中國境內，組織實施多起爆炸、殺人、搶劫等嚴重刑事犯罪案件，以及系列暴力恐怖案件，並爲「東伊運」[2]等恐怖組織，和「東突」恐怖分子從事暴恐活動提供資金、培訓等支援。恐怖主義是當今全球公害，打擊恐怖主義是各方共識。

從提問者口氣看，提問者應該是中國外交部事先安插的記者，否則是不會用「世維會頭目多力坤」這一說法，或者是中方翻譯沒有遵守翻譯職業道德，將外國記者的正常提問，以中共政治正確的標準進行翻譯。

好了，現在，我們撇開提問者的立場，回到洪磊的回答來。

首先，洪磊的第一個謊言：「多力坤·艾沙是國際刑警組織和中國通緝的對象。」洪磊在這裡，可以說是，睜著眼睛胡說八道！如果多力坤·艾沙是國際刑警組織通緝的對象，多力坤·艾沙還敢光明正大的、以其真名實姓，向各國新聞界發表聲明，指責中國政府阻撓其訪問台灣嗎？

2　**東伊運**：全稱「東突厥斯坦伊斯蘭運動」。中國政府一貫指控負責在東突厥斯坦發生所有所謂「恐怖」案件的伊斯蘭極端組織。但中國對該組織的人員組成、組織結構、活動範圍等等，一直給不出詳細的、令國際社會毫無疑問接受的證據。2001年「911事件」之後，美國處於反恐需要，接受中國政府要求，將東伊運列入其恐怖主義組織名單。後來，歐巴馬政府以沒有足夠證據證實該組織存在爲由，將其剔除美國政府反恐名單。

胡謅艾沙遭國際刑警通緝

多力坤・艾沙現在是德國合法公民，擁有德國護照，可以在歐洲自由旅行。

多力坤・艾沙成為德國公民，是中國向國際社會發佈所謂第一批認定的「維吾爾恐怖分子」名單，多力坤・艾沙名列該名單的前三名之後。而且，還是中國政府在不同的國際場合、一再指控多力坤・艾沙為國際刑警通緝的對象之後。

據我所知，德國政府在批准多力坤・艾沙的公民申請之前，很早，就曾幾次向中國政府及中國公安部發信函，要求中國政府提供指控多力坤・艾沙為恐怖分子的佐證材料及其他證據。但德國政府一直沒有收到，任何中國政府提供的有價值的佐證材料。所以，尊重人權，崇尚自由、民主、法制的德國政府，在未收到中國政府任何指控證據後，毫不猶豫地批准了多力坤・艾沙的公民申請。

自此，多力坤・艾沙可以更加自由地出入歐洲各國，參與世界各地舉辦的各類有關維吾爾人、有關人權、有關宗教自由等的國際會議，毫無阻攔地出入各國海關，從未有一國提出過多力坤・艾沙是國際刑警通緝對象的問題！

多力坤・艾沙在變成德國公民後，既未更名換姓，也未整容、喬裝打扮！多力坤・艾沙還是那個看起來瘦弱、單薄、總是笑眯眯，然而，在關鍵時刻又非常堅毅、果敢，棱角分明、立場堅定的多力坤・艾沙！

多力坤‧艾沙，自逃出中國，來到土耳其，來到西方之後，自始至終，先後積極參與各類維吾爾人組織的創立、合併、發展，包括參與組建世界維吾爾大會。他的足跡幾乎踏遍半個世界，參加過成千上萬次的各類人權、民主會議，在民主世界，幾乎是暢通無阻。

國際會議弄巧成拙遭奚落

而且，多力坤‧艾沙還擁有美國多年多次入境有效簽證，可以自由往來於德國、美國之間。多力坤‧艾沙不僅可以自由出入境美國，而且他每次來美國，還都要和美國參眾兩院代表、美國國務院，及其他一些非政府組織領導人會晤，沒有問題！洪磊應該知道這些吧？

當然，也有一些中國的鄰國，如2009年的韓國，因處於中國壓力，也曾經給多力坤‧艾沙製造過麻煩，但最後也以有驚無險而結束，畢竟邪惡是無法戰勝正義的。

其實，國際刑警組織總部就在歐洲，就在法國里昂，離多力坤‧艾沙的居住地──德國慕尼黑並不很遙遠。而且，據我所知，多力坤‧艾沙作為世維會執行主席，一年至少去法國一、兩次，去參加各類有關維吾爾人及其他國際組織人權、民主活動，為何國際刑警組織沒有逮捕其通緝對象呢？洪磊先生，你能回答嗎？

每年一次，多力坤‧艾沙和其他世維會成員一起，代表維吾爾人，參加聯合國人權組織審議中國人權會議時，坐在多力坤‧

艾沙等維吾爾代表對面的，便是謊言專家洪磊在聯合國的擅長狡辯的同事！這個人會臉紅脖子粗地和維吾爾、圖伯特、民運人士進行無理的狡辯。

洪磊的這些聯合國同事，曾經很多次在國際政治舞台，試過洪磊指控多力坤・艾沙的謊言，但都沒有奏效。反過來，中國政府代表，以其荒唐、荒謬的無理指控、狡辯，弄巧成拙，成為出席會議的各國非政府組織代表所嘲笑、奚落的對象。而且，洪磊的同事們在這些會議中，無形中，為世維會代表及維吾爾問題成為西方報紙頭條，做出極大的貢獻！

閉眼胡說，讓謊言更荒謬

多力坤・艾沙，不僅是在德國合法登記的世界維吾爾大會的執行主席，而且還是在德國合法登記的東突厥斯坦歐洲聯盟的副主席。多力坤・艾沙還是另一個非常重要的非政府國際組織——有「小聯合國」之稱的「無代表國家和民族組織」的執行委員會成員！

總之，多力坤・艾沙既未隱姓埋名、也未躲躲藏藏，他一直光明正大、光明磊落地，合情、合理、合法地，義無反顧地代表世維會、代表維吾爾人，在世界政治舞台上活動，替維吾爾人吶喊、發聲！

其實洪磊如果還有點尊嚴，有點人味，他若只說第一句話的最後一部分，可能，洪磊還能撈個「無奈中說實話」的名聲！他若只說多力坤・艾沙是中國政府通緝的對象，這話就對了；可惜

洪磊之流沒有這個勇氣！

當然，洪磊也知道，如果只說多力坤・艾沙是中國政府通緝的對象，還得解釋為什麼中國作為國際刑警組織成員，為何沒有通報該組織等的問題！無論如何洪磊都得撒謊，還不如閉上眼睛胡說，讓謊言更為荒謬、荒唐！

至於洪磊的第二句話：「涉嫌在中國境內，組織實施多起爆炸、殺人、搶劫等嚴重刑事犯罪案件，以及系列暴力恐怖案件，並為『東伊運』等恐怖組織，和『東突』恐怖分子從事暴恐活動提供資金、培訓等支援」及其他，只是洪磊第一句謊言的續編，只是為了掩蓋第一句謊言，而不得不編造的系列後續謊言。」

如果真如洪磊所說，多力坤・艾沙在中國境內，組織實施多起爆炸、殺人、搶劫等嚴重的刑事犯罪案件，及系列暴力恐怖案件的話，他說這麼多廢話幹什麼？很簡單，向國際社會、向國際刑警組織提供證據，說服國際社會！

洪磊，提出證據吧！空口無憑！洪磊，你就是把全部口水吐出來，扯破了嗓子，都不如舉出如山鐵證有效！問題是，洪磊有證據嗎？沒有！所以，全是廢話、謊言！再說一千遍、一萬遍，也不會變成真的！

（本文發表於 2016 年 2 月 18 日維吾爾之聲網站）

26 ‖ 多力坤・艾沙榮獲「杜魯門—雷根自由勳章」（一）

「杜魯門—雷根自由勳章」的緣起

昨晚（2016年3月18日），由世界維吾爾代表大會內部消息獲悉，世界維吾爾代表大會執行委員會主席多力坤・艾沙，即將再次光臨美國首都華盛頓，於3月30日在美國國會，接受由共產主義受害者基金會頒發的「杜魯門—雷根自由勳章」！

「杜魯門—雷根自由勳章」，自1999年起，一年一度，由在美國成立的「共產主義受害者基金會」，頒發給那些——終其一生、積極奔波，宣揚自由、民主理念，堅決反對共產主義，對抗共產黨獨裁政權及其他專制統治鬥爭的世界知名勇士們。

共產主義受害者基金會是根據美國國會立法，於1993年成立的。成立目的是紀念：「100,000,000（一億）人以上，死於史無前例的共產帝國主義大屠殺的受害者」。

自1999年起，美國共產主義受害者基金會，開始向世界各國菁英，頒授「杜魯門—雷根自由勳章」。這些世界各國菁英，在反對共產主義獨裁統治的第一線上戰鬥，為推翻獨裁專制而呼籲、吶喊；特別是那些以自己及家人生命、自由為代價，在共產

黨統治國家，和專制政權鬥爭的自由戰士。

自1999年起獲頒「杜魯門—雷根自由勳章」者，包括世界著名的、反對共產主義獨裁統治的諸多民主鬥士、菁英；如：捷克著名戲劇作家、以發動「天鵝絨」革命，推翻捷克斯洛伐克共產極權統治，而著稱於世的東歐民主鬥士——哈威爾；以領導波蘭團結工會，警醒不屈不撓鬥爭，最終得以推翻共產主義專制統治，而聞名於世的波蘭民主運動領袖——瓦文薩（台灣譯為華勒沙）；以訪問波蘭為契機，撕破共產主義鐵幕、促成東歐以和平民主化，而名垂千古的教皇——約翰·保羅二世（台灣譯教宗若望保祿二世）等。

多力坤·艾沙以及獲獎的民運人士

獲頒「杜魯門—雷根自由勳章」的美國人士有，著名的前參議員約瑟夫·利伯曼，著名的國會議員達娜·羅拉巴克，參議員亨利·傑克遜，著名的國會議員、人權活動家托姆·蘭托斯等，諸多美國政界、軍界優秀人物。

榮獲「杜魯門—雷根自由勳章」、來自中國的獲獎民主鬥士有：民運前輩魏京生、吳弘達，公民力量創建人楊建利，盲人良心律師陳光成等。

現在，維吾爾自由戰士——多力坤·艾沙也榮列這些耀眼的、曾經改變世界、或正在改變世界之各國政界、軍界、民主運動之菁英當中。這不僅是維吾爾人的驕傲，也是世界各國愛好自由、民主大眾的榮耀、希望！

多力坤・艾沙榮頒「杜魯門—雷根自由勳章」，也是名至實歸。

多力坤・艾沙自中學時代，就開始為東突厥斯坦的自由民主而吶喊、呼籲。上個世紀八〇年代初，多力坤・艾沙考入了「新疆大學」物理系。「新疆大學」坐落於東突厥斯坦的首都烏魯木齊。自成立日起，「新疆大學」就成為東突厥斯坦獨立、自由、民主的前哨站。

「新疆大學」於八〇年代初，獲得非常短暫的、相對稍微寬鬆的氛圍。很快地，多力坤・艾沙就沉浸在這種氛圍所提供的，可以獨立思考，可以探討自由、民主思想理念，也可以放心地和老師、同學，討論維吾爾民族未來及出路的嚴肅、熱烈交流中。

相對寬鬆的環境，帶來了熱烈的討論、思想的碰撞、自由平等的夢想。自由、平等的夢想使維吾爾熱血青年，面對中共的獨裁統治、民族壓迫、民族歧視，群情激昂、忿忿不平。

這種激昂、憤怒的情緒，很快轉化為了行動、結出了果實。

積極參與社會運動被新疆大學除籍

1985年12月，「新疆大學」高年級多名思想活躍的維吾爾學生，組織、發動了東突厥斯坦近代歷史上，也是自中國共產黨統治東突厥斯坦以來，在烏魯木齊發生的規模最大，持續時間最長，參與人數最多的遊行示威。

遊行示威爆發後，多力坤・艾沙和他的同學們，毫不猶豫地加入此次的維吾爾學生要求民主、平等的運動。當時的烏魯木齊

天寒地凍、白雪皚皚。然而，維吾爾學生每天手挽著手，走上街頭，高呼要求民主、平等的口號，硬是將遊行示威持續了一個星期。

多力坤‧艾沙經歷了1985年遊行示威洗禮，他於1987年，和其他幾個共同志向的同學一起，組建了「新疆大學」第一個學生科技文化協會，並以該協會名義、利用假期時間，走遍東突厥斯坦天山南北、鄉村牧場，啓發民智，開展文化科技普及活動，向農牧民散發科技文化宣傳書籍，宣傳、講解科學技術及民主、自由思想。

同時，多力坤‧艾沙還和同學們一起，走遍烏魯木齊及其附近各大中專院校，他們發動思想活躍的維吾爾學生，通過組建學生劇團、演出節目等形式，進行思想交流，組織維吾爾學生積極參與社會活動，觀察社會，思考普遍存在民族不平等。

1988年6月15日，多力坤‧艾沙和其他志同道合的熱血維吾爾青年朋友一起，發動了「新疆大學」歷史上另一次規模宏大的，以反對中共民族歧視政策，要求實現眞正民族平等，實現教育平等，強烈要求「嚴厲懲處民族歧視行爲」爲主要訴求的遊行示威。

多力坤‧艾沙自1988年6月底，就開始處於被軟禁狀態。1988年9月，「新疆大學」以不服從學校紀律、政治不合格等莫須有的罪名，公開宣佈開除多力坤‧艾沙的學籍。

曾到北京謀生，後離開直奔土耳其

自此，多力坤・艾沙開始他幾年艱難困苦、毫無著落的闖蕩生活。他先是試圖在其家鄉阿克蘇，然後是在烏魯木齊，求得一席之地以謀生。但因為政治環境使然，員警密探騷擾，他舉步維艱。最後，無奈中的多力坤・艾沙，只好告別父母、背井離鄉，來到中國首都北京謀生。北京，對多力坤・艾沙來說，根本就是一個極其陌生的異國他鄉。

為求生存，多力坤・艾沙先後在北京開過維吾爾餐廳、做過小本生意、擺過攤、進過學校，反正能做的、能想到的，他都做了，但還是困難重重。

當然，在這艱難的謀生過程中，多力坤・艾沙並沒有忘記自己選擇的神聖歷史使命！

多力坤・艾沙偷偷將朋友自土耳其帶來的，一些有關東突厥斯坦歷史書籍，特別是近代兩個東突厥斯坦共和國歷史的維吾爾書本油印，而且還將一些在土耳其出版的維吾爾語報紙等，通過各種管道，輾轉運送到東突厥斯坦各地，向志同道合朋友們分享。

當然這一切，也無法完全逃過中國共產黨的，秘密員警機構的監視。這些秘密員警機構，將觸角伸向維吾爾社會各界層。共產黨的各類高低級密探、維吾爾奸細們，像餓極了的癩皮狗一樣轉悠[1]在多力坤・艾沙周圍。他們一旦聽到什麼、看到什麼，就立即向上彙報，這使得多力坤・艾沙在北京也無法安寧，他仍持

續被騷擾。

最終，險象環生的周邊環境，迫使多力坤‧艾沙做出離開中國的決定。

1994年，多力坤‧艾沙在朋友們的幫助下，歷經艱辛拿到了一本護照。為免夜長夢多，他很快，悄悄地離開中國北京，來到維吾爾人在國外的大本營——土耳其！

1995年第一屆世界維吾爾青年大會

不甘寂寞，心有理想要追求的多力坤‧艾沙，很快，在土耳其伊斯坦布爾，稍事安頓下來之後，多力坤‧艾沙就迫不及待地，開始他在國外，為維吾爾民族自由、為東突厥斯坦獨立，而搖旗吶喊的神聖事業。

同年年底，多力坤‧艾沙，和早已經在伊斯坦布爾的一群維吾爾青年朋友一起，在伊斯坦布爾，成立並召開「東突厥斯坦學生及青年聯合會」的會議。他們舉辦很多會議，向土耳其人民介紹東突厥斯坦現狀、維吾爾民族苦難的情景。

1995年10月，多力坤‧艾沙和世界各地維吾爾年青人一起，齊聚中亞，在哈薩克首都阿拉木圖，共同舉辦第一屆「世界維吾爾青年大會」。本來，他們預計會議要舉行三天，但因為中國政府向哈薩克政府施加強大壓力，世界維吾爾青年大會在舉行第一天的開幕式之後，被迫轉往其他地方秘密舉行。

---

1 **轉悠**：在此指圍繞、靠近。

具有長遠政治目光的多力坤‧艾沙，於1996年6月離開土耳其，輾轉來到德國慕尼黑安家。同樣，稍事安頓之後，多力坤‧艾沙又開始義無反顧地，投入其選擇的極其危險、極其艱難的，為民族國家自由、民主獻身的神聖事業。

來到德國不久，1996年的11月，多力坤‧艾沙和德國的維吾爾各界朋友們一起，很快發起成立「世界維吾爾青年大會」，並投入運行、開展活動。

每個維吾爾組織背後，都有其身影

1999年10月，多力坤‧艾沙和朋友們一起，與世界各國維吾爾人組織的領導人，進行長期耐心的思想交流之後，多力坤‧艾沙說服各方，齊聚一堂，在德國成立了東突厥斯坦、維吾爾斯坦[2]民族大會。大會成立之後，大家共同努力、各顯神通，不僅

2　**維吾爾斯坦**：突厥斯坦（中亞）東部──東突厥斯坦（現在的新疆維吾爾自治區）的又一稱呼。上個世紀初，蘇俄佔領下的西突厥斯坦，被蘇聯政府根據語言上的方言性區別，劃分為五個民族共和國，即哈薩克斯坦、吉爾吉斯斯坦、烏茲別克斯坦、土庫曼斯坦、塔吉克斯坦之後，一部分維吾爾民族主義知識分子提出，伴隨中亞五個突厥兄弟民族都擁有了自己的民族國家，因而東突厥斯坦國名也失去了其歷史意義，因而應該放棄「東突厥斯坦」，而使用與西突厥斯坦五個突厥兄弟民族國家相應的「維吾爾斯坦」。但這一呼籲，並未贏得大規模的認可。大多數的維吾爾人還是比較認可有歷史延續性的、以近代曾經建立兩個東突厥斯坦共和國而聞名的「東突厥斯坦」。但上世紀九〇年代，「維吾爾斯坦」之名在蘇俄帝國崩潰。中亞五國獨立之後，「維吾爾斯坦」之名又成為維吾爾獨立運動爭論不休的熱點問題之一。呼籲使用「維吾爾斯坦」的維吾爾人，主要集中在中亞五國的維

使大會名副其實，而且組織結構齊全，且具極大的群眾基礎。可以說，東突厥斯坦、維吾爾斯坦大會的成立，實際上為後來的「世界維吾爾人大會」的成立，打下了堅實的基礎。

2004年4月，多力坤・艾沙和他的朋友們，在和各方協商之後，感到成立一個統一的、能夠在世界範圍內代表全體維吾爾人組織的條件已成熟，因此，多力坤・艾沙和他的朋友，一起向世界各國維吾爾組織發出成立一個統一組織的邀請。多力坤・艾沙等維吾爾人的邀請，得到了世界各國維吾爾組織領導人的積極回應。

很快，世界各國維吾爾組織代表齊聚德國，經過幾天激烈、熱情的討論、協商，大家最終達成一致，成立了代表東突厥斯坦及世界各國維吾爾人共同利益、及其追求的統一組織——世界維吾爾人代表大會（簡稱世維會）。

自世維會成立之後，多力坤・艾沙更是全身心地投入東突厥斯坦獨立、維吾爾人自由民主的事業。

可以這麼說，國外自1990年代之後，所成立的每個維吾爾組織背後，都有多力坤・艾沙的身影！

多力坤・艾沙對維吾爾人之自由民主事業的追求，使其義無反顧、勇往直前。

吾爾社區。歐美各國來自東突厥斯坦的維吾爾人，大多數還是對有歷史延續性的「東突厥斯坦」情有獨鍾。對大多數的維吾爾人而言，最主要原因是「東突厥斯坦」已經是國際公認的名稱，而「維吾爾斯坦」，不說國際認可，即便在維吾爾人當中，也還未得到普遍認可。

多力坤・艾沙在國外，幾次險些遭遇不幸。在德國，多力坤・艾沙曾經因為不明原因暈倒街頭，幸虧被朋友們發現的早，及時送到醫院，經過緊急搶救，多力坤・艾沙才撿回一條命，醫生懷疑是中毒！

美國頒獎，打臉中共外交部發言人

2009年9月中旬，多力坤・艾沙應邀出席在印尼舉行有關會議之後，準備前往韓國參加另一個人權會議時，在首爾機場被韓國當局扣留。

當時，韓國政府在中共政權強勢壓力之下，以多力坤・艾沙是中國政府通緝的「恐怖分子」之名義，已經準備將多力坤・艾沙遣返中國；更甚，中國國家安全部都已經派出了飛機、十幾個安全人員，他們虎視眈眈地在韓國機場，等待接收多力坤・艾沙回中國，好出一口惡氣。

然而，上天有眼、真主保佑，好人有好報，多力坤・艾沙在世界各國、各界朋友的關心下，以及美國政府、德國政府的強力干預下，他經歷了三天驚心動魄、饑寒交迫、心力交瘁、極其危險的時刻之後，安全地離開韓國首爾機場，返回德國。

多力坤・艾沙先後擔任過三屆世維會秘書長，現任世維會執行委員會主席。多力坤・艾沙不僅是無代表國家和民族組織（The Unrepresented Nations and Peoples Organization，簡稱UNPO）理事，也是歐洲東突厥斯坦聯盟副主席。

多力坤・艾沙獲頒「杜魯門—雷根自由勳章」，再一次證

明，以美國為首的文明世界，對維吾爾人所追求自由事業之正當性的肯定。

　　一個月前，中共在例行的新聞發佈會上，中共外交部新聞發言人洪磊滿口雌黃，對多力坤・艾沙進行荒謬誣陷，造謠中傷。如今美國頒授多力坤・艾沙「杜魯門—雷根自由勳章」，正是狠狠在洪磊的臉上搧一巴掌，這也是美國代表自由世界、以及處於中共民族壓迫下的維吾爾人，狠狠地向中共外交部發言人秦剛、洪磊、華春瑩、陸慷之流的無恥之徒的臉上，吐一口惡痰！

（本文發表於 2016 年 3 月 19 日博訊新聞網）

27 多力坤·艾沙接受「杜魯門—雷根自由勳章」（二）

頒授者，共產主義受害者基金會

今天（2016年3月31日）中午12點鐘，華盛頓特區國會山莊的議院俱樂部會議廳，在共產主義受害者基金會的主持下，近一百多位各界知名人士參與，舉行世維會（世界維吾爾人代表大會）執委會主席多力坤·艾沙接受「杜魯門－雷根自由勳章」的頒獎儀式。

前來參加頒獎儀式的，有共產主義受害者基金會主席Dr. Lee Edwards，秘書長Marion Smith，美國民主基金會副主席Louisa Coan Greve和其他工作人員，公民力量負責人楊建利博士，民主鬥士魏京生先生，前北大經濟學教授、流亡學者夏業良，與其他來自各地的人士。

當然，大華盛頓特區周圍居住的維吾爾人，作為維吾爾獨立運動的支持者，以及多力坤·艾沙的支持者，也有很多人出席了頒獎儀式。

頒獎儀式，由共產主義受害者基金會秘書長Marion Smith致開幕詞，來揭開序幕。他在回顧共產主義受害者基金會成立的過

程、走過的路之後，提到東突厥斯坦作為被占領土，還繼續承受共產主義中國之剝削、掠奪；東突厥斯坦人民，還繼續在共產主義鐵蹄下呻吟。

同時，秘書長也提到，中共如何通過美國政府，向共產主義受害者基金會施加壓力，企圖影響他們頒獎。他說：「我們才不理他們呢！給誰頒獎，是我們的事，我們不需要任何人告訴我們該幹什麼！」

然後是公民力量負責人楊建利博士致詞。楊建利博士在致詞中，回顧海外的維漢對話，當初是如何在懷疑、不信任當中艱難開始，發展到如今，大家一起開展活動，相互支持、相互交流。他特別強調，多力坤‧艾沙在這種過程中，建立起相互之間信任的作用。

最後，楊建利博士以：「祝賀你！我的兄弟！我為你驕傲！」結束其講話。

同一天，給習近平一個大大巴掌

接著是共產主義受害者基金會主席Dr. Lee Edwards致詞，他強調，共產主義思想對人類造成的危害；他讚美自由鬥士多力坤‧艾沙，他特別強調多力坤‧艾沙自學生時代開始的反抗獨裁鬥爭事業，及多力坤‧艾沙不屈不撓的鬥爭精神！

最後是，受獎者、世維會執委會主席多力坤‧艾沙致詞。多力坤‧艾沙首先感謝共產主義受害者基金會，感謝各位在場的朋友們，始終一貫對他、對維吾爾人鬥爭事業的支持。多力坤‧艾

沙特別強調：「杜魯門－雷根自由勳章」授予他，實際上是對維吾爾人反抗獨裁專制鬥爭的肯定。

多力坤‧艾沙在講話中，也回顧自己在反抗共產主義獨裁統治過程中，所走的過漫長、艱難的鬥爭之路，並回顧他幾次的歷險經歷。

多力坤‧艾沙講話結束之後，在全體與會者熱烈的掌聲中，共產主義受害者基金會主席Dr. Lee Edwards將「杜魯門－雷根自由勳章」授予多力坤‧艾沙。多力坤‧艾沙和其夫人瑪伊拉‧艾沙（Mahire Isa）一起接受勳章證書。

這一天，中國共產黨黨主席、國家主席習近平也來到美國的

共產主義受害者基金會將「杜魯門－雷根自由勳章」授予多力坤‧艾沙。照片提供 / 多力坤‧艾沙。

頒獎會上，共產主義受害者基金會主席 Dr. Lee Edwards（圖左一），秘書長 Marion Smith（圖右一），與多力坤・艾沙（Dolkun Isa，圖右二）、瑪伊拉・艾沙（Mahire Isa，圖左二）夫婦合照。照片提供 / 多力坤・艾沙。

頒獎會後，伊利夏提（圖左一）與多力坤・艾沙（Dolkun Isa，圖中）夫婦合照。照片提供 / 多力坤・艾沙。

華盛頓特區，參加世界核峰會。而同一天，在美國首都華盛頓的國會山議院俱樂部，則是對一直遭到中共以恐怖分子指控的世維會執委會主席多力坤・艾沙，頒授「杜魯門－雷根自由勳章」，其意義不同反響！

這是歐巴馬政府給習近平的一份見面禮，更是美國搧向獨裁者習近平的一巴掌！

（本文發表於 2016 年 3 月 31 日博訊新聞網）

28 「東突厥斯坦」絕非「東土耳其斯坦」

編者按：本文作者在其部落格的原標題，為〈「東突厥斯坦」還是「東土耳其斯坦」？〉

稱呼新疆為東土耳其斯坦的是漢人

博訊網博聞社記者於2016年3月13日，以〈疆獨聖地、黑玫瑰之鄉和聯合國難民營：博聞社記者土耳其見聞錄（一）〉為題，發了一篇報導。

報導是這樣開始的：「在一般中國人眼中，土耳其被稱為是疆獨運動的大本營，疆獨人士稱新疆為『東土耳其斯坦』，稟承的就是歷史上土耳其王國對今新疆域土統治時的稱謂。由於土國社會對疆獨的縱容支持，使中國人對土國的觀感變得十分複雜。」

這裡，咱們暫且不論作者的其他觀點，只看作者描述的兩個問題：「疆獨人士稱新疆為『東土耳其斯坦』」，以及「稟承的就是歷史上土耳其王國對今新疆域土統治時的稱謂」。就這兩點，如果我指責作者是憑空臆造，作者大概會覺得我冤枉了他。但事實就是事實。作者在這兩個問題上，實在是「差之毫釐，謬以千里」！

「東突厥斯坦」、「東土耳其斯坦」都是對維吾爾語「Sherqi Turkistan」或者「Sherqi Turkestan」的漢語音譯。「Turkistan，Turkestan」拼寫上的不一致，產生於英文拼寫「Turkestan」；在維吾爾語中「Turkistan」，儘管偶爾有人將其拼寫成錯誤的「Turkestan」，但發音還是一樣的，還是發「Turkistan」音，沒有區別。

　　通常，絕大多數維吾爾人，使用「Turkistan」拼寫，發「Turkistan」一個音。「Turkistan」是突厥人的家園之意，「-stan」尾碼來自波斯語，與維吾爾語（突厥語）中的「-ye、yer」是同一個意思，表示土地、家園。

　　因而，可以肯定，稱呼「新疆為『東土耳其斯坦』」的，不是源自維吾爾人，也不是維吾爾語，而是來自漢人的漢語音譯！在維吾爾語中，土耳其被稱為：「Turkiye」，和土耳其語發音一模一樣，漢語將其音譯為「土耳其」！

土耳其國家名稱之歷史還不足百年

　　東突厥斯坦，在維吾爾語中，是被稱為：「Sherqi Turkistan」，而不是「Sherqi Turkiye」。

　　也就是說，在維吾爾語裡，東突厥斯坦和土耳其兩個地理名稱中，除了表達方向的首碼「Sherqi」（東），以及除了共同的名詞Turk（突厥）之外，剩下的、表達歸屬的尾碼-stan、-ye（家園、土地），完全是兩個不同的拼寫，發不同的音！

如果維吾爾人如上文作者所述，想要表達和土耳其的緊密關係的話，那維吾爾語中的東突厥斯坦應該是「Sherqi Turkiye」，而不是「Sherqi Turkistan」。

然而，事實不是這樣的！包括敘述近代東突厥斯坦歷史的不少中文資料，也不是如作者所稱，使用「東土耳其斯坦」；而是以其正確發音「東突厥斯坦」（Sherqi Turkistan）來指稱這塊兒土地。

至於作者的第二個觀點，「土耳其王國對今新疆域土統治時的稱謂」，根本不值費太多筆墨去駁斥！

土耳其這個國家名稱之歷史，還不足百年（1922年才成立）！此前存在的是奧斯曼帝國[1]，再往前是塞爾柱突厥汗國。再再往前，就可扯到突厥人在突厥斯坦，乃至蒙古高原了。那時中國的史書上，也只有突厥、東突厥、西突厥等，絕沒有什麼土耳其！

而指稱突厥人的古老家園，包括現在的中亞五國，及東突厥斯坦在內的地理區域為「突厥斯坦」，卻至少已有近一千五百多年的歷史。如阿拉伯歷史學家馬蘇德書寫的《黃金草原》一書，就用「突厥人家園、突厥人土地」等詞，指稱「突厥斯坦」。

奧斯曼帝國沒有統治過東突厥斯坦

生活在喀喇汗王朝末期的維吾爾著名語言學家，馬赫穆德‧

1　即鄂圖曼帝國。

《突厥語大辭典》封面。　　　《突厥語大辭典》書背。

喀什噶里（Mahmud Qashqeri）的《突厥語大辭典》成書也已近
千年。而馬赫默德‧喀什噶里就是出生在東突厥斯坦的古都喀什
噶爾，他的陵墓現在還在喀什噶爾烏帕爾縣。《突厥語大辭典》
是馬赫穆德‧喀什噶里走遍全突厥斯坦，收集突厥各部落語言、
風俗、詩歌、傳說而完成的歷史性巨作。如果這塊土地的名稱不
是突厥斯坦，那馬赫穆德‧喀什噶里在自己家園收集資料而完成
的巨著，就不應該被稱為《突厥語大辭典》，不是嗎？

《突厥語大辭典》的作者，維吾爾著名語言學家，馬赫穆德‧喀什噶里（Mahmud Qashqeri）的想像畫。

《突厥語大辭典》版權頁。

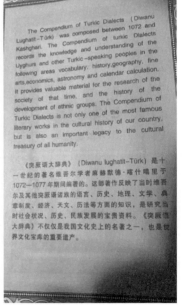

《突厥語大辭典》內頁。

當然，如果作者這裡僅是指奧斯曼帝國的話，那，不僅名稱不對，而且可以肯定地說，作者的歷史知識及其貧乏。

事實上，奧斯曼帝國從來沒有統治過東突厥斯坦的域土！

反抗滿清侵略東突厥斯坦的維吾爾民族英雄，賈汗吉爾‧霍加（Jahangir Ghoja），其唯一活下來的兒子為布素魯克汗‧霍加（Buzrukhan Ghoja）。

布素魯克汗‧霍加，在著名的中亞浩罕國名將亞庫伯克‧柏道勒特（中文資料阿古柏）（Yaqup Beg Bedewlet）的陪伴下，來到喀什噶爾，和東突厥斯坦反抗滿清殖民統治各民族義軍一起，浴血奮戰、重建獨立的喀什噶利亞汗國，統治東突厥斯坦時，在亞庫伯克的禮節性請求下，奧斯曼帝國哈里發，作為伊斯蘭世界的精神領袖，當過一段時間名義上的宗主。若要說奧斯曼帝國和東突厥斯坦有點關係，也就是僅此而已。

好，歷史就扯到此為止。回到我們的主題：東突厥斯坦是怎麼變成東土耳其斯坦的。

維吾爾史學家說新疆應稱突厥斯坦

我進行了很多的蒐集、研究，發現以「東土耳其斯坦」指稱「東突厥斯坦」，主要出現在中國國民黨統治東突厥斯坦之後。此前的中文資料裡，幾乎都是突厥斯坦、東突厥斯坦，或者是中國突厥斯坦！

1933年前後，國民政府派往烏魯木齊的外交特派員，為吳靄宸先生。吳靄宸於1939年在倫敦，用英文書寫他在烏魯木齊那段

吳藹宸 Aitchen Wu的《Turkistan Tumult》封面。

吳藹宸 Aitchen Wu的《Turkistan Tumult》內頁。

　　經歷的回憶錄，書名是《Turkistan Tumult》。毫無疑問，書名的中文翻譯應該是《突厥斯坦動亂》，而不是《新疆紀遊》（出版社不詳），更不應該是《邊城蒙難記》（新疆人民出版社）！

　　再者，如1944年10月14日，以中國歷史學家黎東方為一方，而發動和田武裝起義，並參與1933年成立東突厥斯坦伊斯蘭共和國的國家領導人，維吾爾歷史學家的維吾爾民族英雄——默罕默德·伊敏·柏格拉（Muhammed Emin Bughra）為另一方，在中

國國民黨的《中央日報》，展開以著稱於世的「突厥民族問題大論戰」。他們一來一往，一共刊出四篇文章：黎東方的第一篇：〈新疆省同胞是突厥族嗎？〉、默罕默德‧伊敏反駁：〈新疆省同胞是突厥族。〉、黎東方第二篇：〈再論新疆同胞不應稱為突厥民族，新疆不應稱為突厥斯坦。〉、默罕默德‧伊敏反駁：〈再論新疆同胞是突厥族，新疆應稱突厥斯坦。〉

1945年，默罕默德‧伊敏‧柏格拉，在重慶出版的《自由報》（Erk）報頭題詞：「我們的種族是突厥，我們的宗教是伊斯蘭，我們的祖國是突厥斯坦」。無論是在論戰，還是在《自由報》中，都沒有出現「東土耳其斯坦」一詞。

談到東突厥斯坦，御用學者就臆造

至於，中共什麼時候開始，以「東土耳其斯坦」指稱「東突厥斯坦」，儘管我盡了最大努力，但還是沒有搞清楚。但到今天，一直有一部分人在使用「東土耳其斯坦」這一錯誤的漢語音譯，卻是不爭的事實。

我說錯誤的音譯，是有原因的。除了上述的理由之外，「突厥」在維吾爾（突厥）語裡的拼寫是「Turk」，漢譯為「突厥」。中文裡還有研究和突厥民族相關問題的「突厥學」、「突厥語」等學科、研究機構；如「中國突厥語研究會」，現任會長為力提普‧托乎提，維吾爾人，中央民族大學教授。

馬赫穆德‧喀什噶利的《Dīwān ul-Lughat it-Turk》的中文書名，也是《突厥語大辭典》，而不是《土耳其語大辭典》。

也就是說，中文世界有一個約定俗成的規則，即，當僅指現代土耳其國家及其有關題目時，大家都用「土耳其」加前尾碼來表述之。當指稱整個突厥民族及其有關歷史、文化等的各有關題目、學科時，大家使用「突厥」加前尾碼來表述之。

特別是在指稱突厥民族的古老家園——突厥斯坦（Turkistan），即，包括中亞五國及東突厥斯坦在內的地理區域時，中外用法應該是一致的。

實際上，中文以外的其他各語種，都沒有這種為政治而亂用的現象，包括蘇俄在內。所以，沒有任何誤會。

事實上，很多中文資料談到蘇俄在上世紀二〇年代初，在西突厥斯坦成立突厥斯坦蘇維埃時，也使用的是「突厥斯坦」這一正確用法。然而，一談到東突厥斯坦問題，中國御用學者就開始突出政治而臆造了！

用錯誤的音譯，故意欺騙糊弄人民

那麼，為什麼中共要使用「東土耳其斯坦」來表述「東突厥斯坦」呢？當然是為了進行歪曲政治宣傳！使用「東土耳其斯坦」，不僅可以很輕鬆的將東突厥斯坦人民的民族獨立運動，和泛突厥思想相聯繫，而且還可以將維吾爾人和泛伊斯蘭主義相聯繫，因為「泛突厥主義、泛伊斯蘭主義」，可以說都是源自奧斯曼帝國。更陰險的是，中共一直利用這一錯誤的音譯，故意欺騙、糊弄中國老百姓，說東突厥斯坦人民是要將東突厥斯坦和土耳其連成一片等等。

這種宣傳，不僅欺騙、糊弄了中國人，其實也糊弄了很多維吾爾人，包括我本人。

我有很長一段時間，在寫文章、演講中，談到東突厥斯坦問題時，常常使用「東土耳其斯坦」，但在用了一段時間後，我發現這種用法不對。不僅不對，實際上是在幫中共的忙，給予中共輕鬆將東突厥斯坦獨立運動和泛突厥主義及土耳其相聯繫之口實！

因而，我在資料研究的基礎上，根據維吾爾（突厥）語，及中文音譯約定俗成之規則，確認只有將「Turkisatn」音譯為「突厥斯坦」，將「Sherqi Turkistan」音譯為「東突厥斯坦」，才是最為正確的使用方法！

所以，我建議：今後海外全部將東突厥斯坦民主、自由視為自己奮鬥目標之組織、個人，都只使用中文音譯「東突厥斯坦」作為祖國「Sherqi Turkistan」之中文名稱，不再使用「東土耳其斯坦」，以免落入中共進行歪曲政治宣傳之圈套！

下面，為正視聽，我提出我搜集的資料中，中共各色人等以其險惡用心，有意將「東突厥斯坦」歪曲、混淆使用的例子：

中共御用文人竟犯這麼低級的錯誤

「二十世紀二〇年代，民族分裂分子麥斯武德等人就宣揚：『我們的祖先是突厥，我們的祖國是土耳其』……」——引自經濟科學出版社於2014年出版的，由高靜文等編寫的《新疆民族文化、民族心理與社會長治久安》，311頁。

這裡，作者有意將「我們的祖國是突厥斯坦」中的（Turkistan）譯成「土耳其」，他違背學術道德不說，用心更是險惡！

　　1944年11月12日，「伊犁解放組織」宣佈成立「東突厥斯坦共和國臨時政府」，定「國旗」爲綠地、中鑲黃色星月，由艾力汗吐烈等16人出任「臨時政府」委員……

　　《和平條款》簽訂後，「東土耳其斯坦共和國政府」自己體面地宣佈解散，如同其他專區一樣，都仍舊歸屬於省政府領導了……如果今天有人宣揚所謂的「東土耳其斯坦獨立」的話，那就是反對《和平條款》。

　　我們的人民今天並不是要成立什麼「東土耳其斯共和國政府」……

以上三段文字，都引自五洲傳播出版社於2013年出版的，由厲聲等編寫的《中國新疆──歷史與現狀》197頁～217頁。

這裡咱不論引用的話是誰說的，是否眞實，但在同一本書裡，維吾爾語發同一個音的同一個詞，卻被用不同的漢語音譯表述，不得不令人深思，中共御用文人爲何要犯這麼低級的錯誤，目的何在？

「東突黨」主席托乎提‧庫爾班（Tohti Kurban，原維吾爾自治區出版社維吾爾文室主任）曾在一次核心會議上宣稱：「新疆以往革命成功甚微，根本原因之一，就是沒有建立起一個革命到底的政黨，沒有一個明確的政治綱領」、「東突黨」現階段的綱領和任務，就是依靠蘇聯實現新疆獨立，建立起東土耳其斯坦共和國」。

……文中肆意歪曲新疆歷史，說「新疆自古以來就是獨立的國家，近代才變成漢族人的殖民地」，推翻漢人殖民統治，建立東突厥斯坦民族獨立的共和國是「東突黨」的最終目標等。

以上文字，引自新疆人民出版社2002年出版，由馬大正編寫《國家利益高於一切》，43頁。

突厥斯坦譯成土耳其斯坦不合邏輯

同一本書，同一段話，同一個維吾爾語名詞，卻使用兩種音譯？「東突黨」要建立起「東土耳其斯坦共和國」？這裡要特別注意，中共御用文化打手馬大正故意混淆使用兩個不同的「突、土」現象。

……他回來的時候，還帶來了幾個土耳其人。這幾個人在伊犁開辦了學校，提了一個口號：「我們的祖先是突

厥，我們的祖國是土耳其！」……

——引自《包爾漢選集》128頁。

同樣，將「我們的祖國是突厥斯坦」中的「Turkistan」故意錯譯成土耳其！不知道是包爾漢——這個假冒維吾爾人的克格勃[2]老特務——韃靼人敗類[3]之作為，還是選集編纂者紀大椿所為？

「國歌」歌詞如下：（大意）

> 我們的旗幟是藍色星月旗，
> 我們的住所是金色的宮殿。
> 土耳其斯坦是土耳其人的故鄉，
> 土耳其人勇敢無比。……

——引自賽福鼎·艾則孜所著《賽福鼎回憶錄》157頁。

同樣，上文將突厥斯坦故意譯成土耳其斯坦。然而在此處，這種譯法完全不合邏輯。如果「土耳其斯坦」是「土耳其人的故

2　蘇聯國家安全委員會（即所謂的 KGB），是1954年3月13日至1991年11月6日期間蘇聯的情報機構，在當時被認為是全球效率最高的情報收集機構。

3　包爾漢是韃靼人，不是維吾爾人。但中國共產黨一直替他編造維吾爾人身份，甚至出生地。就目前發現的資料而言，他是蘇俄克格勃（KGB）派遣到東突厥斯坦的人。

鄉」，那土耳其又是誰的故鄉？這真是混亂！令人無法理解。

　　本世紀初，在亞洲西部，一批政客提出了突厥語系諸族為同一個民族。接著，又給他們這個觀點賦予政治內容，聲稱要建立一個突厥人的國家。這個觀點很快被帝國主義所利用，成為他們妄圖用以推翻蘇維埃政權的思想武器。而那些覬覦我國天山南北地區的殖民主義者們以及國內妄圖分裂國家的分子則將這個觀點用於他們的反動目的。這種觀點後來概括為大土耳其主義。

　　　　　　　——引自賽福鼎・艾則孜《天山雄鷹——
　　　　　　　　阿卜杜克里木阿巴索夫》115-116頁。

　　「……突厥語系諸族……，要建立一個突厥人的國家……」，這種觀點後來概括為大土耳其主義。要建立突厥人的國家，觀點卻是大土耳其主義，這是什麼邏輯？賽福鼎在北京待的時間長了、失去理智了？

文人學者故意混淆讓讀者難以分辨

　　「新疆社科院」的中共「新疆問題」御用專家潘志平，於2014年12月號的《二十一世紀》，發表了一篇標題為〈「東突厥斯坦共和國」：一個批判性的評估〉的文章。在這一篇總共二十多頁的文章中，潘志平前後使用了四十六個「東突厥斯坦」或「東突厥斯坦共和國」，用了三個「東土耳其斯

坦共和國」。

三個「東土耳其斯坦共和國」是在同一頁的相連幾段裡使用。一處是引用阿合買提江‧哈斯木（Ehmetjan Qasimi）的話，兩處是潘志平自己的話。阿合買提江‧哈斯木是1944年成立於伊犁的「東突厥斯坦共和國」第二任總統。他是維吾爾民族英雄。1949年，他遭到蘇俄及中共聯手謀殺。

可以肯定，潘志平在關鍵時刻，故意混淆使用一個在原語種[4]裡只有一個發音的地理名稱，一定是別有用心！

潘志平也同樣引用了前面幾位御用學者、回憶者慣用的模式，將原話[5]一會兒歸咎於麥斯武德‧薩比爾，一會兒歸咎於默罕默德‧伊敏‧柏格拉，或歸咎於艾沙‧玉素甫‧阿里普泰金的「我們的種族是突厥，我們的宗教是伊斯蘭，我們的祖國是突厥斯坦。」。但是，潘志平看起來還比較誠實，沒有在同一段相連的三個句子裡，對發同一個音的維吾爾名詞，使用不同的音譯，大概他也覺得這樣極不合邏輯了！

吉爾吉斯韃靼等譯詞也遭政治歪曲

更有意思的一個極端例子是，中文中的「吉爾吉斯」和「科爾克孜」！突厥語拼寫僅為「Qirghiz」的民族名稱，卻被中國官僚和御用學者們，搞出了兩個漢語音譯。當指稱前蘇聯，先

4　**原語種**：此處指維吾爾語。

5　**原話**：原作者的話，這裡也是維吾爾語。

中亞「Qirghizstan」的「Qirghiz」民族時，使用的是「吉爾吉斯」。但是，在指稱東突厥斯坦的「Qirghiz」民族時，卻要用「科爾克孜」。

當然，中共這樣做的目的，不僅是爲了割裂東西突厥斯坦之間的歷史、文化、宗教聯繫，同時，使被分裂的、同屬突厥大家庭的「Qirghiz」民族，失去相互間的聯繫。中共刻意將一個民族，硬性變成兩個民族，以達到「分而治之」陰險政治目的。

這種情況也存在於「Tatar」民族。俄國聯邦境內的Tatar人被音譯爲「韃靼人」，其家園被音譯爲「韃靼斯坦共和國」。東突厥斯坦境內的、同樣是「Tatar」民族，卻被稱爲「塔塔爾人」，令人難於理解中共的翻譯邏輯！

這樣的例子，還可以舉出很多、很多。可以說，這種現象在中文資料裡幾乎氾濫成災。只要是中共御用作家、學者，只要有關「東突厥斯坦」的書本，都存在這種爲了政治宣傳，不顧事實，不顧「原語種」讀音，不顧文章使用名詞必須前後一致等的要求，硬性使用含有政治影射、歪曲事實的漢譯「東土耳其斯坦」現象。

中國學者，你們要研究歷史，搞學問，請拿出誠意，尊重事實！特別是在非中國地名等的音譯中，要尊重原語種發音。不要爲了政治目的，歪曲事實，硬性製造錯誤的地名名詞。使用「東突厥斯坦」，不僅是對維吾爾（突厥）語發音的尊重，也是對中國近代突厥學先輩在研究中約定俗成之規則的尊重，這也是彰顯

中國學者嚴謹科學態度的機會。

（本文發表於 2016 年 4 月 19 日維吾爾人權項目部落格）

29 ‖ 獻給維吾爾花帽節

　　明天（5月5日）是維吾爾花帽節。全世界的維吾爾人都將在這一天，身穿民族服飾，頭戴花帽，互致賀詞，相互鼓舞，共慶這一凸顯民族文化、民族服飾的節日。

　　幾年前（2010年），在一群年輕人的號召下，東突厥斯坦的維吾爾人在一種自我默契中，開始在每年的5月5日，以穿戴民族服飾，頭戴花帽，弘揚民族文化，展示民族傳統。

　　很快，維吾爾花帽節開始得到維吾爾社會各界的強力支援，儘管中共政權以各種藉口，打壓這一自發形成的、展示維吾爾民族精神的維吾爾花帽節，但這花帽節卻似滾滾江河[1]，以不可阻擋之勢，向東突厥斯坦各地，向世界各個角落維吾爾社區蔓延，以致今天已然成為維吾爾民族一個全民共慶的正式節日。

　　實際上，維吾爾花帽節，是維吾爾人向殖民者——中共政權的示威、挑戰；更是維吾爾年輕人，對中共強權暴政的蔑視！

　　維吾爾花帽節，展示的是，維吾爾民族為了民族的自由、獨立，準備犧牲一切，甚至於犧牲生命的堅定決心，更是維吾爾民

1　**滾滾江河**：是指以不可阻擋之勢傳播。

族寧死不屈、民族自豪感的英勇展示。

　　我作爲生活在海外的一個維吾爾人，在敬仰、敬佩東突厥斯坦境內不顧殖民者的威脅、壓迫，勇敢地身穿民族服飾、頭戴花帽，以民族服飾、展示民族精神，慶祝維吾爾花帽節維吾爾男女老少的同時，草就此文，作維吾爾花帽節之紀念，以盡赤子之心。

　　　　　　維吾爾花帽

　　　　　　維吾爾民族的自豪

　　　　　　維吾爾文化的驕傲

　　　　　　維吾爾藝術的瑰寶

　　　　　　使維吾爾姑娘更加妖嬈

　　　　　　維吾爾花帽

　　　　　　如天山雪峰神奇高傲

　　　　　　如塔克拉瑪干沙漠茫茫深奧

　　　　　　如維吾爾千年的歷史積澱[2]熠熠閃耀

　　　　　　如維吾爾的十二木卡姆[3]回音繚繞

　　　　　　維吾爾花帽

　　　　　　維吾爾人不屈精神的寫照

2　**歷史積澱**：通過漫長的歲月積累。

3　**十二木卡姆**：維吾爾傳統套曲，有歌舞、音樂組成；歌詞既有歷史傳奇、愛情故事，也針砭時弊，表達對自然的愛。

帽上的星月圖案如鋒利尖刀

火紅的花紋如憤怒的火焰燃燒

讓中國殖民者惴惴不安心如刀絞

（本文發表於 2016 年 5 月 4 日博訊新聞網）

30 ‖「朵帕」節之後的思考

以維吾爾語「朵帕」，取代漢譯「花帽」

　　一年一度的維吾爾國際「朵帕」節，伴隨著五月的春風，歡樂而來、愉快而去。

　　由社交媒體看，這次的「朵帕」節，一如既往五顏六色、歡快溫馨。臉書上，只要是維吾爾人，全家老少、男的女的都戴上了漂亮的維吾爾「朵帕」。而且，一些維吾爾人的朋友，也都沒有忘記借此機會，上傳一幅頭戴「朵帕」的美麗圖片，以示對維吾爾文化的讚賞。可以肯定，維吾爾「朵帕」節，更變成了一次展示維吾爾文化的機會！

　　我在瀏覽每一個參與「朵帕」節的維吾爾人，頭戴美麗「朵帕」照片的同時，也閱讀了一些維吾爾人發表的「朵帕」節感想或建議。

　　其中兩個維吾爾年輕人的建議，引起了我的共鳴，我思索良久，決定寫這篇文章和大家分享他們的建議和思考。

　　一位年輕人建議，以後不再以漢語翻譯的「花帽」，稱維吾爾人的「朵帕」，而是代之以維吾爾語的音譯「朵帕」。

此建議非常好，我非常贊成！從今天做起，從我做起，我立即從我這篇文章開始，響應這位年輕人的號召。

原因，當然，首先服飾是一個民族文化獨特性的標誌，反映一個民族在長期歷史過程中，與自然、社會、及其他異族文明等的交流過程及其相互影響。其蘊含的深刻、深遠、獨特的文化歷史意義，非其他民族的語言以簡單的一兩個字詞所能涵蓋。

其次，頭飾，更是一個民族在其形成過程中，所蘊含歷史、文化沉澱的，最明顯、最直觀反映該民族文化的身份標誌。所以只有擁有該頭飾民族的語言才能最貼切、最全面地描述其蘊含一切微妙、敏感深意！

穿戴自己的民族服飾，弘揚自己民族文化

「朵帕」是我們維吾爾人的頭飾，理所當然地，應該由唯一能真實、全面表達「朵帕」所蘊含的深刻、微妙文化含義的維吾爾語詞彙來表述之。

另一位年輕人建議，「朵帕」節不應該是一個簡單的、僅持續一天的、來去匆匆的「朵帕」秀！而應該將其變成一個——

> 喚醒每一個維吾爾人，珍視自己的文化，珍惜自己的服飾文化，呼籲每一個維吾爾人，正視自己正在失去的民族文化，號召大家以穿戴自己民族服飾，弘揚民族文化，以凸顯自己民族文化、服飾為驕傲的
>
> ——「朵帕」紀念日！

這個建議更合我心意！這位年輕人的建議，一針見血地指出了維吾爾「朵帕」節目前流於形式的不成熟和膚淺。

那些將「朵帕」節當成個人秀的社交媒體維吾爾「明星」、政客、以及海外「著名維吾爾科學家」，都應該深思這位年輕人的建議，好好靜下心，想一下這個建議背後的殘酷現實！

下面，我以親身經歷或見證的幾個真實的、有關維吾爾「朵帕」的故事，來回應這位年輕人的建議，希望我的這篇文章，能夠使大家稍稍靜下心，重新思考一下「朵帕」節的意義。

大概是九〇年代末，一天，石河子民族中學的一位朋友，打電話要我去參加一個朋友聚會。那一天是個節日，我忘了是古爾邦節（宰牲節），還是茹孜節（開齋節）。

一如既往，我頭戴漂亮的「朵帕」，穿著美麗的傳統民族服飾──「坎崴」（Kanway）襯衣，來到了朋友的聚會。聚會開始，因有幾位來自遠方的客人，朋友開始介紹聚會參與者。當介紹到我的時候，朋友笑著說：「這是石河子教師進修學校的伊利夏提老師，我們石河子的『最後一個維吾爾人』！」

大家看著我哄然大笑。我有點不好意思，但很自豪！

維吾爾洋人女婿穿戴傳統維吾爾民族服飾

我明白，朋友是因為我一個民考漢[1]的維吾爾傳統穿戴，在

1　**民考漢**：非漢民族，但自小受完全的漢語教育，而不是本民族語言的教育；在此，特指自小上漢語學校的維吾爾人。

引用美國名著《大地英豪》來逗樂開玩笑。但是，我將這位朋友的開心介紹，當作了對我穿戴的肯定和讚美；也將他的介紹，當作對我維吾爾心的敬佩和羨慕！

當然，從內心裡，我並不希望自己是「最後一個維吾爾人」！也堅信，再過一百年，也不會有「最後一個維吾爾人」出現！

但令我遺憾的是，當時參加聚會的朋友當中，確實，除我之外，幾乎沒有「維吾爾人」穿戴民族服裝！

又過了幾年，我來到了美國。大概是兩年前的一個齋月日，美國維吾爾人協會為大華盛頓區的維吾爾人舉辦開齋晚宴。

晚宴快開始，我和一位著名維吾爾歷史學家坐在一起，海闊天空地談論民族問題。正當我們談得興趣盎然時，一位娶了維吾爾姑娘的白人朋友，來到我們身邊，打斷了我們的談話。他向我們致意，然後坐在我們身邊。我們兩個同時被他的美麗的傳統維吾爾襯衣，頭上漂亮的「朵帕」所吸引。我們不約而同地、會心的笑了。

全場，大概有一百多位維吾爾人，但是，只有這位白人朋友穿戴著傳統的維吾爾民族服飾！我這位自豪的石河子，「最後一個維吾爾人」，在他面前也相形見絀、無地自容！

歷史學家朋友自嘲地說道：「今天，只有他是唯一一個維吾爾人，他比我們這些維吾爾人還更維吾爾！看來，維吾爾的女士比男人更有影響力啊！」我無言以答。

誰阻止我們日常穿戴維吾爾傳統民族服飾

最近我和妻子、女兒一起去參加，一個朋友極爲私人的一個小型結婚儀式。朋友邀請的人不多，只有幾對。當婚宴結束大家即將告別時，新婚夫婦給每一位男士來賓贈送非常漂亮的、製作精美的「朵帕」。

太漂亮了，我拿起來立即帶到了頭上，另幾位也一樣，帶到了頭上。

然而，一位朋友的妻子開始嚷嚷：「別戴、別戴！戴上『朵帕』你會顯老，『朵帕』不適合你，別戴！」朋友猶豫了一下，將頭上的「朵帕」拿掉了。我很失望！

維吾爾「朵帕」節那天，我閒來無事，看了一個由喜劇明星阿地力·米吉提演繹的有關「朵帕」的喜劇短片。

片中，當阿地力自豪地穿上美麗的維吾爾傳統襯衣，戴上漂亮的維吾爾「朵帕」，走出家門時，街坊鄰里、男女老少都以爲阿地力的什麼人去世了，引來街坊鄰里的哭天嚎地滑稽場面，這場面既熟悉、又令人深思！

什麼時候，我們美麗的「朵帕」，變成了送亡靈的葬禮服飾？什麼時候，我們漂亮的民族服飾，變成了落後、保守的象徵？什麼時候，我們漂亮的民族服飾，變成了老氣橫秋的象徵？

是誰，以什麼方式，使我們當中的很多人，無形中接受了「維吾爾人美麗的傳統民族服飾是落後、保守的象徵」這一荒謬的觀念？是誰，在我們的腦海裡，注入了「自己美麗的民族服

飾，只需在特別日子穿戴」這一膚淺、無知的看法？

是什麼力量阻止我們，將美麗的傳統民族服飾、「朵帕」，變成我們維吾爾人日常的穿戴？

最明顯的答案，當然是中國共產黨，是中國殖民侵略者！這是斬釘截鐵的答案！然而，我們自己，是否也需要檢視我們自己？

拒絕被毒化心理，對維吾爾服飾要有自信

我每天上班來回，經過大華盛頓區附近的Herndon市。每天早上，我親眼目睹這一個有大量印度人聚居區的街景。最突出的、也是我印象最深刻的、映入眼簾的是，大早上穿戴著其美麗的民族服飾、領著孩子，站在街邊巴士站的男女印度人！

時不時地，在公司裡，還能看到頭戴大纏頭巾的錫克教徒，他們非常自豪地進出辦公室！

我們維吾爾人的服飾，我自私地說，在我看來，比其他民族的服飾漂亮千倍。然而，我們只把美麗的服飾，當作特別日子的服飾、當作葬禮的服飾？

在潛移默化中，我們早已經在內心的某一個角落，將自己美麗的傳統民族服飾，當作落後、保守的象徵？在無意中，將自己美麗的民族服飾，當作老氣橫秋的象徵？

一個維吾爾人，若抱著這種膚淺、荒謬的被毒化心理，如何自豪地向別人介紹自己的文化、歷史、信仰？如何自豪地向別人介紹自己的傳統服飾、頭飾？根本不可能！連自己都對自己的文化沒有自信，沒有底氣[2]，哪來的自豪感？

由此推而廣之，我們很多的問題，還需要我們自己先正視自己存在的不足，自己的不自信！否則，我們可能正在逐漸失去自己的服飾、頭飾。再往後，可能是逐漸失去我們的語言、文字。再再往後，可能是逐漸失去對自己民族的自信心。如果這一切真的發生，那將是我們維吾爾民族的末日！不知道誰將成為「最後一個維吾爾人」？

　　中共侵略者正在潛移默化地、以冷水煮青蛙的方式，首先腐蝕、毒化我們的思想，使我們相信我們的民族文化、民族歷史、伊斯蘭信仰是落後、保守的，是可以拋棄的！

　　我們必須時刻保持清醒，時刻保持警惕，珍視我們的文化、保護我們的傳統、愛護我們的信仰。這樣，我們才能自豪地以一個「也曾經為世界文明作出過貢獻」的民族，在世界民族之林，爭得一席之地。

（本文發表於 2016 年 5 月 11 日博訊新聞網）

2　**沒有底氣**：底氣，發自內心的信心，意指自信不是發自內心深處，心虛。

31 ‖ 亡國者永遠在夾縫中

中國的憲法，不是人人平等的

　　中華人民共和國各民族一律平等。國家保障各少數民族的合法的權利和利益，維護和發展各民族的平等、團結、互助關係。禁止對任何民族的歧視和壓迫，禁止破壞民族團結和製造民族分裂的行為。──《中國人民共和國憲法》第四條

　　中華人民共和國保護華僑的正當的權利和利益，保護歸僑和僑眷的合法的權利和利益。──《中國人民共和國憲法》第五十條

　　根據上述中國《憲法》和其他有關法律，中國公民在法律面前一律平等，任何形式的歧視和壓迫是被嚴格禁止的。然而，維吾爾人在中國被歧視和壓迫由來已久，可以說維吾爾人被當作了中國的二等公民，甚至於中國的國家公敵！

　　上個星期，一位好久沒有聯繫的老朋友突然來電話。簡短問候之後，他滿腹牢騷地對我說道：「伊利夏提，你們美國維吾爾

人協會、或者世界維吾爾人大會，能幫我忙嗎？」

我猶豫了一下，問道：「什麼樣的忙？你先講一下，我聽聽，看是否能幫得上忙。當然，只要是我們能幫得上忙的事，一定會幫。」

朋友說道：「去年，我父母親想來看我，但不知因什麼原因，被美國駐北京大使館拒簽了！今年我想去看他們，中國大使館已經讓我跑了至少八、九趟了，還是沒有一點頭緒。這不，今天又把我打發回來了！」

朋友憤憤不平地繼續道：「這中國大使館，也太他媽的能折騰人。他一次不說清楚都需要哪些手續、哪些表格、哪些檔。擠牙膏似的，一點一點地，告訴我需要辦的手續，一趟又一趟地讓我跑，不停地填表格，看起來是故意在折騰我們維吾爾人。」

大使館依法仔細盤查維吾爾人

我問朋友：「你沒有問一問他們，為什麼這樣對待你嗎？沒有告訴他們，你是因為結婚來美國定居的嗎？」

朋友說：「能不問嗎？我不僅問了，而且還特別強調告訴他們，本人不是政治避難留下的，是因娶了美國姑娘留下的。但大使館的說只要是新疆人、只要是維吾爾人，都這樣，這是規定，他們也沒有辦法。」

我問朋友：「他們都要些什麼資料？」朋友說：「邀請函，父母或親戚寫的邀請信，然後是出國時使用過的中國護照、身份證。還要寫一份較為詳細的探親期間的排程報告，比如在什麼地

方住，在誰家住，住幾天，準備和哪些人見面，回家途中是否準備在其他地方停留，停留幾天。如果是在北京轉機，是住旅館還是朋友家，是否準備在北京會見朋友，以及要會見朋友的姓名、住址。說實在的話，如果不是考慮到父母年齡大了，我很想見他們一面，我真的是永遠都不想再踏進中國大使館的門！」

我來了興趣，對朋友說道：「既然你想回去探望父母、盡孝心，那你就稍微耐心點，想辦法提供要求的資料。」

這話似乎使朋友不太高興：「我提供了，我先是拿著父母的邀請信去了，過了兩天，大使館告訴我，父母的邀請信太簡單、不細緻，要求重新寫一份包括詳細邀請原因的信。父母邀請自己兒女，不就是因為思念、想見見兒女嗎？想和兒女過年、過節團聚一下嗎；還能有什麼其他原因呢？還怎麼詳細，這不是折騰我們維吾爾人，是什麼？」

中國人不尊重他們自己的法律

朋友繼續道：「邀請信，總算跑了幾趟，過關了。他們又要求我，詳細列出探親期間的排程，要包括在哪住，住幾天。我告訴他們，我是去探望父母，肯定主要是住在父母家，偶爾也會在兄弟姐妹家住幾天，到時候看情況。他們說不行，我必須詳細列出在父母家住幾天，兄弟姐妹家住幾天，還要列出每一家的家庭住址。不僅要列出父母、兄弟姐妹的家庭地址，還要列出探親期間準備會見朋友們的家庭位址、工作單位等。你說，這不是折騰人嗎？」

「我花了兩天時間，把探親日程，盡我所能詳細列出來，滿心希望這回應該沒有問題了。但是，這不，今天我又被打發回來了。他們告訴我，我必須拿我過去的中國護照來，他們要看。當我告訴他們，幾年前，我回過一次國，當時已經將中國護照上交了。他們又說，那就拿過去的中國身份證來！我說找不到了，他們說要我父母到當地派出所查，派出所肯定有身份證存根，查到號碼就可以啦。這他媽的，這不是折騰我們維吾爾人是什麼？我不知道到哪兒能找到十幾年前的身份證號碼？」

　　我開玩笑地勸朋友，拿中國2013年通過的《老年人權益保障法》第18條之規定：「家庭成員應當關心老年人的精神需求，不得忽視、冷落老年人。與老年人分開居住的家庭成員，應當經常看望或者問候老年人……」說服大使館官員時；朋友有點不高興地回敬我說：「伊利夏提，別嘲弄我啦，中國什麼時候尊重過他們的法律？」

　　我問朋友，他的美國妻子是什麼態度？他苦笑著說：「美國人，還能說什麼？一句話：『荒謬、無法接受！』」

80歲老人極端絕望，癱坐機場

　　其實，這不是個別的例子，其他國家的維吾爾人，在回國探望父母、親人時，也面臨著中國駐各國大使館、領事館同樣地刁難和公然的歧視！

　　而且，另一個經常被人們及媒體忽略的，海外維吾爾人面臨的親人團聚困境是——海外維吾爾人在國內的父母親人出不來

的、骨肉分離殘酷現實。

當然，我這裡講的，不包括中國政府當作頭號分裂分子的國外維吾爾人家屬，這些維吾爾人的親人，根本就沒有想過，能在有生之年和親人團聚，只要能在電話裡互報平安也就滿足了。然而現在，正常的電話聯繫，對這些維吾爾人，也都正逐漸變成一種奢望！

我這裡要講的是，一些生活在國外，但為了保持良心不受譴責、內心過得去，而沒有向中共彎腰低頭，但也並不積極參加國外維吾爾社團政治活動的維吾爾人！儘管這些維吾爾人非常小心翼翼，儘量避免出頭露面，但同樣，被中共政權所惡意蹂躪、踐踏！

最近，就有一位朋友的父親，已經80多歲了，在費了九牛二虎之力、走後門找關係，花一大筆錢，歷盡千辛萬苦，拿到中國護照之後，又不辭勞苦，跑了兩趟美國駐北京大使館。最終，美國簽證也總算拿到了！

朋友一家人，在美國的兄弟、媳婦、兒孫，以及遠在伊犁的遠親近鄰，都高興得不得了，分別幾十年的父母兒孫即將團聚，能不高興嗎？

然而，出乎大家預料，朋友80歲高齡的父親，準備飛往美國途中，在中國北京機場，被邊檢拒絕出境！

在最後一刻，一場父子團聚的歡樂場景，在中國邊檢，以80歲父親在極端絕望中癱坐機場，定格於送行維吾爾親人永世難忘的記憶。在美國，以兩兄弟對著手機、不知該對電話那頭絕望的

老父親說什麼，以極端痛苦與失望定格於他們記憶中！

我永遠忘不了朋友那絕望的神情。

中共堵死維吾爾遊子探親之路

我聽說朋友父親要來美國的消息之後的第三天，我偶然和朋友相遇。我在不知情的情況下，很熱情地握著朋友的手說道：「祝賀你、祝賀你，父親來了！你真幸福，很是羨慕你！好好享受和你父親相聚的日子，請幾天假，陪你父親好好玩一玩、聊一聊。」

朋友看著我說道：「你不知道嗎？我父親沒有來成！」。

「什麼？沒有來成？」我話還沒有說完，朋友拉著我的手說道：「來，伊利夏提，我們坐一會兒，跟我說說話。」

我這才注意到朋友的臉色，失神的眼、無奈的苦笑、隱隱透出一種絕望、憤怒和無助。

我不知道該如何安慰這位朋友，我們倆默默地喝著咖啡。他似乎要發洩一下，大約沉默了十幾分鐘之後，他憤憤地對我說道：「伊利夏提，你是知道的，我在美國這幾十年極其小心，儘管心裡很不滿意共產黨對我們維吾爾人的壓迫，但我一直避免公開站出來參加維吾爾人組織的任何政治活動，為的是能夠有朝一日能回家看一看，探望一下年邁父母。」

「然而，兩年前，中國大使館拒絕了我回國探親申請，連我妻子的回國申請也遭拒絕。在無奈中，我放棄了回國打算，只抱希望能夠讓父親出來，在國外團聚。沒想到、真的沒想到，這點

希望也破滅了！這共產黨也他媽太沒有人性了！」他繼續道。

我默默地看著他，任他發洩。他眼中噙著淚、滿臉憤怒。時而憤憤不平、時而失神無助地，訴說著心裡的失望和憤怒！

這就是海外一部分明哲保身的維吾爾人的處境！無論你參加維吾爾政治活動與否，只要你去中共駐外使領館、只要你有求於中共政權，就一定面臨中共邪惡政權的肆意踐踏和蹂躪！

名利薰心的維吾爾人助紂為虐

中共政權對待維吾爾人，從未想過要費心去鑒別：誰是沒有政治避難留下的、誰是政治避難留下的；誰積極參加維吾爾政治活動、誰沒有參加維吾爾政治活動。只要是維吾爾人、只要是留在海外的維吾爾人，都不可靠！都不可信任！

中共政權給予幾個海外維吾爾人方便，任他們自由來往與東突厥斯坦和美國。中共政權是為了要利用他們，欺騙國內的維吾爾民眾、欺騙西方媒體、大眾！

這些飛來飛去的維吾爾人，和中共政權，各取所好。中共利用他們，以他們為中共之宣傳工具，掩飾其一黨獨裁統治之邪惡。

而這些名利薰心的維吾爾人，所謂的「企業家、實業家、科學家、知名學者」等，也因追求名利，而低三下四，甘當中共的哈巴狗。他們昧著良心，利用自己生活、享受海外文明國家之民主、平等、自由環境，不僅在國外幫助獨裁中共兜售其虛假政策，而且回到國內，還和中共殖民統治官員沆瀣一氣、助紂為

虐，或明或暗地幫助中共，合法化其對維吾爾人的血腥鎮壓、屠殺！

失去自己國家的民族，永遠是亡國者！無論你生活在什麼地方，無論你的房屋、莊園有多大，無論你的新生活多麼的闊綽、豪華奢侈，你在別人眼裡永遠是移民、外來者！

失去家園的亡國者，永遠生活在夾縫中！無論你在新的國家，獲得了多少名望、聲譽，無論你積累了多少財富，你在他人的國家，在其他民族掌權的國家永遠是二等公民！

最可惡的是，中國政府（中國共產黨）在任何時候、任何地方，都可以用任何理由，剝奪亡國移民的一切，把你踢出家門、投入監獄！

（本文發表於 2016 年 8 月 18 日維吾爾人權項目部落格）

32 極端主義思潮 可能影響維吾爾人嗎？

習近平嫌鎮壓維吾爾不夠強硬

自習近平上台以來，東突厥斯坦的局勢日趨緊張，尤其是東突厥斯坦南部的維吾爾重鎮喀什噶爾（又稱喀什）、和田，更是流血衝突不斷。

中共不僅以暴力，血腥鎮壓維吾爾人任何形式的反抗，同時，還不斷指責南部維吾爾人，因為他們受到國際極端主義的影響，而發動恐怖襲擊。

本來，被媒體美化為「柔性治疆」的張春賢，將東突厥斯坦急遽軍事化的政策，已經讓維吾爾人的生活空間、生存空間陡然縮小，難於呼吸。

然而，習近平似乎還嫌張春賢的政策不夠強硬，又搬來了一個「陳全國」。陳全國在圖伯特（即圖博、西藏）執行極端政策，而引發圖伯特人激烈的自焚反抗。陳全國因快速表忠習（習近平）核心，而成為獲得青睞的政治新星。習近平企圖再賭一把陳全國在圖伯特失敗了的極端政策，以極端高壓和血腥屠殺，快速馴服東突厥斯坦南部的維吾爾人。

儘管文明世界有理智的學者、政府首腦、非政府組織，以及在國外和國內接觸過現代文明的中國學者、良心人士、人權衛士、維權律師等，都告訴中共，是中共的政策有問題，需要中共反省其民族政策、調整其民族政策，但中共還是一意孤行，一條道走到黑、不見棺材不落淚，非要將東突厥斯坦的民族關係，推到勢不兩立的不歸之路！

　　中共不僅不承認政策的錯誤，還倒打一把。每次中共在血腥屠殺無辜的、手無寸鐵的維吾爾人之後，還惡人先告狀，誣陷被槍殺受害的維吾爾人為恐怖分子，指控那些受害者，受到國際極端主義的影響。

中共從不提供恐怖襲擊案細節

　　但中共一直無法自圓其說的一點是，中共政權從來不提供「恐怖襲擊」案的詳細細節。說中共對每起所謂「恐怖襲擊」案的報導，只有寥寥幾行，一點不過分。不信者，可以去查一查，過去幾年中共報導的「恐怖襲擊」案，每次都是只有自治區黨委控制的黨報的模糊報導，再加上發言人前後矛盾的解說，中共不允許媒體自由採訪，甚至中國媒體也不行，海外媒體就更是甭提進入多事的喀什噶爾、和田，去自由採訪維吾爾人了。

　　然而，中共還是恬不知恥，大肆宣傳維吾爾人受到海外極端主義思潮的影響。今天我就簡單分析一下，看看維吾爾人是否有能夠接受國際極端主義思想之可能？維吾爾人是否有接受國際極端主義思想之管道？

任何一種思想的傳入，不僅需要各種傳播媒體，如報章雜誌、音訊影片、書本的自由廣泛出版，自由討論、爭辯，而且，最重要的是需要一個自由寬鬆、寬容的人文環境！

　　我們回顧一下東突厥斯坦的近代歷史，想一想，在中共統治下這半個多世紀以來，東突厥斯坦，維吾爾人是否真的擁有過一個自由廣泛的出版時期，是否擁有過一個自由討論、爭辯問題的自由寬鬆、寬容的人文環境？

　　稍有理智的中國人，應該不難得出答案！不僅東突厥斯坦，就連中國本土，在中共統治下，也都沒有真正享受過出版自由，更遑論自由討論，與寬容的人文環境！

東突厥斯坦，什麼自由都沒有

　　上世紀八〇年代曇花一現的胡趙寬鬆期[1]，也伴隨著1989天安門的槍聲戛然而止。剛剛蹣跚起步的維吾爾出版業，還未等到鳥語花香、春天的到來，就進入了冷風呼嘯、寒風刺骨的的嚴冬！

　　自此，維吾爾人、東突厥斯坦又處於與世隔絕的封閉狀態；能出去轉悠世界[2]的，只是那些獲得共產黨政權信任的少數維吾爾人。他們在國外，只看共產黨讓他們看的東西，絕不看任何會給其未來前程帶來危險的任何東西。這些人回來後也只說讓黨高

1　**胡趙寬鬆期**：胡耀邦、趙紫陽當共產黨總書記的八〇年代初，至1989天安門屠殺為止的政策稍微寬鬆期，允許在一定範圍內的思想討論。

2　**轉悠世界**：出國旅遊觀光世界各國。

興的話，絕不說任何讓共產黨不高興的任何話。

沒有通過共產黨政府的審查，而是通過一些旁門左道，出去的另一少部分維吾爾人，要麼是不回來了，要麼回來後，直接被共產黨送進了監獄。

現代社會，任何一種思想要影響一個民族，只能通過如下幾種方式傳播：

首先，這個民族的人員，享有流動的自由，出入國境的自由；有那些出國接受新思想的人返回家園，向更廣泛的人群，以講學、討論、辯論的形式，口頭傳播新思想。

其次，新聞、出版業自由發達，新思想能夠通過接受新思想的人發表文章、翻譯出版書籍、雜誌等書面媒體傳播。

再次，網際網路、通訊資訊傳播技術發達，資訊傳播、社交媒體不受限制、自由傳播，新思想可以在網路、各種社交媒體上被廣泛討論、辯論。

以上三種思想傳播方式，在東突厥斯坦，一個都不存在。

維吾爾人不是人人都能辦護照

維吾爾人出國，首先要通過護照那一關。辦一個護照要一年半載，而且還不是人人都能辦護照。能辦出護照來的，只有那些祖宗八代都沒有過民族情緒、基本上被共產黨馴化為不懂正常思維的維吾爾人，大概還能勉強在花費幾萬塊錢後，拿個護照出去轉悠、轉悠。即便是這些不會思考的維吾爾人，在國外還得小心翼翼。不接觸不該接觸的人，不讀不該讀的書，以免回去護照被

沒收，再也出不來了！

至於其他那些有血性、有民族感，懂維吾爾歷史，能思考、能接受現代思潮的大多數維吾爾人，幾乎是拿不上護照，出不來！通過旁門左道拿到護照出來的，要嘛是不回去了，要嘛是中共不予簽證回不去了！但大冒險闖關回去的，要嘛在邊境被槍殺了，要嘛在中共監獄裡煎熬。

也就是說，通過人員流動傳播接受、新思想，維吾爾人沒有管道，不可能。因此，通過人員傳播新思想這條路，被中共政權堵死了！

維吾爾新聞出版業，那是一個正在快速萎縮、走向死亡的一個行業！伴隨著九〇年代初的大中專院校教育漢化，維吾爾新聞走向翻譯漢語新聞，維吾爾新聞出版業在中共嚴格控制下，早自九〇年代中起已逐漸走向衰落、枯萎！至於新聞出版自由，連漢人知識份子都沒有新聞出版自由，維吾爾人就甭談了！

一個新聞出版業正在枯萎、衰竭、走向死亡的民族，如何通過新聞出版業獲得新思想的傳播？靠什麼傳入新思想？可能嗎？天方夜譚！此路不通！因此，通過新聞出版傳播新思想這條路，也被中共政權堵死了！

維吾爾網站被關，管理人入獄

最後一條新思想的傳播之路，網路、資訊通訊、社交媒體交流這條路？自網路進入中國、進入東突厥斯坦那天起，中共就用各種方式控制資訊的傳播，網路長城、防火牆、網警、五毛、憤

青等等、等等，方式方法層出不窮、防不勝防！

而且中共政權，一不高興就斷網，使整個區域，處於無網路的黑暗狀態！2009年七五事件之後的斷網，就是一個鮮明的例子！

至於維吾爾網站，不僅非常短命，而且每個維吾爾短命網站，每次還都連累網站整個管理人員和網站一起全軍覆沒，結局就是網站被關閉，管理人員入獄！

伊利哈木教授的「維吾爾線上網站」，及其管理人員，就是個典型例子。

維吾爾人上網，更是直接面對各類審查、監督監視。在網上傳播同樣的資訊，維吾爾人面臨比漢人嚴厲幾倍的懲處。

北京學者王力雄的文章，可以在中文網站讀到，也可以下載。但一位阿克蘇的維吾爾人，將其文章翻譯成維吾爾文後，放到維吾爾網站上，卻以傳播敵對勢力觀點的罪名，被判五年徒刑！

至於社交媒體，在東突厥斯坦根本不存在！

擁有智慧型手機的任何維吾爾人，可以被員警在街頭攔截檢查。被攔截檢查後，還得告訴員警其智慧型手機的密碼，以便員警可以用電腦，查看記憶卡中的資訊。一旦被查出智慧型手機有「問題」，手機的主人，輕則手機沒收、罰款拘押十天半個月，重責判刑入獄！

手機都被控，極端主義怎影響

維吾爾人連一個智慧型手機，都不敢光明正大地使用。整個地區的網路，早已變成受限於區域網的一個民族；一個上網不僅被限制，而且還要實名登記的民族；網站不僅短命，還經常處於被關閉、被斷網、被審查的民族，如何能夠利用現代訊息傳播工具，獲得新思想？有可能嗎？

因此，通過網路、資訊自由傳播、社交媒體傳播新思想這條路，也被中共政權堵死了！

現在回顧一下，共產黨的馬列主義是如何傳入中國的。它是通過書本、是通過李大釗、陳獨秀、瞿秋白、李達等一代中國知識份子的翻譯、出版、演講，而傳播進來的。

儘管當時的中國，被現在的共產黨政權指斥為黑暗、獨裁，但可以肯定比現在的共產黨統治要自由的多！因為至少當時宣傳馬列的陳獨秀，還可以在法庭上口若懸河，大談共產馬列主義，而不用擔心會被判重刑！當時一般人在書店裡，也可以買到馬列的書！

而現代的維吾爾人，人員不能自由流動，新聞出版正在走向死亡，連最基本的現代科技結晶之智慧型手機都不敢用，能通過什麼管道去接受海外極端主義影響？

一個處在中共人為製造的完全封閉、與世隔絕的民族，一個處在中共極端紅色恐怖的籠罩下，正在垂死掙扎、呻吟的民族，一個成為「武裝到牙齒」[3]殖民政權任人宰割、任意屠殺的

民族，何來接受極端主義思潮之自由？

　　可憐一群沒有頭腦的奴才、太監，還在叫嚷什麼拒絕極端？你有條件極端嗎？

（本文發表於 2017 年 4 月 4 日維吾爾之聲網站）

3　**武裝到牙齒**：是指全副武裝。

33 ‖ 維吾爾人不是中國人！

你發音很準確，你是中國人嗎？

　　社交媒體上，有關尊者達賴喇嘛是否為中國人的討論，使我想起了幾年前，我在華盛頓杜勒斯國際機場工作時，和一個中國導遊的一場短暫有趣的激烈交鋒。

　　我當時是聯航櫃台員工，負責驗護照、發登機證、托運行李等事。

　　這一天，一大群人吵吵嚷嚷地走近聯航櫃台。我一看，前面一個高個子的年輕人，手裡拿了十幾本護照，我就知道這是一群中國遊客。根據我以往的經驗，凡是護照不在個人手裡，而在導遊手裡的，都是中國遊客。

　　導遊走到我面前，很客氣地把護照遞給我。我拿起護照開始辦手續。按照規定，我辦一個人的登機證，就叫名字，人、證核對後，將護照和登機證遞給護照主人。

　　當我叫到第三個人的名字時，根據我對中文名字的準確發音，這些中國遊客發現我懂中文。導遊似乎耐不住了，他靠近櫃台，滿面笑容帶點奉承地對我說道：「哎呀，你懂中文，你的發

音很準確。」我笑了笑，沒有回答，繼續我的工作。

導遊開始了中國式的「熱情」，他看著我問道：「你是中國人嗎？」我一聽這話，就有點不耐煩了，所以不留餘地的回答說：「不是，我不是中國人！」我希望交流就此結束，因為我不希望在工作時間，和顧客因政治觀點不同，而發生爭執，留下不愉快的印象。工作時間不談政治，也是美國服務行業的職業道德底線。

但這位導遊似乎不放棄，他擺出一副打破砂鍋問到底，還要問「鍋底在哪兒的架勢？」。他很是有點失望地問道：「你不是中國人？那你的中文是在哪裡學的？你去過中國嗎？你的中文發音可是很地道呀。」從話音，我聽出他特別希望能講中文的人都是中國人。

我是維吾爾人，我不是中國人！

他不停地提問，我出於禮貌，不得不回答他。根據過去類似的經驗，我知道，我的回答，一定會令他大吃一驚。我看看他，簡單回答道：「是，我去過中國，我的中文是在中國學的。但我不是中國人，我是維吾爾人！」

導遊聽到這話，一開始似乎沒有轉過彎來。他稍微遲疑了一下，他終於明白了。他有點氣急敗壞，他的笑臉也立馬沒有了。臉上隨即現出一副不屑一顧、居高臨下的表情。

現在他更不會放棄了，他開始趾高氣昂的代表中國人民質問我了：「難道維吾爾族不是中國人嗎？維吾爾族是中國人！」他

非常理直氣壯，他後面那群迷茫中的遊客，似乎也感覺導遊替他們說出了他們的心裡話，用嘲弄的眼光看我，似乎在說：「怎麼樣，還有話說嗎？」

至此，我不得不停下手上的工作，破壞職業道德底線，給他們上一堂政治課了。好在那天顧客不多。我直視著導遊，不卑不亢、斬釘截鐵、一字一頓地告訴他說：「我是維吾爾人，我代表我自己和與我有同樣想法的維吾爾人告訴你：我不是中國人，維吾爾人不是中國人！中國侵佔了我的國家！我認不認可中國，維吾爾人認可不認可中國，這是我的權利、是維吾爾人的權利，和你無關！你無權替我、替我們維吾爾人做決定！」

生活在美國，認真學點歷史政治

我繼續道：「按你的觀點，是漢人都是中國人，是嗎？李政道是中國人嗎，楊政甯是中國人嗎？高行健是中國人嗎？新加坡都是漢人後裔，他們難道也是中國人嗎？你大概也想代表他們表達忠誠吧？省了吧。醒一醒小夥子，先學會代表你自己吧？台灣、香港也還有人認為自己不是中國人呢，你知道嗎？」

「中亞五國，就有將近一百萬維吾爾人，他們是中國人嗎？你也想代表他們嗎？小夥子，別跑這來趾高氣昂的給我上課。我當過15年的老師，像你這樣的學生見多了。你呀，既然是生活在美國，就學點歷史政治，認真地學一點常識吧。記住，並不是每一個維吾爾人都認可中國的，今天你碰到的就是一個不承認自己是中國人的維吾爾人！你連自己都代表不了，就別替我們維吾爾

人操心啦！怎麼樣，還有話說嗎？」

他怎麼也沒有想到我會這麼凜然地反駁他，一時有點手足無措，不知如何收場。他嘟囔了幾句，我只聽清了他的：「照你說，我需要回去再補政治歷史課！維吾爾人不是中國人，新鮮，第一次聽說！」很難看出，他是在無法反駁的尷尬中，在諷刺我呢，還是自我解嘲尋台階下。

中國導遊如夢初醒不再趾高氣揚

我看著導遊背後那一群有點驚訝地看著我的中國遊客，說道：「是的，不光是你需要補課，大多數的中國人，也都需要補一補課。別動不動就自以為是主人，代表別人說話；先想一想你自己有多大的權利，你的權利得到保障了沒有。」

我把最後一份護照交到護照主人的手裡，用教訓的口氣說：「把你的護照拿好！全世界只有中國人，出國旅遊護照被集中管理。記住，護照是你的國際身份證，你花錢辦的，是你個人的。一個連自己的護照都做不了主的人，別『閒吃蘿蔔淡操心[1]』替政客操心，擅自代表其他人做政治決定。出來了，就好好旅遊，欣賞風景、呼吸點新鮮空氣，學點寬容，謙虛點！」

那位拿護照的中年人，不知是被我的話打動了，還是想快點完事走人，反正是恭恭敬敬的接過護照說道：「對、對、對。好好旅遊，欣賞風景、呼吸新鮮空氣。謝謝、謝謝。」

1　**閒吃蘿蔔淡操心**：中國西北土話，意思是管閒事。

我看著發呆的導遊說：「再見，路途愉快！手續辦完了，去準備過安檢吧。」

　　導遊聽到我是維吾爾人那一刻、出現在其臉上的那種趾高氣昂沒有了，他迷惑不解的看著我，機械地說了一句：「謝謝。」就帶上人走了。遊客中的幾位，走幾步，回頭看我一眼。我的話似乎讓他們如夢初醒。第一次，他們發現，他們一直理所當然的以為，是中國人的維吾爾人，居然堅決地拒絕承認自己是中國人！

（本文發表於 2017 年 6 月 15 日中國禁聞網）

34 ‖ 維吾爾人及東突厥斯坦簡史

　　【作者按：一般而言，形成文字的民族歷史，應由該民族的歷史學家，基於該民族語言留下的第一手資料書寫。維吾爾人的歷史也不應該例外。維吾爾人的歷史，應該基於維吾爾人先輩留下第一手的維吾爾文資料，由維吾爾人書寫。然而，由於中國殖民政府對東突厥斯坦的恐怖統治，對維吾爾知識分子的血腥鎮壓，使得維吾爾人的歷史，成了殖民統治者、殖民政府御用歷史學家征戰的戰場。維吾爾人的歷史被隨意扭曲、編造、更改，因而造成了很多不必要的混亂。當然，對維吾爾語的讀者群來說，根本不存在這一混亂問題。因為，海外的維吾爾人，早已經出版了無數本維吾爾語的、站在維吾爾人立場陳述東突厥斯坦歷史的著作。然而，中文的「維吾爾人及東突厥斯坦歷史」，卻是一個暗無天日的殖民戰場。大量中國御用學者虛構、編造的歷史軼事，掩蓋了歷史真相。為了正本清源，澄清一些基本事實，我這一篇〈維吾爾人及東突厥斯坦簡史〉，匆忙中書寫，難免有一些遺漏，歡迎各位朋友指正。這篇長文，主要參考書目有：穆罕默德・伊敏・

博格拉的維吾爾文《東突厥斯坦歷史》，古波斯史學家拉史
德的《史集》，拓和提·莫扎提的《中世紀維吾爾歷史》，
馬蘇第《黃金草原》，志費尼的《世界征服者史》等，並參
照世界維吾爾大會網站上的一些相關文史資料。】

一、維吾爾族名及其發源之傳說

維吾爾人、或維吾爾民族，是一個在漫長歷史過程中，形成
的古老民族。維吾爾人的先祖，包括了遠古時的匈奴、賽人[1]等

---

1 賽人，中文歷史書籍稱為大月氏（後烏孫）；也有一些中文書籍譯為

一些東西方民族。

維吾爾人屬於突厥大家庭的一個族群

據《舊唐書，列傳145》「回紇，其先匈奴之裔也。在後魏時，號鐵勒部落。其象微小，其俗驍強，依託高車，臣屬突厥，近謂之特勒……特勒始有僕骨、同羅、回紇、拔野古、覆羅步，號俟斤，後稱回紇焉。」

維吾爾先輩，自遙遠的古代，即馳騁於北至蒙古高原，南至塔里木盆地南緣，東至大小興安嶺，西至裡海，包括現在東西突厥斯坦在內的廣袤草原帶。維吾爾人從語言、文化、傳統，以及歷史淵源上，都是屬於突厥大家庭的一個族群。

根據波斯史學家拉什德[2]的《史集》：「ﺭﻭﻍﻳﻮﻯ（維吾爾）」一詞在突厥－維吾爾語中，不僅有聯合、團結之意，而且在現代土耳其語中還有文化、文明的意思。

維吾爾人的族名Uyghur（Uighur）ﺭﻭﻍﻳﻮﻯ，是由一個雙音節詞構成的。當只有完整地發出Uy-ghur這個雙音節詞時，該詞才能表達出維吾爾族名所蘊含的歷史文化淵源，及其蘊含意義！任何形式的簡化，或只發一部分音，都將無法表達ﺭﻭﻍﻳﻮﻯ一詞的意義，也將無法涵蓋其歷史淵源所賦予的歷史意義。

現代中文的「維吾爾」，只是ﺭﻭﻍﻳﻮﻯ維吾爾語一詞的現代

斯基泰人等，可能是印歐伊朗係古代民族，曾長期生活於現東突厥斯坦伊犁河流域，也是現代維吾爾民族祖先的一支。

2　有人譯爲拉施特。

拉施特主編的《史集》目錄，畏兀儿部落。

音譯。因而，無論中文使用何種漢字表音，畏兀兒，或是維吾爾，都只具表音功能，而不具有任何意義。因而，任何以中文單字的意思牽強附會中文意義，都是荒謬的。

歷史上，中文歷史典籍曾將「روغيوى（維吾爾）」音譯爲：狄、狄曆、袁紇、丁零、高車、鐵勒、敕勒、回紇、回鶻、畏兀兒等。然而，必須強調的是，對同一個روغيوى族名的這一系列不同的中文音譯，只反應中文歷史記載者的中文表音習慣，及其以中原爲中心之天下觀，而不意味著روغيوى族名的改變。

史集與突厥語大辭典的解釋

維吾爾人族名的來歷，各歷史典籍的解釋儘管有所差別，但主要部分基本相似。根據商務印書館出版的，波斯史學家拉什德中文《史集》介紹：

由於崇拜（唯一的）主，烏古斯和（他的）父親、叔父們之間產生仇恨，打起仗來，當時烏古斯的有些親族與他聯合，站在他這邊，協助他，另一些則站在他父親、諸叔和兄弟們那邊。對那些歸附於他並成為他的協助者的人，烏古斯賜予畏兀兒之名。這是一個突厥詞，用波斯語來說，它的含義為：「他和我們合併，並協助我們。」（《史集》第一卷第一分冊第一編136頁）。

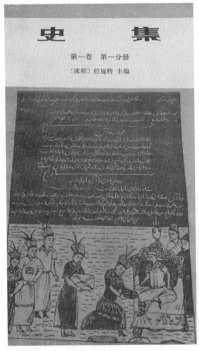

波斯史學家拉什德中文《史集》封面。照片提供／伊利夏提。

波斯史學家拉什德中文《史集》內頁，商務印書館出版。

對維吾爾人族名的來歷，維吾爾民族著名百科全書式的古典名著——《突厥語大辭典》，其作者，馬赫穆德・喀什噶里，給了我們另一種非常有趣的解釋：

　　「ﺋﯘﻳﻐﯘﺭ（Uyghur維吾爾）是一個國家的名字，它有五個城市；這些城市是征服者亞歷山大在和突厥汗王達成協議後建設的。……告訴我：當征服者亞歷山大快接近維

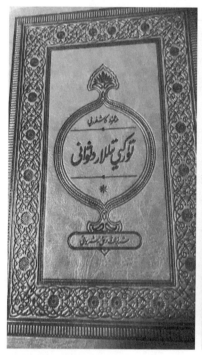

《突厥語大辭典》封面。

《突厥語大辭典》書背。

《突厥語大辭典》的作者，維吾爾著名語言學家，馬赫穆德‧喀什噶里（Mahmud Qashqeri）的想像畫。

《突厥語大辭典》版權頁。

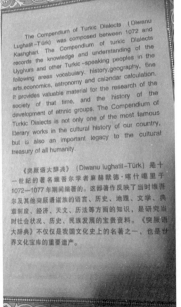

《突厥語大辭典》內頁。

吾爾國家時，突厥汗王召集並派遣了4千名士兵前往迎戰。他們帽子的翅膀，和雄鷹的翅膀一樣。他們向後射箭，就如向前射箭一樣熟練。亞歷山大大帝驚訝於他們的（戰鬥力），並說道：（inan huzhurand）他們不需要依賴他人，是個能夠獨立生存的民族。獵物跑不脫他們的手，他們可以隨意獵取食物。自此之後，該國被稱爲Huzhur，後來輔音H被A母音取代；……」（《突厥語大辭典》維吾爾語縮小版第94頁）

維吾爾敘事長詩，烏古斯汗傳奇

對維吾爾人的發源，維吾爾及中國、阿拉伯史學家的敘述，大致一樣，只是在細節上有所差異。

首先，根據19世紀末在高昌（吐魯番）發現的《烏古斯汗傳奇》，該《傳奇》，據法國突厥學家伯希和，以及大部分中外突厥學研究的專家學者們認定，是由古維吾爾語寫成的敘事長詩。這些學者認爲，此書的成書年代，約在13～14世紀的高昌（吐魯番）。

根據《烏古斯汗傳奇》之陳述，（大意）：

烏古斯一出生就與眾不同。40天後，烏古斯就長大成人了。他的外表更特別，臉是烏青色，紅嘴唇，紅眼睛，渾身是毛。他的腿，如公牛的腿，腰如狼，肩如獵豹，胸如熊。烏古斯汗一成人，就把長期禍害民眾的一隻獨角獸殺了。

一天，當烏古斯正在向天祈禱時，突然自天而降一束光，比月光亮，比陽光強。光速中坐著一位單身女子。該女子的美，致

使上天會跟著其笑，會跟著其哭。烏古斯一見傾心，娶了她，和她有了三個兒子：老大被名為「太陽」，老二被名為「月亮」，老三被名為「星星」。

又過了一段時間，烏古斯在一個巨大無比的樹洞裡，發現了一個女子。該女子美如天仙。她的眼睛比藍天還要碧藍，頭髮如瀑布，牙齒如珍珠。烏古斯一見傾心，也娶了她，也和她有了三個兒子：老大被名為「藍天」，老二被名為「大山」，老三被名為「大海」。

然後，烏古斯就做了國家的汗王，被稱為烏古斯汗⋯⋯

烏古斯汗在征服了眾多民族之後，宣佈：「我是維吾爾人的

《烏古斯汗傳奇》封面。

《烏古斯汗傳奇》內頁，美國維吾爾前輩古拉姆丁先生私人藏書印。

汗王，我將成爲全天下的汗王。」（民族出版社《烏古斯汗傳
奇》維吾爾文版）

突厥民族裡，最古老的一個民族

另一位世界著名的伊斯蘭歷史學家，波斯人志費尼，其著作
《世界征服者史》，對維吾爾族源的介紹稍有差異：

「畏兀兒人認爲他們世代繁衍，始於斡兒寒（Orqon）河
畔。該河發源於他們稱爲哈剌和林（Qara-Qorum）的山中；……
畏兀兒人則在斡兒寒河岸形成兩個分支。當他們人數增多時，他
們仿效別的部落，從眾人當中推選二人爲首領，向他表示臣服。
這樣一直過了五百年，才出現「不可汗」（Buqu Khan）。現在
有人說，不可汗就是阿甫剌昔牙蔔（Afrasiyab）……

當時，哈剌和林有兩條河，一名禿忽剌（Tughla），一名薛
靈哥，匯流於合木闌術（Qamlanchu）之地；兩河間長出兩棵緊
靠的樹：其中一棵，他們稱爲忽速 ，形狀似松（Nazh）……另
一棵他們稱爲脫思（Toz）。兩樹中間冒出個大丘，有條光線自
天空降落其上；丘陵日益增大。眼見這個奇跡，畏兀兒各族滿懷
驚異；他們敬畏而又卑躬地接近丘陵：他們聽見歌唱般美妙悅
耳的聲音。每天晚上都有道光線照射在那座丘陵三十步周圍的
地方，最後，宛若孕婦分娩，丘陵裂開一扇門，中間有五間像
營帳一樣分開的內室，室內各坐著一個男孩，嘴上掛著一根供
給所需哺乳的管子；帳篷上則鋪著一張銀網。……大家離開的
時候，給孩子各取一名：長子叫孫忽兒的斤（Sonqur-Tegin），

世界著名的伊斯蘭歷史學家，波斯人志費尼，其著作《世界征服者史》。

《世界征服者史》內頁。

次子叫火禿兒的斤（Qotur-Tegin），三子叫脫克勒的斤（Tükel-Tegin）四子叫斡兒的斤（Or-Tegin），五子叫不可的斤（Buqu-Tegin）。

……他們發現，「不可」品貌秀美，才智出眾，勝過別的諸子……因此，他們一致推舉他為汗；於是，他們會集一起，舉行盛會，把他擁上汗位。……」

綜上所述，根據拉什德的《史集》，維吾爾人的族名，是整

個突厥民族裡，第一個被烏古斯汗授予名稱的民族。其他突厥各民族，都是後來從這個維吾爾大家庭裡分離出來的。也就是說，維吾爾人，是突厥民族裡，最古老的一個民族！

二、突厥和維吾爾人的關係

林幹的著作《突厥與回紇史》

根據歷史上，國際著名、權威的突厥學家，以及一些中國近代著名突厥研究學者的研究，維吾爾人是突厥民族大家庭的一員，這應該是不爭的事實。

然而，近幾年來，伴隨中共對維吾爾人鎮壓政策的強化，就有一些中國御用歷史學者，在中共授意下，為實現中共歷史為政治服務、為統治者服務之目的，當然也為了實現個人升官發財之目的，罔顧歷史事實，要重寫歷史。他們硬是要把維吾爾人和突厥民族的歷史割裂開來，還硬要把歷史上的部落之爭、部落戰爭，上升為突厥和維吾爾民族之間的種族之戰。

根據內蒙古人民出版社，出版林幹[3]的著作《突厥與回紇史》：

3　**林幹**：中國著名的匈奴、突厥研究學者，內蒙古大學歷史學系教授。著有很多有關突厥、回紇（回鶻）的書籍，但因其學術觀點，不符合中國現今政權的民族歷史研究政策，如突厥和回紇（維吾爾）為同源民族等，因而其著述、觀點皆被邊緣化。

「根據十九世紀末，在漠北鄂爾渾河畔，發現的突厥文《闕特勤碑》和《苾伽可汗碑》說：『九姓回紇者，吾之同族也。』這是突厥人自己的說法，當時最可靠的說法。按：回紇為鐵勒族的主要構成分，突厥既與回紇同族，可見突厥是屬於鐵勒的族系，是鐵勒族的一支。」

再對比中文歷史典籍，記錄突厥與回紇（回鶻）的關係：都係匈奴後裔。

《新唐書卷二一五》中的《突厥傳》：「突厥阿史那氏，蓋古匈奴北部也。」

《舊唐書列傳一四五》：「回紇，其先匈奴之裔也。在後魏時，號鐵勒部落。其象微小，其俗驍強，依託高車，臣屬突厥，近謂之特勒。」

《新唐書列傳一四二》：「回紇，其先匈奴也，俗多乘高輪車，元魏時亦號高車部，或曰敕勒，訛為鐵勒……袁紇者，亦曰烏護，曰烏紇，至隋曰韋紇。……臣於突厥，突厥資其財力雄北荒。……韋紇乃並僕骨、同羅、拔野古叛去，自為俟斤，稱回紇。」

近代突厥、維吾爾研究學者，中共的御用歷史民族學家，中央民族大學教授楊聖敏，他本是要迎合中國共產黨政府目前的政策，證明維吾爾和突厥沒有任何關係。然而，他的著作《維吾爾與突厥是兩個不同民族》，卻是一開始就不得不承認維吾爾與突厥有著血緣關係，請看楊聖敏原文：「西元4至5世紀以後，出現

的突厥和回紇部落，都源自北狄。」、「今天的『維吾爾』，與古代的『回紇』，都是原蒙古草原上一個部落的突厥語名稱──『Uyghur』──的不同音譯。」

林恩顯的著作《突厥研究》

《突厥研究》[4]（林恩顯[5]撰）匯整突厥先世淵源爲五種：1. 匈奴之別種、2. 平涼雜胡、3. 匈奴之後裔、4. 鮮卑之後裔、5. 源於丁零、高車、鐵勒。除了第二種外，其他四種都與回紇同源。

作者林恩顯以「更特別值得注意」的是，古突厥碑文之一闕特勤（Kul-tegin）碑載：「沙塞之國，丁零之鄉，雄武 起，于爾先王爾君克長，載赫殊方」。據上述各種論調觀之，突厥先世係匈奴之別種，源於丁零、高車、鐵勒較爲可靠。他以此做了突厥淵源之結論。

據此，我們應該可以認定，突厥和回紇（回鶻）是同一個族源的民族。

突厥和回紇（回鶻）的血緣關係，實際上，又解決了另一個

4　**林恩顯**：《突厥研究》，臺北：臺灣商務印書館，1988年。

5　林恩顯，台灣高雄人，1936年生。1957年～1961年，就讀台灣政治大學邊政學系。日本中央大學文學碩士、博士。1969年返台，歷任政大副教授、教授，民族社會學系主任、邊政研究所所長。致力於中國邊疆研究與教學，著有《突厥研究》、《清朝在新疆的漢回隔離政策》等學術論著多種。2017年逝世，享壽82歲。

「歷史爭議」。此即中共國的御用史學家們，有意誤導民眾的：「維吾爾人是否是東突厥斯坦的外來者？」

東突厥斯坦，最早爲突厥和回紇先世之匈奴人所控制。中原漢帝國強盛時，爲了和西部（廣義西域）各國通商、交流，才開始派遣使者。最早的使者是張騫。漢朝利用西部各國的不和，通過挑撥離間，各個擊破，而短暫軍事佔領了西域一部分，而不是西域全境。漢朝設立的西域都護府，也不是什麼行政管理機構，只是軍事佔領而已。實際上所謂的西域都護府，只是保護驛站的幾個軍事據點，根本不是一種收稅、進行行政管轄的政府。

後來，東突厥斯坦，爲回紇（回鶻）兄弟民族的藍突厥帝國所控制。而且，根據中文歷史典籍，東突厥斯坦，也是突厥各部落的發源地之一。

西元前840年，回鶻帝國在被點嘎斯擊潰之後，回鶻分三股向西遷移，主要一支投奔突厥主要部落之一的葛邏祿。根據《新唐書回鶻傳》點嘎斯攻破回鶻帝國之後：「諸部潰，其相馺職與厖特勒十五部奔葛邏祿，殘眾入吐蕃、安西。」

也就是說，回鶻帝國王子是奔向自己兄弟去的，是奔向自己古老家園另一部分去的。因此，一個剛剛失去了帝國的回鶻王子，能夠很快在兄弟民族——葛邏祿的鼎力支持下，再一次建立起了另一個聲震中亞，留下了輝煌文明的喀喇汗王朝。

三、維吾爾語言、文字

維吾爾語，屬於阿勒泰語系，突厥語族的維吾爾－烏茲別克

語支。現代維吾爾語形成於近代。現代維吾爾語，分爲中心方言、和田方言和羅布方言。現代維吾爾書面標準語，是在中心方言的基礎上形成和發展起來的。

維吾爾民族在歷史的漫長發展過程，其語言、文字也經歷了一個漫長的發展過程。除了維吾爾人最早使用的，以岩畫表意的原始文字之外，維吾爾人使用過的文字有突厥文、回鶻文（古維吾爾文）、察合台維吾爾文、阿拉伯文等。

此外，古代維吾爾人還使用過婆羅米文、粟特文、摩尼文、梵文等。

現代維吾爾文字，則是以阿拉伯文字，簡化改造，適應維吾爾語發音、語法之後，作爲維吾爾文字而使用的，有時也被稱爲「老文字」。

「老文字」，是相對於「文化大革命」時期的新文字而言的。當時的中共殖民政權，強制維吾爾人使用其創制的，以拉丁拼音字母爲基礎的新文字。文革之後，在老一輩維吾爾知識份子、官員的強烈要求下，維吾爾人又開始恢復使用以阿拉伯文爲基礎的、使用了千年的維吾爾文字。

維吾爾人的信仰

有記載的維吾爾人宗教信仰，始於最早的原始薩滿教。

維吾爾人約在十世紀皈依伊斯蘭教之前，除信奉過原始薩滿教外，還曾經信奉佛教、摩尼教、基督教聶斯托里教派等。

至今，維吾爾人還保留著一些古老突厥民族狼圖騰的習俗。

比如有新生兒的維吾爾人家裡，為了避邪，保障新生嬰兒健康成長，他們會託人找來狼腳骨、或狼牙，縫在小孩子的衣肩上，或掛在小孩胸前。維吾爾家長在鼓勵孩子要勇敢時，還會對小孩說：「要像狼一樣。」

而摩尼教的殘餘信仰，也可以在維吾爾人的日常生活中見到。比如新婚當天，新娘、新郎要跨越籌火。祭悼亡靈時，一些維吾爾人也還會點籌火祈禱。

甚至，維吾爾人最古老的信仰——薩滿教，有一部份仍繼續存在維吾爾人的生活中。比如至今還能在一些農村，看到維吾爾人以薩滿跳舞的方式來治病。

維吾爾人和伊斯蘭世界的接觸始於九世紀初。皈依伊斯蘭教，則是由喀喇汗王朝年輕王子蘇圖克柏格拉汗，繼承王位之後開始的。維吾爾人的完全伊斯蘭化，則是在15世紀末，由皈依伊斯蘭的成吉思汗後代——圖古魯可汗完成的。

現代維吾爾人，屬於伊斯蘭教的遜尼派。也有少數維吾爾人，實踐遜尼派蘇非教義。維吾爾人儘管日常生活，遵循伊斯蘭教規，但也非常注重保存自己的民族文化、傳統，非常世俗化。

維吾爾人口

根據「中國統計年鑒（2018年）」之統計：目前在東突厥斯坦的維吾爾人，總人口約為一千一百多萬，占東突厥斯坦總人口（約兩千三百萬）一半以上。

海外維吾爾人，總人口估計約為兩百多萬。中亞五國，以哈

薩克、烏茲別克斯坦和吉爾吉斯斯坦，爲主要海外維吾爾人的居住地，三國加起來，大約有二百萬維吾爾人。土耳其其次，約十萬多。歐美各國，散居著大約五萬左右的維吾爾人。

關於東突厥斯坦的維吾爾人總人口數，海外歐美、土耳其的一些研究維吾爾人的學者，和散居海外的維吾爾人，他們與中國持有不同的看法，爭議也很大。根據在土耳其的「維吾爾學者協會」去年發佈的一份研究報告：在經過對維吾爾人口歷史資料，和近代中共發佈歷次人口資料，進行綜合對比分析和估算，目前，東突厥斯坦的維吾爾總人口應該約爲兩千多萬。

東突厥斯坦，還是西域？以被統治民族之名稱而名之

我們維吾爾人的被占領土——東突厥斯坦，土地廣袤，約一百六十多萬平方公里，占目前中華人民共和國全部國土面積的六分之一。

東突厥斯坦，在歷史上曾被當地民族以各自城邦之名被稱呼，如《北史 西域傳》記載，就有：鄯善國、且末國、于闐國、蒲山國、車師國等三十六國。

東突厥斯坦，或以被統治民族之名稱稱呼之。如匈奴統治時，被稱爲匈奴之地。突厥統治時，被稱爲西突厥之地。回鶻（維吾爾）統治時，被稱爲亦都護；被稱爲喀喇汗尼德（Kharihanid）。蒙古統治時，被稱爲察合台汗國，蒙兀兒斯坦汗國。當蒙古人突厥化融入維吾爾人時，被稱爲葉爾羌汗國。被亞庫普伯克·拜道勒特統治時，被稱爲喀什噶里亞汗國。被滿清

最初順手牽羊征服統治時，被稱為回部；到滿清末期左宗棠征服時，被名為「新疆」，一個帶有征服殖民意義的名稱。

東突厥斯坦分裂時，各城邦就用其自己的名字。西域三十六國，有三十六個國家的名字。西域五十國，就有五十個國家的名字。被外敵侵入征服，或某一國強勢，統一了其他各城邦的時候，就以統治民族的族名來命名。

中文歷史書籍，泛泛地將東突厥斯坦稱為西域。但因中文歷史典籍中的西域，其地理涵蓋範圍不是很清晰，所以被解釋為廣義的西域，和狹義的西域。廣義的西域，基本上涵蓋了現在的東、西突厥斯坦。狹義的西域，據中共御用歷史學者的話，是涵蓋了現如今的東突厥斯坦（即，現新疆維吾爾自治區）。

就是突厥人在東部的家園

可以這樣說，西域，或新疆，只是中文歷史典籍對東突厥斯坦這塊土地，以外來者自己所處方位元，以自己語言發音而命名的名稱，就如華盛頓特區，被中國人稱為華府！

東突厥斯坦（也有人將其稱為中國突厥斯坦，包括一些使用中文的學者），是相對於西突厥斯坦而言的。

突厥斯坦，由包括現在的中亞五國：哈薩克、吉爾吉斯斯坦、烏茲別克斯坦、土庫曼斯坦、塔吉克斯坦，和東突厥斯坦（新疆維吾爾自治區）構成。

蘇俄十月革命之後，最早在中亞成立的是，西突厥斯坦蘇維埃共和國，這正是對突厥斯坦的肯定。但後來，史達林擔心突厥

民族，會成為將來蘇俄之危險，才將西突厥斯坦蘇維埃共和國，於上世紀二○年代末拆散，硬是以各突厥方言為基礎，創造出五個突厥民族的加盟共和國。

突厥斯坦，是「突厥」加上波斯語尾碼「斯坦」構成。「斯坦」在波斯語裡為「的地方」、「的家園」之意。突厥斯坦是突厥人家園之意。東突厥斯坦，就是突厥人在東部的家園。

維吾爾人作為突厥大家庭中最古老的一支，和其他突厥兄弟民族一起，自遠古以來，世代居住在這塊土地上，是這塊土地當然的主人。

根據上述引用古維吾爾文、中外文歷史資料，東突厥斯坦維吾爾人的歷史，至少可追溯至四千年以上，應和「中華民族」幾千年的歷史不相上下。

在這塊廣袤的土地上，維吾爾人的祖先和其他兄弟民族，曾經建立過許多屬於他們自己的、獨立的帝國和王朝，使這塊土地擁有了繁榮昌盛的、輝煌的過去。

促進東西方文化之交流

這塊土地，位於絲綢之路的關鍵地段。維吾爾人，在促進東西方文化之交流上，扮演極其重要的角色，而且以創造性的融合，海納百川之寬容心態，發展出只屬於這塊土地，只屬於維吾爾人的，獨具特色的文化與文明。

東突厥斯坦也曾經是燦爛的摩尼教、佛教文化中心，如龜茲、交河、和田、敦煌等地。自從摩尼教由伊朗傳入東突厥斯

坦，以及佛教由印度傳入東突厥斯坦之後，這兩個宗教不僅成爲東突厥斯坦各突厥民族長期的主要信仰，而且對維吾爾人文化、傳統產生了重要的影響。至今，甘肅天水附近的裕固族（實際上是維吾爾人），還繼續信仰佛教。

佛教，還通過東突厥斯坦，傳到了中原，成爲了中原漢人的主要宗教信仰之一。

喀喇汗王朝的首都喀什噶爾，在維吾爾人皈依伊斯蘭後，在王室對宗教、文化研究之鼓勵下，很快就變成了一個以學習、研究伊斯蘭教的中亞文化中心。當時伊斯蘭教相對先進的制度，提升了東突厥斯坦獨特文明的發展，開創了藝術、科學、音樂和文學作品領域方面的繁榮。

這段時期，東突厥斯坦出現了數以百計有名望的維吾爾學者，並產生了上千部不朽的著作。其中最著名，且流傳至今的有：維吾爾學者玉素福·哈斯·哈吉普於1069年～1070年所著的《福樂智慧》，麻赫默德·喀什噶里百科全書式的名著《突厥語大辭典》，宇科奈克的《眞理入門》等，這些書籍仍影響著現代維吾爾，乃至中亞各突厥民族之文明發展、繁榮。

東突厥斯坦地理特點

東突厥斯坦，占地面積 1,828,418 平方公里。相當於兩個土耳其，或者四個美國加利福尼亞州的面積。國土面積的43% 被沙漠覆蓋，另40% 由山脈組成。

主要的地形爲三山加兩盆。北部的準噶爾盆地，占地30萬4

千2百平方公里。南部的塔里木盆地占地面積53萬平方公里。塔里木盆地，有世界上第二大沙漠——塔克拉瑪干沙漠。準噶爾盆地，是庫爾班通古特大沙漠。

天山山脈，橫貫東突厥斯坦中部，境內部分長1700公里，寬250～300公里。北邊的阿勒泰山，是與俄羅斯、蒙古以及哈薩克的自然邊界，境內長度400公里。崑崙山在南部，形成與西藏的自然邊界。

東突厥斯坦重要的河流有四條。

一、塔里木河：長2137公里，整個河流在東突厥斯坦的南部，發源於喀喇崑崙山山脈，消失在沙漠之中，是中國最長的內陸河。

二、伊犁河：發源於天山，向西流入哈薩克境內，並最終注入巴爾喀什湖。

三、額爾齊斯河，發源於阿爾泰山，向西北流入俄羅斯境內，最終注入北冰洋。

三、開都河：起源於天山山脈中段，流入博斯騰湖。

四、昆徹河（孔雀河）：起源於博斯騰湖，以前注入羅布泊湖，現在還沒有流到羅布泊之前就已乾枯。

東突厥斯坦歷史，從回鶻帝國到東西喀喇汗朝

東突厥斯坦自有歷史記載以來，先是作為匈奴帝國一部分，處於匈奴管轄之下。匈奴被迫西遷之後，就成了匈奴後裔——藍突厥帝國的一部分。東西突厥分裂之後，東突厥斯坦就處在西突

厥的主要國土部分。

回鶻帝國被黠嘎斯擊潰之後，回鶻分三支，進入處於兄弟民族控制下的東突厥斯坦，很快，在同為突厥兄弟民族支持下，建立了三個回鶻政權。

甘州回鶻王朝，建都於現在的張掖市附近。後來，大約在1036年左右，被西夏吞併。現居甘肅省張掖市肅南裕固族自治縣，以及酒泉市肅州區黃泥堡裕固族鄉的裕固人，就是甘州回鶻（維吾爾）的後代。甘州回鶻人，於1953年被中華人民共和國做了民族「鑑別」之後，給予「裕固族」的中文族名，但其民族名稱發音，在其語言中還是Uyghur。

高昌亦都護（回鶻）王朝，建都現高昌遺址和別失八里[6]。大約在1130年左右，被契丹（西遼）所征服，做了西遼的藩屬。到1209年，亦都護遣使至成吉思汗蒙古帝國，表達歸附意願，也被接受。亦都護被成吉思汗收為義子，並成為蒙古帝國征服中亞的得力助手。

喀喇汗帝國，喀喇汗首都，最初是在現吉爾吉斯斯坦，托克馬克附近的八剌沙袞（夏都），和喀什噶爾（東都）。

喀喇汗王朝，如前所述，是回鶻帝國西走的維吾爾人，在其兄弟民族葛邏祿幫助下，在九世紀末，建立一個屬於突厥民族大家庭的王朝。喀喇汗王朝大約在十世紀中葉開始強盛，並開始擴張。到十世紀末時，喀喇汗王朝領土，包括現在中亞的大部分，

6　別失八里，是高昌回鶻的夏都。

開都河，在焉耆縣。圖／維吾爾攝影家 Yulghun 拍攝。

並和東突厥斯坦東部的高昌亦都護王朝，以庫車爲界。

　　喀喇汗王朝在十一世紀中葉，分裂爲東喀喇汗王朝，與西喀喇汗王朝。

　　東喀喇汗王朝，保有東部領土，並繼續以八剌沙衰爲其首都，以喀什噶爾保留其文化、宗教中心地位。

西喀喇汗王朝，則以布哈拉爲首都，擁有現在烏茲別克斯坦大部分的西部領土。

十二世紀初，乃蠻王子屈出律帶兵攻入喀什噶爾，篡奪了西遼王權，此事標誌著東喀喇汗的滅亡。東部喀喇汗王朝在十二世紀中，被侵入中亞的西遼收爲藩屬。

東突厥斯坦民族悲劇的濫觴

伴隨喀喇汗王朝的滅亡，東突厥斯坦很快就被成吉思汗蒙古帝國併入其版圖。成吉思汗在其死前，將其帝國一分爲四，分封給四個兒子。東突厥斯坦作爲中亞蒙古帝國的一部分，被分給其二兒子察合台。自此，包括東突厥斯坦在內的中亞，被稱爲察合台汗國。

十四世紀中葉，察合台汗國也分裂爲兩個：東、西察合台汗國。東察合台汗國，以伊犁河谷的阿拉馬利克爲首都，領土包括現在東突厥斯坦的大部分地區，也被稱爲蒙兀兒斯坦（後來，由察合台後裔，巴布林及其孫子阿克巴大帝，在攻佔阿富汗、印度之後，建立莫臥兒王朝。實際上，這也是中亞蒙兀兒人的征服事業，在印度的延伸。）。

東察合台汗國的蒙古王公，在圖古魯可‧鐵木爾汗的帶領下，於十四世紀初接受伊斯蘭信仰。圖古魯可‧鐵木爾汗的兒子黑孜爾‧霍加，在十四世紀末，以征服高昌亦都護爲契機，完成東突厥斯坦的全面伊斯蘭化，同時，啓動了改信伊斯蘭信仰的蒙古王公貴族的「突厥－維吾爾化」。

十五世紀至十七世紀，東突厥斯坦，處於正在「突厥－維吾爾化」的，穆斯林蒙古王公貴族之統治，主要是在察合台後裔、多哥拉特部貴族的控制下。各王公為了擴大地盤，征戰不休，分爭不斷。整個中亞，包括阿富汗、印度，都成了蒙古察合台後裔的征戰戰場。

十六世紀初至十八世紀初，蘇丹・賽義德汗，推翻了多哥拉特部米爾紮・阿布巴克爾・多哥拉特建立的西蒙兀兒汗國，在東突厥斯坦南部，建立了以現在的莎車為首都的賽伊迪亞汗國，通常也被稱為葉爾羌汗國。

葉爾羌汗國，在蘇菲主義霍加家族的教派紛爭中，逐漸衰落。最後，政權落入霍加家族手中。紛爭中的一方白山派首領阿派克霍加，引來了準噶爾衛拉特蒙古軍隊。葉爾羌汗國，因此成了準噶爾蒙古汗國的附庸。

而準噶爾蒙古汗國與滿清的征戰，導致了東突厥斯坦全境被滿清征服，以致成為今天東突厥斯坦土地上，各民族悲劇的濫觴。

滿清的征服，維吾爾人四十多次武裝起義

1678年，衛拉特蒙古部落崛起，衛拉特蒙古部落在噶爾丹率領下正式稱可汗，在東突厥斯坦北部準噶爾建立國家。

當時，獨立存在於東突厥斯坦南部的賽伊迪亞汗國（也稱葉爾羌汗國），因內部教派紛爭，已衰落並落入了白山派霍加家族之手，很快就成為了強勢準噶爾蒙古汗國的附庸；葉爾羌汗國的

王子也被準噶爾蒙古汗國抓去當人質，拘押於伊犁附近。

準噶爾汗國一直試圖向青海擴張，連結蒙古本土，重建成吉思汗蒙古帝國。因而，自建國起，就和滿清帝國衝突不斷。

1759年，滿清為一勞永逸，解決其與準噶爾蒙古汗國的爭端，於是出動百萬大軍，開始向西征戰。準噶爾蒙古衛拉特汗國，遭到慘烈的、種族滅絕般的血腥屠殺，之後就此滅亡。

征服者在伊犁，找到了被當人質拘押的葉爾羌汗國的兩王子。滿清帝國就以送其回家的名義，順手牽羊，連帶把葉爾羌汗國收為附庸國。

如此一來，全部東突厥斯坦，與當時早已被征服的安南、高麗、圖伯特一起，就被劃入滿清帝國理藩院管轄的藩屬之列。

作為滿清帝國之藩屬，東突厥斯坦各民族，特別是維吾爾人，直至1862年，共舉行42次之多的武裝起義。他們為的是，要使東突厥斯坦重獲獨立與自由，因此與滿清侵略者展開英勇的、風起雲湧的、可歌可泣的長期復國運動。如在賈汗吉爾霍家的帶領下，席捲整個南部的起義，以及維吾爾巾幗女英雄娜孜姑姆領導下的起義等。

經過幾代東突厥斯坦人前仆後繼的流血犧牲、反抗，最終於1864年，維吾爾人和在東突厥斯坦的回族人，一起舉行反抗滿清統治的武裝起義。很快，各路義軍光復了東突厥斯坦南部大部分地區，形成各地割據形式。為建立東突厥斯坦整體獨立，消除內部紛爭，喀什噶爾的義軍首領決定，派遣使者前往中亞近鄰浩罕國，邀請在在浩罕國避難的霍加家族，也是宗教領袖的布茲熱克

汗，前來領導光復後的東突厥斯坦。

浩罕國蘇丹，在禮遇送返布茲熱克汗時，為保證其安全，當然也考慮到浩罕未來的國家利益，同時派遣烏茲別克將領亞庫普伯克（中國史書稱為「阿古柏」）做隨從前往。

亞庫普伯克曾經出入宮廷，擔任過高級官員，帶過兵打過仗，見過各種陣勢。他以其嫻熟的政治謀略、戰略眼光，很快地反客為主，以各個擊破的手段，逐一收編統一了各自為政的維吾爾、回族義軍，很快將喀什噶爾的行政管理權延伸至和田、阿克蘇、庫車，然後長驅直入焉耆、托克遜、吐魯番、烏魯木齊、瑪納斯，建立以喀什噶爾為首都的喀什噶利亞汗國，也被稱為葉特莎爾汗國（中文歷史資料為哲德沙爾汗國）。

大國博弈，東突厥斯坦被犧牲

同時，在東突厥斯坦北部，伊犁河谷的維吾爾和回族人一起，也舉行武裝起義，將滿清趕出東突厥斯坦北部，建立艾拉汗蘇丹政權。

至此，可以說，滿清駐東突厥斯坦的軍政官員，死的死、逃的逃，殖民佔領結束。雄才大略的亞庫普伯克抓住時機，將無能的布茲熱克汗，以威脅利誘，送往沙特（沙烏地阿拉伯）麥加去朝覲，自己則建立喀什噶利亞汗國（葉特莎爾汗國）。

然而，伴隨歐洲工業革命，國際局勢發生了深刻的變化，列強紛紛開疆拓土，劃分自己的勢力範圍，尋找商機。俄羅斯帝國開始向中亞擴張；而大英帝國也通過印度，向阿富汗、東突厥斯

坦擴張。沙皇的俄羅斯和大英帝國，這兩股勢力因而在東突厥斯坦相遇，從此展開了延續一個世紀之久，充滿驚險、計謀的，「大國博弈」的世紀爭霸之戰。

在俄羅斯（後來是蘇聯）與大英帝國的大國博弈中，千瘡百孔、即將沉舟的滿清帝國，卻成為「鷸蚌相爭，漁翁得利」的獲利者。東突厥斯坦及其百姓，卻成為了犧牲品。

亞庫普伯克的喀什噶利亞汗國（葉特莎爾），沒有能保住其獨立。風雨飄搖的滿清政府，在野心勃勃的、所謂中興大臣的左宗棠等積極遊說下，在俄羅斯沙皇提供物資支援，英國金融貸款的資助下，於1876年，再次侵入東突厥斯坦。

此時，亞庫普伯克似乎失去其剛進入東突厥斯坦時的鋒芒，他先是寄希望英國的調停，繼而採取極端被動的防禦政策。亞庫普伯克將其防禦滿清軍隊的第一道防線，佈置在焉耆、庫爾勒一線。那裡，有來自奧斯曼帝國軍官訓練的喀什噶利亞汗國最精銳的部隊，並配有大炮等相對先進的武器。

左宗棠將東突厥斯坦收為新疆

抱著消極防禦觀點，亞庫普伯克對烏魯木齊、瑪納斯的回族將士，要求支援的呼聲，置若罔聞，拒絕派遣任何支援部隊，來拯救守城將士。自烏魯木齊撤退到瑪納斯的回族將士，在死守了幾個月後，最終彈盡糧絕，不得不投降。殺紅了眼的清軍，對已放下武器的軍民，除了幾個老弱、孩童外，其他回族將士，一個未留，全都殺死了。

到1876年11月底，阜康、烏魯木齊、瑪納斯相繼失守，東突厥斯坦北部，除了處於俄羅斯佔領下的伊犁河谷之外，都被入侵的左宗棠部隊佔領。當時的伊犁河谷是由沙俄（沙皇時代的俄羅斯）所控制。然而，俄羅斯和滿清有交易，左宗棠的征服行動，即是由滿清付錢，由英國貸款出錢，由沙俄提供糧草。因此，沙俄承諾，將伊犁河谷的俄羅斯糧草賣給左宗棠，以支援左宗棠的軍隊。這樣，左宗棠取得俄羅斯的糧草供應，就變得極爲容易，且及時。

老奸巨猾的左宗棠，極具戰略思維，他眼看冬天到了，就在烏魯木齊按兵不動，一邊等待漫長冬天的過去、春天的到來；一邊謀劃如何製造混亂，智取亞庫普伯克的軍隊。

到1877年4月，亞庫普伯克佈置在吐魯番、達阪城，和托克遜一線的喀什噶利亞汗國軍隊，他們在和左宗棠先頭部隊稍事接觸、抵抗一陣之後，也在極度慌亂中，放棄陣地，匆匆忙忙逃回了焉耆、庫爾勒一線的防禦陣地。

1877年的5月底，亞庫普伯克在庫爾勒突然死亡。有人下毒，殺死了喀什噶利亞汗國的國王亞庫普伯克，他也是東突厥斯坦進入近代前最後一個汗國的國王。

對於亞庫普伯克的突然死亡，毒死之說基本上是可以肯定的。但誰是下毒的主謀，眾說紛紜。研究那段歷史的多數學者認爲，左宗棠收買並指使亞庫普伯克身邊的人，使之下毒以致亞庫普伯克死亡。

亞庫普伯克一死，喀什噶利亞汗國的軍隊、軍政官員，一時

群龍無首。在亞庫普伯克兩個兒子爭搶汗位的鬥爭中，大家競相衝向喀什噶里亞，試圖先到者稱王；因而拋棄了庫爾勒防線，爭先恐後地奔向首都喀什噶爾。

這樣，左宗棠率領的滿清軍隊，幾乎是不費一槍一彈，進佔了庫爾勒、阿克蘇、喀什噶爾、和田等南部重鎮，並佔領了整個東突厥斯坦。

左宗棠再次征服東突厥斯坦之後，於1884年11月18日，向滿清帝國提出，為長遠之計，將東突厥斯坦化藩為省，由過去的間接管理，轉為直接管理。

因此，風雨飄搖中的滿清帝國[7]，第一次，將東突厥斯坦正式劃入滿清帝國版圖，並以滿清帝國之新的疆域為意，命名為具殖民之意的「新疆」。

滿清帝國統治結束之後的近代東突厥斯坦：
東突厥斯坦開始民族復興之路

由於東突厥斯坦，處於連接古代中原，和阿拉伯、波斯，及歐洲東西方橋樑的地理位置，也就是享譽世界的絲綢之路，關鍵地理位置，東突厥斯坦在幾千年的歷史沉澱中，構築了具有獨特文化特性的，燦爛中亞文明。然而，歷史上不斷的戰亂，來自東西方的大國侵略，使東突厥斯坦——這一連結東西文明的橋樑，

---

7 滿清的「風雨飄搖」是現實，但和東突厥斯坦的實力相比，滿清還是「瘦死的駱駝比馬大」。

自十七世紀末，伴隨滿清帝國的佔領，進入了被殖民者掠奪、蹂躪，民不聊生、經濟停滯不前、文化封閉愚昧的黑暗時代。

腐朽的滿清帝國，於1911年，被孫文領導下的漢民族主義者，以「驅逐韃虜，恢復中華」之口號推翻之。之後民國成立。按理說，東突厥斯坦也應該獲得自由和獨立。然而，搖身一變而為民國軍政官員、督軍的袁大化、楊增新等漢人官員，卻以維護國家統一等口號，要繼續左宗棠等的軍事佔領東突厥斯坦政策。

自滿清王室遜位，北洋政府成立，到孫文－蔣介石國民黨武力征服各路軍閥、統一中原，至盛世才於1944年反身投靠國民黨政府為止，建立在中原的中央政府，實際上一直未能對東突厥斯坦進行有效的行政管理。東突厥斯坦的維吾爾、哈薩克等突厥各民族，為重新獲得自由，便展開了一輪又一輪的、可歌可泣的民族復興，爭取自由獨立運動。

近代東突厥斯坦民眾的覺醒，始於十八世紀末、十九世紀初的Jedidism（新式教育）運動。在一大批領軍人物，如阿布都卡德爾·大毛拉、麥麥提艾力·陶菲克、阿布都哈力克·維吾爾、兄弟玉山巴依、阿卜杜巴克·薩比特·大毛拉·阿吉等先驅引領下，東突厥斯坦各民族仁人志士奔走呼籲，宣導啟蒙教育。他們以鮮血和生命為代價，大聲疾呼，使沉睡中的東突厥斯坦各民族，逐漸開始甦醒，尋求民族復興之路。

總理遭總統出賣，總統被秘密殺害

當虎視眈眈的中原政權，無暇顧及東突厥斯坦，而陷入其自

己內部的征服混戰之時，東突厥斯坦各民族義士，為振興民族，為爭取東突厥斯坦，民族家園之自由獨立，前仆後繼，於1933年11月12日，在東突厥斯坦維吾爾文化發源地——中亞王城的古老喀什噶爾，建立了東突厥斯坦伊斯蘭共和國，號稱東突厥斯坦第一共和國。

東突厥斯坦伊斯蘭共和國，雖然存在的時間非常短暫，不足六個月，但她的政府機構完整，擁有成文憲法。國家最高領導人為總統（哈密起義軍領袖霍加尼亞孜·阿吉），下轄總理（阿不都巴克·薩比特·大毛拉阿吉）負責制內閣。內閣由總理、內務部、外交部、教育部、國防部、宗教福利部、司法部、財政部、衛生部、審計署等組成。

東突厥斯坦伊斯蘭共和國還發行了鈔票、郵票和護照，發行了雜誌、報紙，興辦了教育和實業，並撥專款用於發展醫療衛生和福利事業。

東突厥斯坦伊斯蘭共和國，處於蘇聯[8]和英帝國主義夾縫中，後來失敗了。總統霍加尼亞孜·阿吉，在蘇聯的威脅利誘下，不得不和盛世才妥協，因而到烏魯木齊，擔任省政府保安部隊副司令。共和國總理，也是共和國的設計師，維吾爾現代民族國家的奠基者、國父：阿卜杜巴克·薩比特·大毛拉·阿吉，卻極其悲劇性的，在蘇聯要脅下，被霍加尼亞孜·阿吉的士兵抓

---

8 此時，原俄羅斯帝國的沙皇政府，早已於1917年2月被推翻，及至1922年12月，蘇聯政府成立。

捕，送交盛世才，最後，死於盛世才監獄。

而霍加尼亞孜‧阿吉也未能倖免於難，繼阿卜杜巴克‧薩比特‧大毛拉‧阿吉，也被盛世才秘密殺害。

然而，不甘屈服於異族奴役的東突厥斯坦各族人民，並未放棄其復興民族、恢復獨立的鬥爭。

遭蘇聯脅迫，非得與國民黨談判

1944年11月7日，在伊犁成立的東突厥斯坦解放組織的領導下，伊犁各族人民發起起義。很快，起義民眾在蘇聯的支持下，佔領警察局，解放了伊犁各縣。

五天後，即1944年的11月12日，也是十一年前（1933年）東突厥斯坦伊斯蘭共和國的成立日，在東突厥斯坦新興現代工商業重鎮——號稱現代東突厥斯坦民主、自由文明發源地的伊寧市，建立了東突厥斯坦共和國，也稱為東突厥斯坦第二共和國（國民黨政府和中共政權，分別稱之為「三區暴亂」和「三區革命」）。

新成立的東突厥斯坦共和國，很快成立了正式的國家軍隊——國民軍。並在總統、大元帥伊力汗‧圖熱的命令下，兵分三路，向阿勒泰、烏魯木齊、阿克蘇進軍。

北路國民軍，在達列里汗‧蘇古爾巴耶夫的領導下，先是解放了塔城，然後在阿勒泰哈薩克民族英雄烏斯滿巴圖爾的配合下，一舉拿下了托里、福海等各縣城。

中路國民軍，在祖龍泰耶夫等的領導下，一路勢如破竹，解

放了精河、烏蘇、沙灣，直抵瑪納斯河畔，與國民黨軍隊隔河相望。各族將士們急切期盼，能揮旗進入烏魯木齊，解放吐魯番、哈密，直達星星峽。

南路國民軍，在柯優木伯克·霍加、阿不都克里木·阿巴索夫，蘇帕阿訇等人的領導下，翻越冰達阪，浴血奮戰，拿下了拜城、溫宿等，只待命令拿下阿克蘇，直搗喀什噶爾。

然而，事與願違，東突厥斯坦共和國的領導人，在蘇聯脅迫下，不得不和國民黨談判。東突厥斯坦共和國談判代表，阿合買提江·卡斯木、萊赫木江·薩比爾阿吉、烏布力海日·圖熱，放下身段，以起義地方民眾代表的身份，和作為國民黨中央政府談判代表的張治中，經過幾輪的唇槍舌戰，最終雙方簽署了實現和解的十一項和平條款。

冷戰格局改變了東突厥斯坦命運

東突厥斯坦共和國的領導人，儘管與國民黨簽訂和平條款，條款上卻沒有「東突厥斯坦共和國」的名字。但在伊犁阿勒泰、塔爾巴哈台的三區，東突厥斯坦共和國的獨立，以及象徵其獨立的星月藍旗，實際上一直存在，直到1949年共產黨佔領東突厥斯坦為止。

國際局勢，風雲變幻。強權大國，博弈思維。共產主義、法西斯－納粹主義等，極端主義思潮的興起和氾濫；馬克思主義，在列寧帶領下，在蘇聯大勝利。繼而二次世界大戰爆發及其勝利，中共在蘇聯的援助下，奪取中國政權。及至美蘇兩大陣營，

冷戰格局的形成，永遠改變了世界的局勢，也改變了東突厥斯坦各民族人民的命運。

二戰勝利之後，蘇聯為了獲得東北權益，並贏得中國政府對蒙古獨立的承認，史達林背信棄義，將東突厥斯坦共和國，作為交換利益，出賣給了國共兩黨政府，使得東突厥斯坦獨立自由事業，功虧一簣，也使中共得以幾乎不費一槍一彈，就佔領東突厥斯坦。東突厥斯坦，進入到了歷史上最為黑暗的民族生死存亡之危機。

1955年10月，中共為了掩人耳目，欺騙被占領土上的各民族人民，不顧曾經浴血奮戰，參加東突厥斯坦共和國獨立運動之民族領導，及將領們的強烈反對，在東突厥斯坦成立，包含有自滿清帝國以來，歧視性之殖民名稱「新疆」的，所謂「新疆維吾爾自治區」。

中共政權自佔領東突厥斯坦以來，繼續中原殖民政權，一貫的血腥鎮壓，經濟掠奪、文化侵蝕、閉關鎖國等，全方位控制東突厥斯坦之愚民政策至今。

自佔領日起，東突厥斯坦，不僅成為中國軍隊的核子試驗場、生化武器實驗場，而且還成為中國軍警一體的殖民工具——兵團的大本營。中共對各民族，勇於反抗的仁人志士之血腥鎮壓，也從未停止過。東突厥斯坦各地，佈滿了星羅棋佈的、陰森恐怖的勞改營、集中營和監獄。

現在，東突厥斯坦，又成了現代監控技術的新試驗場，被自由世界媒體稱為是「歐威爾式」員警治國區。

中國打壓維吾爾，生存已成問題

由於中原殖民政權，為長期霸佔東突厥斯坦，而始終一貫實施的、鼓勵漢人大量移民東突厥斯坦的政策使然，東突厥斯坦的漢人人口從1949年的不足5%，急劇增加到現在的40%多，占東突厥斯坦近二千萬總人口的八百多萬。

如同圖伯特之情形，東突厥斯坦的維吾爾、哈薩克等突厥民族，在中國政府宣導，漢人大規模移民東突厥斯坦的政策影響下，當地土著各族群被嚴重稀釋。再加上中國政府對任何政治異議的殘酷鎮壓，東突厥斯坦各突厥民族之文化、信仰、傳統，已處於岌岌可危的情勢，甚至連民族生存，都已成問題。

自東突厥斯坦傳出來的各類新聞報導揭示，無端抓捕、酷刑折磨、強制關押、強制失蹤、強制勞動、拘押死亡等，一系列嚴重侵犯人權的現象，有增無減，甚至達到了氾濫成災之程度。

除了極特別的一些特定人群之外，可以說，維吾爾人，是中國境內唯一持續遭受大規模政治處決、大規模拘押失蹤，和最殘酷的宗教迫害、最極端的民族壓迫之族群。

維吾爾人的清真寺，被隨意關閉、拆毀。維吾爾語言，不僅被禁止在學校使用，甚至被禁止在公共場所使用。維吾爾人還繼續大規模地，被強制進行沒有報酬、或低報酬的各類重體力勞動、基礎設施義務勞動，修建從東突厥斯坦往中國輸送的，各種原料的油氣管道，以及以剩餘勞動力轉移為名的，血汗工廠長時間、低報酬的勞務。

我們說，東突厥斯坦自被中共侵佔以來，已陷入歷史上最黑暗的時期，應該是一點都不誇張。不僅維吾爾人的生存權利，受到嚴重的威脅，而且其他突厥民族，也都面臨種族滅絕的考驗。中共政府，為實現其對東突厥斯坦的永久霸佔，用盡各種最邪惡的手段，來鎮壓維吾爾及其他當地民族。

　　維吾爾人的自由、尊嚴，受到中共史無前例的、慘無人道的鎮壓迫害；維吾爾人的身份、文化、信仰和傳統，受到中共系統性的摧殘和野蠻排斥。是可忍，孰不可忍，維吾爾人和其他各被壓迫民族一起，在世界維吾爾代表大會領導下，聯合包括香港、台灣、圖伯特、地下教會、良心律師等，在海外共同發起爭取民主、自由的抗爭運動，堅決拒絕屈服於中共的奴役統治。大家高舉先輩留下的自由、獨立、民主之火炬，與專制暴政，展開了不屈不撓的鬥爭。

35 ‖ 如果維吾爾語消失
——將是人類的悲劇！

母語遭蹂躪，如同母親受迫害

自2017年9月份開始，中共政權無視無數維吾爾人、中外學者、人權人士的強烈反對，最終還是把維吾爾語，強行擠出了維吾爾自治區的教育系統！

維吾爾語，一個源於茫茫戈壁、巍巍群山，綿延、馳騁千里綠洲的語言；一個發展了幾千年，存在了幾千年，曾經爲突厥－伊斯蘭及人類文明做出過極大貢獻，使中亞文明得以傳承至今、持續存在幾千年的古老語言，即將告別人類文明，退出人類歷史的舞台，進入幽暗的博物館，成爲未來學者們探究、猜測的對象！

我，一個維吾爾人，一個熱愛自己民族文化、信仰、傳統的維吾爾知識份子，眼睜睜地看著自己的母語——在母親懷抱中學會的語言，被他人蹂躪、埋葬，我慨歎自己的無能爲力，不能力挽狂瀾，無法拯救自己瀕臨滅亡的母語。

我懊悔自己生不逢時，不能如上世紀初那個年代，還能扛槍上山打遊擊，爲母語開闢一片新天地。我憤恨那些拱手喪失了東

突厥斯坦獨立、自由的父輩們，他們的愚昧和無能，使我們及我們的文化、信仰、語言被踐踏蹂躪；我更憤怒那些斷了脊梁骨的維吾爾官僚、御用學者，他們助紂為虐的無恥與卑鄙。

這世界上，沒有比看著自己的母語遭到蹂躪、踐踏，而無法施援手，更讓人難於忍受的痛苦與無奈！母語遭到蹂躪、踐踏，就如同母親受到歧視、迫害，也等同於那夢醒淚沾裳、日思夜想之生我養我的古國家園，淪為廢墟一般！

維吾爾人，無論是在自治區境內的，還是流落世界各地的，都憂心忡忡、心急如焚，不知道能做什麼，該幹什麼。個人、組織，網站上，聚會上，都在談論維吾爾人自上世紀被滿清佔領以來至今，維吾爾民族第一次面臨的最大生存危機——語言生存危機！

維吾爾語詩歌優雅，文學細膩

我也不例外，自從看到、聽到自治區的教育系統，不再使用維吾爾語的那一刻起，我每天寢食不安、心神不寧。我滿腦子都是維吾爾語危機，我能做什麼，我該做什麼？

我出生在伊犁，一個清一色維吾爾人的山村。我在爺爺、奶奶的懷抱中，學會了維吾爾母語的第一個單詞。在純維吾爾語的環境下，我還特別幸運地，上過三年維吾爾語小學。這一切，使得我這個後來的「民考漢[1]」，能夠在任何時刻、任何地方，都

1　**民考漢**：非漢民族，但自小受完全的漢語教育，而不是本民族語言的教育；在此，特指自小上漢語學校的維吾爾人。

可以流利自如地運用維吾爾語，進行讀、寫、說、唱。

伊犁，不僅是近代維吾爾啓蒙運動的發源地之一，也是近代維吾爾文化藝術、政治、經濟、工業及軍事的發展重鎮。那裡，不僅集聚了維吾爾近代政治、經濟、工業的知名人物，也聚集了近代維吾爾文化、藝術的名人學士。

也因此，伊犁不僅成爲「近代維吾爾語」快速適應現代文明，得以發展，引領維吾爾人進入現代文明之策源地之一，也使我這個有幸出生於伊犁的維吾爾人，得以在伊犁，完成我的維吾爾語啓蒙教育，成爲一個具備完整維吾爾身份、憂國憂民的維吾爾知識份子。

維吾爾語，如同世界上其他成千上萬種的語言一樣，是一個極爲豐富、深奧，能夠適應現代科學技術發展，而且極具發展潛力的語言！作爲突厥大家庭最古老語言，維吾爾語，曾經爲現代突厥語系國家的語言發展，做出過無可估量的貢獻。土耳其建國後，在其純化其語言運動中，以Uygar[2]替代「civilization（文明的）」，就是對維吾爾人（Uygur[3]）以維吾爾語創造輝煌文明的認可！

維吾爾語的豐富、深奧，不僅體現在其對豐富多彩大自然的貼切表述上，而且還淋漓盡致地體現在維吾爾語詩歌的優雅，維吾爾文學的細膩；維吾爾笑話、幽默的嬉笑怒罵，維吾爾諺語、

2　Uygar 即土耳其文的「文明」之意。
3　Uygur即土耳其文的「維吾爾族」之意。

箴言警句的簡潔深刻。

維吾爾雙關語，又好笑又好氣

以對和人類朝夕相處動物的表述為例，如對馬、牛、雞的表述，就可證實維吾爾語之豐富多彩。馬，在維吾爾語中，可以概述為一個單音節的「At（馬）」，還可以細分為：Taichaq（小馬駒）、Baital（母馬）、Arghimaq（馬駒）、Tulpar（飛馬、駿馬）。

牛，可以概述為雙音節的「Kala（牛）」，還可以細分為：Buqa（公牛）、Inek（母牛）、Mozay（小牛）、Topaq（壯牛）、Okuz（閹牛）。

雞，可以概述為雙音節的「Toho（雞）」，還可以細分為：Horaz（公雞）、Mekyan（母雞）、Chuje（小雞）。

作為名詞的At（馬），還可以做動詞 At（擊打、射擊）使用。這些語法，只有生長在維吾爾語環境中、且受過維吾爾語基本教育的人才能搞清楚、弄明白！

維吾爾語的深奧，尤其表現在其雙關語意的隨環境、語氣之變化上。長期存在於伊犁民間的「Chahchaq（類似於單人相聲、或西方的脫口秀）」，Letipe（笑話），就是說話者充分利用維吾爾語的雙關語意，使聽眾捧腹大笑。

我舉一例說明。一個菸鬼，忘了帶菸。他問路邊一位正在吸菸的老人，「能給點莫合菸[4]嗎？」老人從菸袋裡抓了一把。菸鬼問，「能給點捲菸紙嗎？」老人給了點紙。菸鬼又問，「能借

個火嗎？」老人回問：「你還想要點飯嗎？」我的漢語翻譯文，無法保證維吾爾語的原味，使人無法立即笑出聲。但講維吾爾語，聽眾聽完之後，立馬就是哄堂大笑！

維吾爾諺語「一塊兒石頭打兩布穀鳥」、「玩火將燒傷自己的手」，和漢語的「一石兩鳥」、「玩火者必自焚」，有異曲同工之妙！排除譯文的贅述，維吾爾語在表述上，和漢語不相上下。

將維吾爾語雙關語的使用，昇華至精緻境界的，是維吾爾文明的發源地、被稱為王城的喀什噶爾維吾爾人。維吾爾人常常說，喀什噶爾維吾爾人的雙關語，不僅能笑死人，也能氣死人！

中共刻意消滅維吾爾語的教育

我小時候，聽一些維吾爾人說，當中國四大古典名著之一的《紅樓夢》，被譯成維吾爾語之後，讀了維吾爾語《紅樓夢》的人，即便是懂漢語，也不再想讀中文版《紅樓夢》了！因為譯者使用維吾爾語的優雅、細膩、深奧，使得《紅樓夢》故事情節、語言對話、詩文對聯，就如同一個維吾爾作家，以自己的母語書寫的那樣娓娓道來！

但就這麼一個美麗優雅、細膩簡練，且豐富多彩的語言，一個為中亞及世界文明有著極大貢獻的語言學家——馬赫穆德·

4　**莫合菸**：維吾爾人手工製作的散菸，需要自己去用紙捲起來點燃才能吸。

喀什噶里（Mahmut Qeshqiri）之《突厥語大辭典》，玉速甫‧哈斯哈吉普（Yusup Has-Hajip）之《福樂智慧》，以及舉世無雙的《木卡姆》等，閃耀著人類聰明智慧的美麗語言，一個將近兩千多萬人口之民族使用至今的語言——維吾爾語，卻因為獨裁者處於同化、奴役維吾爾人之邪惡目的，而以維吾爾語落後，不適應於現代科學技術為藉口，迫使維吾爾語退出人類文明的歷史舞台，何其不幸。

反觀，和維吾爾人在語言上幾無差別的烏茲別克斯坦等，因擁有自己的國家，而使其語言蓬勃發展至今。

這不僅僅是維吾爾人的悲劇、維吾爾人的痛失，更應該是人類的悲劇、人類的痛失。人類花費大量精力，解密消失民族語言文字的同時，竟還在重複歷史的慘痛教訓，人為惡意地消滅已經持續存在發展了幾千年的維吾爾語！

今日，有一些組織及個人，正竭盡人力、財力、物力，企圖復興失去的「滿語」，同時，卻還有人要一意孤行，消滅將近兩千萬維吾爾人正在使用的語言，他們的居心何在？良心何在？拯救維吾爾語，不僅僅應該是維吾爾人的良心、責任心呼籲，而且也應該是每一個現代人的良心、責任心呼籲，也包括中國有良心、責任心漢人仁人志士的呼籲！

（本文發表於 2017 年 9 月 29 日自由亞洲電台網站）

36 ▎維吾爾人站起來，發出你的怒吼！

株連九族是中國統治者一貫的做法

近幾個月來，美國各大媒體，如《華爾街日報》、《美聯社》、《紐約時報》、《外交政策》等，一個接著一個，報導了有關海外維吾爾人被中共騷擾、施壓的情況。

從各個真名實姓、或匿名陳述者的報導來看，情況極其嚴重。海外維吾爾人，他們在國內的親人，已被中共當局當作人質。中共對海外維吾爾人在國內的親人，以拘押、抓捕，甚至判刑入獄之極端恐怖主義的做法，施壓海外維吾爾人，企圖使海外維吾爾人膽怯、退讓，甚至投降，在海外做中共外宣之幫兇，甘當中共奴才！

實際上，中共這種做法其實也並不新鮮，也不是昨天或前天才開始的做法。很多東突厥斯坦復國運動的海外重要人物，各國維吾爾人權運動的先鋒，他們的親人早已經被抓的抓、判的判。這些海外維吾爾人和國內親人失去聯絡、聯繫的時間，已經很長了。

「株連九族」是中國統治者一貫的做法，中國共產黨也不例

外。共產黨自建立以來，清洗運動不斷。以毛澤東為首的共產黨，自竊取中國統治權以來，更是以各種名目的運動，對處於其統治的老百姓輪番進行鎮壓。尤其是，由毛澤東一手發動的所謂的「文化大革命」，以及其前後的鎮反、反右、反地方民族主義等運動。

在東突厥斯坦，中國共產黨針對的，就是那些在歷史上，參加過東突厥斯坦各突厥民族復興運動的宣導者，以及兩次東突厥斯坦獨立建國運動的先鋒。

凡是宣導東突厥斯坦獨立，宣導民族復興，宣導民族文化、身份、信仰，宣導民族平等的愛國者；無論其來自何民族，無論其為維吾爾、哈薩克、烏茲別克，還是蒙古、錫伯、回，都被中共政權當作了敵人，被中共在歷次運動中，整得他們家破人亡、妻離子散！

越膽怯恐懼，中共就越會步步緊逼

現在，這種綁架國內家人做人質，施壓海外親人就範的恐怖主義做法，被習近平政權更赤裸裸、更明目張膽地使用到每一個海外維吾爾人，圖伯特人，漢民主、民運人士身上。無論他們是宣導獨立的，還是宣導民族復興的，宣導人權的，還是宣導民主、平等、法治的！

甚至，那些個別的維吾爾人——那些平時遠離維吾爾社區，因懼怕中共而以自欺欺人的不參與政治為口號，躲避維吾爾人各類活動，包括純娛樂性活動的維吾爾人；那些只顧低頭掙錢，不

管他人生死，等待時機準備衣錦還鄉，光宗耀祖的維吾爾人——這次他們居然也成為中共打壓的目標，無法倖免於難。中共也藉著他們在國內的父母親人，來打壓他們。

但令人驚訝的是，當中共以極端的恐怖主義，來鎮壓全體維吾爾民族，遂行其民族清洗之政策、做法，並宣示維吾爾民族為中國之敵人，在這種時刻，這種維吾爾民族之生存處於極其危難的時刻，居然，還有一些維吾爾人，還繼續猶豫、膽怯、退讓、觀望；仍然，還有一些維吾爾人，極其幼稚地對中共抱著希望。

中國有句俗話，說的是：「人找老實的欺，雞蛋找軟的捏」。越是猶豫、軟弱、退讓，越是害怕、膽怯、恐懼，中共就越會步步緊逼、得寸進尺。害怕者、甘願受辱者，他們在祖國的親人，就更易被中共認為是有用的人質；中共更會任意拿捏、欺辱其在國內的親人，以便從海外的這些膽小鬼們，得到更多的情報，更進一步強化對海外維吾爾人的控制。

我以為，現在是不僅是我們整個東突厥斯坦的各民族，聯合起來的時刻已經來臨，而且整個海外宣導民主、自由、平等的，反對獨裁、專制的各派、各民族團結起來，共同對付敵人的時刻已經來臨。我們海外各派、各民族，必須不懼強權，不畏邪惡，堅決地向中共恐怖主義的極權統治說不，以大無畏的勇敢精神，斬斷中共伸向海外的邪惡之手，與習近平為首的獨裁政權之恐怖主義的做法，做堅決的鬥爭，絕不妥協。和中共做最後鬥爭的時刻已經來臨，這不是我們的選擇，而是中共獨裁政權，將我們都大家逼上了梁山！

再不站出來，以後可能沒有機會了

　　害怕強權、畏懼邪惡，向綁架我們親人的中共恐怖主義低頭，與習近平獨裁政權妥協，只能把我們引向泯滅人性、失去人格尊嚴的萬丈深淵，使我們更加膽小如鼠、是非不分，成為邪惡中共的幫兇、奴才，使我們儘管生活在自由的文明世界，靈魂卻在獨裁者的奴役下呻吟、掙扎，良心在強權踐踏中變態、墮落！

　　那些只顧自己個人利益的維吾爾人、圖伯特人、漢人，請不要再沉默，不要再躲避，不要再昧著良心，甘心墮落、助紂為虐。站起來！勇敢地面對中共恐怖主義，面對中共邪惡極權，面對習近平獨裁！勇敢地面對那些綁架我們的親人，以我們的親人做人質，威脅我們的自由、威脅良知的黑暗惡勢力，發出怒吼，加入抗爭運動！

　　維吾爾人、圖伯特人、漢人，不要再害怕，不要再畏懼，不要再退讓、猶豫！實際上，獨裁者的膽子最小，極權政府最不穩定，作惡者心最虛。獨裁者、極權政府、作惡者，最害怕的是民眾，害怕的是民眾的團結一心，走上街頭，參加遊行，要求自由、民主與平等。

　　4月27日全世界的維吾爾人，即將彙聚比利時布魯塞爾歐盟議會前，舉行五千人大遊行。這是海外維吾爾人，繼3月15日全世界的維吾爾婦女，以「同一個步伐，共同的呼聲」為口號發起大遊行之後，再一次，為顯示維吾爾民族之團結，顯示海外維吾爾人，為拯救危難中之東突厥斯坦父母鄉鄰，及各民族同胞之決

心。同時，也應該是海外各派、各民族，顯示其勇於放棄爭論，走在一起；以敢於犧牲一切之精神，獻身自由、民主與平等的時刻！

請站出來！維吾爾人、圖伯特人、漢人，發出怒吼，向極權恐怖主義，說不！向有辱人類良心、尊嚴之中共伸向海外的黑手，說不！

覆巢之下無完卵，再不站出來，可能再沒有機會站起來了！

（本文發表於 2018 年 4 月 10 日博訊新聞網）

37 ‖ 現代維吾爾民族名稱復興之簡述

中國故意虛構維吾爾的民族敘述

有關維吾爾人的身份、歷史問題，本已塵埃落定。但近幾十年來，東突厥斯坦民族矛盾的現象日趨激化，以及維吾爾人權問題的國際化，這個問題又被一些人翻出來做文章。其中，不斷被人翻來覆去，而且毫無事實根據所提出的問題是：現代維吾爾人，是否為古維吾爾人的後代？

一些中國學者，包括一些維吾爾人，以中文和英文為主要使用工具，也都因這一疑問，而掉進了陷阱，無法自拔。這些陷阱，正是中國御用學者們精心設計的，他們企圖對維吾爾民族復興運動釜底抽薪，虛構維吾爾的民族敘述。

這些人津津樂道，俄國十月革命後，中亞民族識別運動，於1921年的塔什干會議——《喀什噶爾人及準噶爾工人代表大會》之後，在史達林指導下，與會者決定東突厥斯坦主體民族之名稱為維吾爾（Uyghur）。然後，於1934年，中國軍閥盛世才因其親蘇政策，引用蘇俄民族識別結果，確認東突厥斯坦主體人口為維吾爾民族。

這些人強調引用的另一個證據是，十九世紀初，一個到過東突厥斯坦的韃靼旅行者，他所撰寫的遊記中的一段對話（意譯）：

旅行者在庫車[1]街頭問一個當地人：你的民族身份是什麼？
回答：穆斯林。
繼續問：我不是在問你的宗教信仰，而是在問你的民族身份？
回答：啊，我是喀什噶爾人。
再問：我沒有問你的祖籍出生地，而是在問你的民族身份？
回答：我是「纏頭[2]」。

根據這些人的觀點，維吾爾民族是蘇聯社會主義的產物，是近代蘇聯社會民族主義虛構的民族敘述，維吾爾民族的名稱，是他人強加給維吾爾人的，維吾爾人是被動接受這一名稱的。他們的結論是，現代維吾爾人和古代維吾爾人，基本上沒有關係，或關係模糊。

1　庫車，東突厥斯坦南部一大城市名，維吾爾語Kuchar。古絲綢之路上的龜茲。
2　**纏頭**：過去，有一部分的維吾爾人，根據伊斯蘭傳統的習慣，用白紗布裹頭。因而被漢人用來稱呼維吾爾人，帶有鄙視意味。

東突厥斯坦信仰伊斯蘭教的歷史

要在一篇短文中，敘述一個民族的形成歷史和其復興運動史，不是一件很容易的事。但考慮到現代大眾的閱讀習慣，我不得不知難而「進」，以精煉的概述來指點迷津。

維吾爾民族自形成以來，至八世紀中葉，在烏爾渾河，建立回鶻帝國的歷史，基本上沒有什麼大的爭議。九世紀中葉，回鶻帝國被黠戛斯擊敗後，除了一支向南遷移後，湮沒在歷史的滾滾洪流之外，向西遷移的兩支，分別建立以現今吐魯番為中心的西州回鶻汗國、和以八剌沙袞為都的喀喇汗王國。維吾爾民族對這段歷史，也沒有太多的爭議。

爭議始於，西遷回鶻[3]進入東突厥斯坦之後，東突厥斯坦兩個由回鶻建立的汗國——喀喇汗王國和西州回鶻政權，先後經歷伊斯蘭教征服之後的歷史。

伊斯蘭教，是在伊斯蘭黃金時代的阿拔斯時期，進入東突厥斯坦的。儘管當時已是阿拔斯朝的末期，但強勢的伊斯蘭文化，還是席捲了整個被征服的地區。

喀喇汗王朝改信伊斯蘭教之後，為了對付和田和西州回鶻等異教兄弟，在對西部伊斯蘭世界開放的同時，不得不依靠大量的波斯、阿拉伯外來者進行征戰。這些外來者，帶來強勢的伊斯蘭－阿拉伯－波斯文化，回鶻的文字、文化，和傳統，很快就被伊

3　此處指的是，自烏爾渾河向西遷徙的回鶻

斯蘭的文化湮沒了。

接著是成吉思汗蒙古人的征服，包括西州回鶻在內的整個東突厥斯坦，都成爲成吉思汗之子察合台的領地。察合台的後裔大約在十六世紀初，完成了喀喇汗王朝使整個東突厥斯坦伊斯蘭化的未竟事業，使伊斯蘭教成爲東突厥斯坦主要信仰。

澳洲學者著書，詳述維吾爾民族

再後來，伴隨絲綢之路的衰落，以及伊斯蘭教派分化、蘇菲派托缽僧棄世觀[4]之氾濫，整個伊斯蘭世界，乃至於整個中亞、東突厥斯坦等，都不僅在文化、經濟、政治等各方面，都停滯不前，而且整個中亞各突厥民族，包括維吾爾人，也進入一種「以各自綠洲爲單位，相互隔離、自以爲是、不求進取的愚昧落後」的狀態。

因爲這種分化狀態，當時的維吾爾人，逐漸開始以穆斯林的身份認同、或綠洲身份認同，替代其民族身份認同，就如同當時的漢人，以大清子民認同自己身份一樣！

但並不是每一個生活在東突厥斯坦的維吾爾人，都忘記了自

---

4 蘇菲派是伊斯蘭教中一個強調精神修煉的派別。但後來蘇菲派經過多次分化後，在中亞產生了一些觀念，宣揚放棄這個世界，認爲這個世界只是人生一客棧，生活只求有飯吃，有布可以遮體。因而，要求信徒，全身心投入精神修煉，生活全靠他人施捨過日子。這些托缽僧，白天轉悠（到處轉）討飯，晚上在聖徒墳地誦經祈禱。有些派別甚至使用大麻，以便在如癡如醉中接近造物主，整夜不睡覺誦經祈禱。

己的民族身份，還是有一部分人，知道自己是維吾爾人，也試圖盡力復興維吾爾民族的身份！

　　澳洲學者David Brophy，鑽研維吾爾社會與政治史。他在2016年出版《Uyghur Nation: Reform and Revolution on the Russia-China Frontier》一書，中文譯爲：《維吾爾民族：俄中邊疆的改革與革命》。該書大量引用原始資料，證明維吾爾人身份在東突厥斯坦並沒有完全消失。該書27頁，作者引用十九世紀初，伊朗派往希瓦汗國（Khiva）使者Riza Quli Khan的遊記：「喀什噶

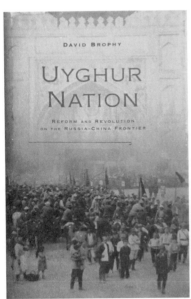

澳洲學者David Brophy 於2016年出版的《Uyghur Nation: Reform and Revolution on the Russia-China Frontier》。

維吾爾文版的《Uyghur Nation: Reform and Revolution on the Russia-China Frontier》

爾，是突厥斯坦維吾爾人的國家排名第六的名城，也是該區域的都城。」

滿清於1779年，在鎮壓布林哈尼敦（Burhanuddin）和霍家加汗（Hkoja Jahan）（張格爾）起義之後，在其地方誌中，以「回鶻首長」指稱上述兩位維吾爾志士的記載（33頁）。David Brophy在書中也引用了這段文字。

1890年代，新疆巡撫陶模諮詢哈密王族譜的資料：「我的族譜，上溯至白帽穆斯林，主要源自回鶻和穆斯林。」（38頁）David Brophy引用這段文字。

上述歷史資料證明，不僅東突厥斯坦的維吾爾人，沒有完全忘記自己的民族身份，而且外來者也沒有忽視維吾爾人之原始民族身份。

俄國革命前，各突厥民族已覺醒

進入近代，在俄國革命前，包括東突厥斯坦在內的中亞各突厥民族開始覺醒。興辦新式學校、興辦實業等，都是民族覺醒的象徵！同時，來自歐洲的民族主義星火，也開始在中亞（包括東突厥斯坦在內）燎原。

伊斯梅爾·加斯普林斯基（Ismayil Ghaspirinsiki）倡議的新式學校，在中亞（同上）各地，如雨後春筍般的開辦。《翻譯》雜誌的廣泛傳播，不僅促成中亞各突厥民族的文化復興，同時知識份子也開始在民族主義的道路上尋根！

東突厥斯坦維吾爾人的尋根，則始於俄羅斯控制下的七河流

域[5]。以阿拉木圖[6]、耶爾凱提[7]為中心的一批維吾爾知識份子，發現了自己的維吾爾根。當然，尋根過程中，這些維吾爾知識份子也利用俄羅斯、及其他歐洲東方學家的研究結果。

這些維吾爾知識份子中，最早（大約在1914年）恢復使用維吾爾之稱的是納縶爾霍家・阿卜杜賽麥托夫（Nazerghoja Abdulsamatup）。他自豪地以「維吾爾之子（Uyghur Oghli）」作為其筆名！接著是阿不都拉・茹孜巴克尤夫（Abdullah Rozi Baqiyuf）。

而且，很快在這些維吾爾菁英的運作下，1918年2月，在阿拉木圖成立了第一個以「維吾爾」命名的俱樂部。當時的俄國還在忙於恐怖「革命」、以鎮壓鞏固政權，根本無暇顧及中亞，更無法侈談什麼識別維吾爾民族！

David Brophy在其《維吾爾民族：俄中邊疆的改革與革命》一書中，引用了同一時期在塔什干出版的《維吾爾青年》雜誌，及該雜誌於1922年8月版發表的、在塔什干學習的青年學生阿布杜勒海・默罕默德（Abdulhayy Muhammadi）的詩〈我的青春之

5　**七河流域**：中亞歷史地名。指現在哈薩克斯坦境內流入巴爾喀什湖七條河流域周邊地區；範圍包括現在哈國大阿拉木圖地區。

6　**阿拉木圖**：哈薩克斯坦一個地區之名，也是阿拉木圖地區中心城市名，哈薩克斯坦前首都，與東突厥斯坦的伊犂為近鄰。因而，既是中亞維吾爾人一大聚居地區，也是西突厥斯坦維吾爾近代思想的發酵、傳播之中心之一。

7　**耶爾凱提**：哈薩克斯坦一地名，主要人口為維吾爾人。長期以來，是西突厥斯坦維吾爾人聚居區。

心〉。詩中寫道：「我的心在為祖國維吾爾斯坦鼓與呼，但他卻無法衝破狹小的牢籠高飛。」

維吾爾前輩，開闢民族復興之路

限於篇幅，有上述引用不完的資料可以肯定，維吾爾民族名稱的復興，絕對是始自於維吾爾人。這是一個不爭的、鐵的事實！

確認維吾爾民族名稱的復興，是始自維吾爾知識份子這一鐵的事實之後，對於盛世才在1934年，以官方檔方式，確認東突厥斯坦維吾爾人族名之中文表述，就只是確認一個存在的事實而已，不值得我浪費筆墨，去一一指證是哪一個維吾爾知識份子上書盛世才，要求政府確認維吾爾人身份這一事實。

下面，我還是以引用兩段David Brophy在其《維吾爾民族：俄中邊疆的改革與革命》一書，所做出的「有關維吾爾民族名稱復興過程」之結論，來結束我的這篇文章：

> 「無論在哪一種情況，都不能說是俄國官方為（維吾爾人）的民族構建給予了支援，更遑論是俄國「製造」了維吾爾民族。相反地，被蘇俄屠殺或送進牢獄的喀什噶爾人，曾經是布爾什維克民族解放口號的堅信者。」

> 「如果認定在二十世紀維吾爾人歷史中鮮有成功，但始自1920年代每一個塔蘭奇（人）、喀什噶爾（人）、甚

至吐魯番、莎車以及全新疆綠洲居民，都認定自己爲一個共同（維吾爾人）的民族構建，則是一個成功。」

我以爲，這是一個輝煌的成功！我們應該感謝那些前輩，爲維吾爾民族披荊斬棘開闢民族復興之路，而不是否定前輩的努力，誇大帝國主義者的作用！

（本文發表於 2018 年 5 月 31 日自由亞洲電台）

38 ‖ 美國終於站出來了

美國首府華盛頓的維吾爾人權週

上一周，稱為美國首都華盛頓的「維吾爾人週」，或者「維吾爾人權週」，應該不算誇張。

自星期一開始，有關維吾爾人，有關東突厥斯坦「再教育集中營」，有關維吾爾人在中共暴政下，文化、宗教、民族身份生死存亡危機的問題，幾乎成了美國政界、政府各部門、主流媒體及社交媒體的主題！

星期天，也就是2018年7月22日，大華盛頓地區的維吾爾人，先是迎來了世界維吾爾代表大會主席多力坤・艾沙先生。多力坤・艾沙是受邀美國共產主義受難者基金會，來參加在美國國會前草坪舉辦的、由眾多非政府組織參與、美國參眾兩院人士出席的、抗議共產主義暴政肆意踐踏宗教自由活動的。

華盛頓的維吾爾人權周，首先於2018年7月23日星期一中午，在美國參議院大樓舉辦研討會，以宗教迫害為題，眾多人權組織及參眾兩院的重量級人士出席。另有多力坤・艾沙參加的共產主義受難者基金會午餐交流。這兩個重要活動，在華盛頓首府

兩地同時拉開序幕。

在參議院舉行的會議上，世界維吾爾代表大會法律事務顧問Nury Turkel先生以書面發言形式，介紹東突厥斯坦維吾爾人被關押在集中營的惡劣處境，和維吾爾人面臨的生死存亡危機。

在共產主義受難者基金會的午餐會上，多力坤・艾沙先生以自己親人、十多年未見的母親，在「再教育集中營」去世，及一個多月後才得到母親去世的消息；而且更令人痛苦的是，在這種最需要親人相互安慰的時候，卻無法和父親及其他親人通話的淒涼遭遇。他指出，不僅是東突厥斯坦的維吾爾人，而且海外的每一個維吾爾人，也都面臨撕心裂肺的生離死別。

維吾爾人遭到中共強制洗腦迫害

緊接著，當天下午，在國會山莊前的草坪上，由共產主義受難者基金會舉辦的會議，有十幾個非政府人權組織參加、參眾兩院政治人物出席，抗議共產暴政迫害宗教自由。會上，多力坤艾沙做了長篇書面發言。多力坤・艾沙及其他世維會成員，在會議結束時，還和出席會議發表演講的參議員Ted Cruz進行初步接觸。

第二天，7月24日，星期二，世界維吾爾代表大會主席多力坤・艾沙，與美國前總統競選人、反共重量級參議員Ted Cruz進行會晤，並向參議員介紹維吾爾人面臨的人權災難、困境，以及世界維吾爾代表大會的基本情況及其工作。

7月25日，星期三，另一場規模更大的會議，「部長級促進

世界宗教自由」，由美國國務院發起，自7月24日至26日為期三天，由國務卿Mike Pompeo主持，副總統Mike Pence出席致詞。會議主要聚焦於，中國各宗教信徒所面臨的極端宗教迫害。

世界維吾爾代表大會執行委員會主席、維吾爾人權項目主任烏麥爾‧卡納特，著名維吾爾現代派詩人塔依爾‧哈姆提等出席會議，並發表演講，向與會者介紹目前維吾爾人面臨的史無前例的殘酷宗教迫害。

美國副總統Mike Pence出席「部長級促進世界宗教自由」會議致詞時，特別提到，維吾爾人被無端遭抓捕關押的情況，副總統指出：「今天，中共在其所謂的『再教育集中營』，關押了成千上萬，可能上百萬的維吾爾人，一天二十四小時強迫他們接受中共洗腦，強制他們否認自己的民族和宗教身份。」

美國舉辦「維吾爾人權危機」聽證會

7月26日，星期四，與美國國務院「促進宗教自由會議」遙相呼應，於美國國會，美國參眾兩院的中國事務委員會，在參議員Marco Rubio（主張對中共強硬派）主持下，召開以「監控、迫害和大規模抓捕：新疆的人權危機」為題的聽證會。

參與作證的有：自由亞洲電台維吾爾語部記者Gulchehra Hoja；美國駐聯合國經濟和社會署代表Kelley E. Currie大使；美國商務部外交政策部門主管Anthony Christino III；中國民族問題學者Rian Thum；中國人權問題觀察者Jessica Batke。

在聽證會上參議院Marco Rubio一針見血地指出：中共政權

正在以所謂「再教育集中營」，無限期大規模抓捕關押維吾爾人，以強制改變維吾爾人的思維方式，清除維吾爾人的民族和宗教身份特徵。

　　參與作證的自由亞洲電台維吾爾語部記者Gulchehra Hoja，以自己親身經歷、疾病纏身的父母如噩夢般被抓捕關押的遭遇，講述維吾爾人被無端抓捕關押的事實，維吾爾人作為一個民族，正在面臨的民族清洗危機。

　　學者Rian Thum 在做證時指出：因為資訊的嚴格控制，儘管目前傳出的，在「再教育集中營」因濫用酷刑，而導致死亡的案例數量，不是很多，但不能排除，未來不會出現如納粹式的民族大屠殺的可能。

　　出席聽證會作證的其他人士，無論是外交官、商務部官員，還是學者、記者，都一致指出：維吾爾自治區各民族現在面臨的是，一場史無前例的、高科技全面覆蓋下的全天候監控、員警化恐怖迫害，美國作為民主、人權宣導者，必須在各種公開場合，堅定地高舉人權旗幟，強烈譴責中共對人權的惡意踐踏、對宗教信仰者的迫害，必須要求中共關閉集中營。

黑暗中的維吾爾人，看到正義的存在

　　7月27日，星期五，世界維吾爾代表大會主席多力坤・艾沙又馬不停蹄地拜訪美國政府的一些官員、美國民主基金會、共產主義受難者基金會官員、工作人員，再一次向他們講述維吾爾人的情況，並制定未來共同開展工作的一些計畫。

7月27日，星期五，美國維吾爾協會主席伊利夏提先生受邀參加一場研討會。這場研討會，是由中文網站「明鏡時報」舉辦的「中國研究院[1]」第53次研討會，主題是「警察治疆兵團南擴，新疆問題從此無解？」

　　伊利夏提用中文向與會者及觀眾，簡單介紹東突厥斯坦問題的由來、發展，及目前維吾爾人面臨的災難性局面。伊利夏提呼籲中國有正義感的良心人士站出來，和維吾爾人站在一起，共同譴責中共暴行。最後，伊利夏提指出：今天是維吾爾人在面臨中共的暴行，如果不加以阻止，如果大家不站出來進行強烈譴責的話，明天很難保證，這恐怖迫害不會降臨到每一個中國人的頭上。

　　總之，上一個星期，伴隨著美國這些政府、非政府組織舉辦的各種活動，維吾爾人的問題，幾乎成為各大報紙、電視、社交媒體的焦點問題，這讓黑暗中的維吾爾人，看到了正義的存在，看到了美國人權大國的風範！使我們海外每一個維吾爾人感到，這一周是維吾爾人權周！同時，美國再一次以宗教自由，舉起了人權大旗，站出來為被壓迫民族發聲。

（本文發表於 2018 年 7 月 31 日自由亞洲電台）

1　中國研究院（China Reserch Net）是2013年美國聯邦註冊的非牟利機構，以研討中國和世界問題為己任，並出版了多份研究報告。

39 ‖ 維吾爾自由運動和伊斯蘭教

漢人學者對伊斯蘭教信仰耿耿於懷

英國十八世紀著名文學家撒母耳‧詹森（塞繆爾‧詹森 Samuel Johnson），在回復他的朋友、他的傳記作家詹姆斯‧博斯維爾特的一封信中，這樣寫道：「是的，先生，存在著兩個值得探索的世界；一個是基督教世界，另一個是伊斯蘭世界；其它都可以被認為是蠻荒世界。」

中共將一百多萬維吾爾人，關進條件惡劣的集中營，且不斷對他們洗腦，以致酷刑折磨致死的新聞頻傳。有關這類集中營持續擴建的消息，國際各大媒體更是大量深度跟進報導。尤其是最近，聯合國官員對中國落實「消除一切形式種族歧視公約」情況質詢的實況報導，使維吾爾人問題史無前例地，又一次成為了世界各大媒體關注的焦點！

作為中國的主體民族，也是中國政府的掌權者群體、政權化身的漢人，特別是那些海內外追求民主、自由、平等的漢人，似乎也不得不關注維吾爾人問題了。儘管這些追求民主的人士們，平時都喜歡引經據典、高談闊論自由、民主、平等，然而，長期

以來，他們大多數人，對維吾爾人等的民族問題，要嘛是視而不見，要嘛是如共產黨越俎代庖，喜歡「代表」維吾爾等其他各民族，自娛自樂眞正的民族問題。

當然，我不否認，在魚龍混雜的海外民運當中，不乏關注維吾爾等民族問題的正義之士，追求平等、博愛的理想主義漢人學者。儘管他們的數量不太多，屈指可數，但他們是「關注中國民族問題而不帶偏見」的探索者。在和這些漢人民運學者長期交流過程中，我發現一個，令很多追求民主的漢人學者耿耿於懷的問題，這就是維吾爾人的伊斯蘭教信仰。

漢人學者視伊斯蘭信仰為恐怖主義

一談到維吾爾人目前面臨的民族生死存亡問題，很快就會有一些民運漢人學者，將題目巧妙地轉到維吾爾人的伊斯蘭教信仰問題，再由維吾爾人的伊斯蘭信仰轉到國際恐怖主義，然後就是順理成章地，得出和中共政權一致的結論——維吾爾人被國際極端伊斯蘭影響而「極端化」，或多或少和國際恐怖主義有聯繫。

最後，這些漢人學者，搬出中共一面之詞——有關烏魯木齊七五大屠殺的報導，作爲支援其觀點的論據，結論當然就是：維吾爾人「被關押、被清洗」是應該的。

還有一些平時思路很清醒的漢人民運學者，還根據維吾爾人的伊斯蘭教信仰，預言：維吾爾人一旦獨立建國，就一定會走瓦哈比化[1]的道路，就一定會「阿富汗化[2]」，然後就得出結論：「獨立就一定會亂、獨立就會血流成河！最好不要獨立！」。言

外之意是：各民族應該協助漢人民運，替換中共政權，並心甘情願接受這些民運大佬，施捨給各民族的大一統中國之命運！

限於篇幅，我不想討論這些民運人士瞭解多少伊斯蘭教、瓦哈比教派的問題，是否知道世界上五十多個伊斯蘭國家、十多億遜尼派、什葉派穆斯林當中，只有極少一部分，約五百萬穆斯林是屬於瓦哈比教派。而且，以瓦哈比教義作爲國家信仰的，也只有一個沙烏地阿拉伯。[12]

先姑且不論，沙烏地阿拉伯作爲瓦哈比教派的策源地、也是唯一一個瓦哈比教徒主要聚集國家，不僅其君主政體與伊斯蘭教義，瓦哈比教義根本相悖；而且，這麼一個建立在違背伊斯蘭協商制度，以瓦哈比教義爲立國之本的君主國，居然自建國迄今，還從未出現過所謂的「阿富汗化」這一現象。

未信伊斯蘭教前，維吾爾已創造文明

我在這裡聲明，是要漢人學者，瞭解伊斯蘭或者瓦哈比教

---

1 瓦哈比，人名，爲近代伊斯蘭復古運動派別發起者。後來該教派被非伊斯蘭學術研究者冠以瓦哈比派，該派自稱薩拉菲耶。瓦哈比教派興起於沙烏地阿拉伯；該教派以極端復古主義思想，要求返回伊斯蘭創世之時的狀態，實施嚴格的伊斯蘭教法，政教合一。目前，只有沙特阿拉伯王國爲伊斯蘭瓦哈比教派政教合一國家。但該派也分化爲更多小派別。阿富汗塔利班是該派在中亞的分支。瓦哈比化：接受瓦哈比教派政教合一的復古思想。

2 **阿富汗化**：如結束蘇聯佔領後的阿富汗，國家處於四分五裂，軍閥割據，戰亂不斷，民不聊生。

派。我不是要求漢人接受伊斯蘭或瓦哈比教義，我只是提醒他們在談一個問題時，最好先不帶偏見地瞭解一下該觀點，然後再以論據，褒揚其優點，批判其缺點；而不是以訛傳訛，再以訛橫加批判！

今天，我只談維吾爾人，維吾爾自由運動及其和伊斯蘭教的關係。

維吾爾人，如我以前所寫的文章所述，是一個擁有悠久的、豐富文化歷史傳統的民族。維吾爾人在歷史上曾經信仰過薩滿教、摩尼教、佛教等，到八世紀初才開始接觸伊斯蘭教，到十五世紀末才完成全民族的伊斯蘭化（裕固[3]除外）。這在中外史書中也都有記載，不再詳述。

有記載的維吾爾人，最早的獨立國家是於西元744年建立的、以鄂爾渾河（現漠北高原）窩魯朵八裡為首都的回鶻汗國，當時的維吾爾人還未信仰伊斯蘭教。約一百年後的840年，鄂爾渾回鶻汗國因內部紛爭、外敵侵入而國破，維吾爾人分三路向西遷移，先後建立了甘州（現在的甘肅為中心）回鶻政權、西州（現在的吐魯番為中心的）回鶻政權，和以現在的中亞為中心的

3　**裕固**：9世紀左右建立甘州回鶻（也稱河西回鶻）王國的維吾爾人之後裔。現在主要聚居於甘肅天水附近。維吾爾語稱其為「Seriq Uyghur」（音譯：撒利維吾爾、意譯：黃色維吾爾）。共產黨統治後，為與維吾爾人區別，硬是製造了個民族名「裕固族」，但維吾爾語還是Uyghur。裕固人還繼續保留了其佛教信仰，語言保留了很多古維吾爾（突厥）語成分。

喀喇汗王朝，維吾爾人在建立這些國家的時候，仍然未信仰伊斯蘭教。

維吾爾人建立的這些國家，先後存在了幾百年，為豐富多彩、絢麗輝煌的中亞文明，做出巨大的貢獻！維吾爾人建立的鄂爾渾回鶻汗國，還曾幫助唐朝平定「安史之亂」。也就是說，在伊斯蘭教傳入維吾爾－突厥民族之前，維吾爾人的先輩就靠其領袖的英勇及其智慧，通過浴血奮戰，建立過龐大的帝國，管理過國家，創造過文明。

雖被征服，維吾爾以文化影響征服者

維吾爾人建立國家當中，最早接觸伊斯蘭教的是喀喇汗王朝。伊斯蘭教變成喀喇汗汗國的國教，是在薩圖克·柏格拉汗奪取王權的十世紀中葉。薩圖克·柏格拉汗以新改宗的伊斯蘭教，為其精神武器，向其叔父奪回了汗國的王權；然後，繼續以伊斯蘭教為武器，開始了向東、向南的汗國的開疆拓土擴張事業。

縱觀人類歷史，我們應該可以很容易的得出這樣的一個結論：任何掌權者，無論其是過去的封建王朝皇帝、國王還是現代的獨裁者，都喜歡在掌權初期進行擴張，以證其合法性。有沒有伊斯蘭教，強勢的薩圖克·柏格拉汗都會在奪回王權之後，開始開疆拓土的擴張。中國幾千年至今的歷史，包括現在的共產中國對南海、尖閣群島[4]等的領土要求，也一再證實這一鐵的事實！

伴隨歷史的發展，維吾爾人建立的甘州、西州回鶻及喀喇汗王朝等國家，先後被歷史上的西遼政權，以及成吉思汗建立的蒙

古帝國所征服。

　　但是，維吾爾人的國家被征服之後，其文明還在。而且，維吾爾人以其文字，反過來征服了蒙古的王公貴族。現在蒙古人和滿族人使用的文字，就是由古回鶻文而來。維吾爾人不僅以文字，征服了蒙古帝國的王公貴族，而且還征服了中亞的蒙古人。在維吾爾－突厥伊斯蘭文明影響下，最後，成吉思汗在中亞的後裔，大多改宗伊斯蘭教，並融入了維吾爾人！

　　十六到十八世紀，以現在東突厥斯坦南部的莎車縣為首都，所建立的葉爾羌汗國，就是維吾爾化的蒙古察合台、杜格拉特部後裔建立的！這和征服中國後建立大清的滿族人被漢化很相似。

建立共和國是要回復東突厥斯坦獨立

　　近代的東突厥斯坦，最後一個以「獨立國家」形式存在13年的，是阿古柏‧伯格（Yaqub Beg）建立的哲德沙爾汗國（Yete Sheher Hanliqi，1864 - 1877）。

　　儘管阿古柏‧伯格一開始，也是打著光復伊斯蘭家園的名義，但其實質還是新政權的開疆拓土，建立自己的封建王國。或者，也可以按中國歷史學家的慣用語敘說，是在「統一國家」！當然，這裡的統一，是指突厥民族家園－東突厥斯坦的統一。

　　阿古柏‧伯格並沒有將「聖戰」擴展到超出東突厥斯坦範圍外的任何地方。很顯然，他是在以伊斯蘭的名義，光復突厥民族

4　日本稱之為尖閣諸島，台灣稱之為釣魚台列嶼。

被滿清佔領的東突厥斯坦，同時在建立自己的統治王朝。這和洪秀全的太平天國以基督教名義，孫文的同盟會以「驅逐韃虜、恢復中華」之名義，以煽動漢人殺戮滿人、驅逐滿清軍隊，開疆拓土，恢復漢人統治，是同一個性質。

上個世紀初，維吾爾人先後建立了兩個現代東突厥斯坦共和國。第一個建立的東突厥斯坦伊斯蘭共和國，國名帶有伊斯蘭。這和中共在瑞金[5]建立的「中華蘇維埃共和國」一樣，只是突顯建立共和國主體者的信仰，和伊斯蘭極端主義沒有一毛錢的關係！而且，共和國建立者一再強調，建國目的是要光復突厥民族家園，回復東突厥斯坦獨立。

1933年成立的東突厥斯坦伊斯蘭共和國，和早兩年（1931年）成立的瑞金「中華蘇維埃共和國」，兩相對照之下，東突厥斯坦伊斯蘭共和國不僅有成文《憲法》，而且還強調法制，強調民族平等、民族復興及現代化，強調教育啟蒙，保障私有財產、個人權力等。這和中華蘇維埃共和國的「打土豪、分田地」不可同日而語！

維吾爾自由運動和伊斯蘭教信仰無關

1944年建立的第二個東突厥斯坦共和國，則是一群維吾爾、哈薩克、烏茲別克等突厥民族菁英，他們受到蘇聯馬克思主義的

5　**瑞金**：中國江西省一個縣。1931年11月中國共產黨在江西瑞金宣布成立中華蘇維埃共和國，開始了中共的武裝割據。

影響，要求民族自決權，並領導突厥民族的光復運動。

所以，雖然11月5日發動武裝起義，出動伊斯蘭宗教人士動員群眾，但在11月12日宣佈共和國成立以後，很快就開始發佈公告，將宗教納入了國家行政。實際上，東突厥斯坦共和國，因受蘇聯馬克思主義思想的影響，是一個世俗政權[6]！

共和國第一任總統，伊力汗・圖熱，在共和國成立日，他非常明確地指出：東突厥斯坦共和國建國的目的，是要光復東突厥斯坦的突厥民族家園，驅逐侵略者，建立各民族自由平等的、獨立的民族國家。這裡沒有任何的宗教狂熱，也沒有任何人喊叫要實施伊斯蘭法，更沒有打算向外傳播伊斯蘭教！

綜上所述，維吾爾自由運動，實質上是一場以「光復突厥民族歷史家園，建立突厥民族國家」為目的的獨立運動，和維吾爾人的伊斯蘭教信仰沒有必然聯繫！

我要奉勸那些，關注維吾爾等民族問題的漢人學者、預言家們，在你們以中文，特別是簡體中文，為唯一的資訊來源，而研究民族問題的前因後果，得出民族問題的結論之前，先認真地讀幾本由維吾爾人，或西方人書寫的，有關維吾爾人的書，並讀幾本非中國人寫的，有關伊斯蘭教及其教派的書。

我也要奉勸那些，少數偏執狂的民運人士，你們捫心自問一下，為什麼英國文學家撒母耳・詹森（塞繆爾・詹森 Samuel Johnson）會認為除了基督、伊斯蘭世界之外，其他都是蠻荒世

6　**世俗政權**：政教分離的、現代國家組織形式。

界？你們捫心自問一下，爲什麼美國國會的牆上，鑲嵌有被西方世界稱爲「法律授予者」的伊斯蘭世界最後一個帝國－奧斯曼帝國蘇萊曼大帝的頭像，而不是孔子、老子或秦始皇、漢武帝的頭像？

（本文發表於 2018 年 8 月 30 日自由亞洲電台）

40 | 宗教只是維吾爾人身份的一部分

地理環境比宗教的影響更大

任何一個民族的民族身份，應該包含其生活的全部，包括該民族生活的地理環境，生活繁衍過程中產生的文化，宗教信仰，語言等。

對民族身份形成過程，起最大作用的，影響最深刻的，首先應該是該民族的生存地理環境，其次是宗教，再往後應該是語言、文字等。

地理環境，是人類生存的必要條件，因而對一個民族的生存、生活方式，繼而對民族身份的形成，起著決定性影響的因素。這影響的因素，包括了飲食、居住，鄰里關係，與自然的關係等。

在歷史長河中，民族可能遷移，可能會因時因地逐漸改變生活方式。但無論如何，都離不開生存環境對其生活的直接影響。生存的地理環境，是每一個人、每天必須打交道，必須面對瞭解，並在瞭解的基礎上，順其自然而求生存的一個硬條件[1]。因此，伴隨生存地理環境的優劣，而決定的居住、飲食、交往等，

構成了一個民族其「民族身份」的主要部分。

民族身份中的宗教，是後天的文化現象。民族在其發展、繁衍過程中，有其最初信仰的原始宗教，可能會繼續其信仰，也可能改變信仰。宗教對其民族身份的影響，取決於該宗教的教義和飲食生活禁忌。因有些宗教教義很接近，飲食禁忌也基本相同，可能對改宗民族的文化身份，不會產生很大的影響。

宗教信仰的改變，是一個民族歷史上的重大事件。宗教的改變，可能是因為民族遷移，居住環境的改變，甚至政權的更替，外敵的入侵等而引發。但由構成民族身份的總體因素來看，宗教對一個民族身份的影響，遠不如生存地理環境的影響那麼至關重要。

維吾爾對不同文化非常寬容

當然，其它影響民族身份的，如語言、文字，政治等也不能忽略，但這些因素的影響，相對地理環境和宗教信仰而言，稍有差別。

作為存在了幾千年，且躋身世界民族之林一員的維吾爾人，當然也不例外！

維吾爾人，無論是當其主體以中文（漢語發音）「回鶻（Uyghur）」之名，生活馳騁于鄂爾渾河、漠北高原時，還是

1　**硬條件**：無法隨意改變，也改變不了的外在條件。在此比如，維吾爾人居住地區周邊的沙漠、戈壁，要求人們特別要關注環境保護，不能隨意砍樹等。

後來西遷建立甘州回鶻王國、西州回鶻王國、喀喇汗王朝時，儘管地理環境有所改變，但作為構成民族身份主要部分的生活方式，並未有較大的改變。遷移後，維吾爾人的生活方式，還是「近草原的，以遊牧為生；靠綠洲的，以農耕為生。」，或遊牧、農耕同時進行。

西遷後，維吾爾人的宗教信仰，基本保持原有的摩尼教和佛教信仰，有些地區以摩尼教信仰為主，有些地區以佛教為主，也存在少部分基督教聶斯托里派，和極少的伊斯蘭教徒。

也就是說，維吾爾人的民族身份一如既往，生活方式也未有太大的改變。生活在甘州、西州或喀喇汗朝綠洲的維吾爾人，除了中文歷史記載上的族名（漢語發音）有所改變以外，居住方式、飲食文化、對外交流等，影響民族身份的主要因素還是基本保持原有樣態。維吾爾信仰，維吾爾語言，未有改變，文字也還是照舊。

維吾爾人自遷移至甘州、西州、喀喇汗王朝地域，作為生活在絲綢之路中轉交匯的一個主要民族，因其地理環境之因素，在東西方文化交流中，維吾爾人不僅一直就起著不可或缺的橋樑作用，而且維吾爾人一直就在接觸不同文化，和不同文化進行交流。因而，形成了維吾爾人民族身份中最獨特的特點：對不同文化持有一種非常寬容心態，不排外。

改信宗教仍保有文化獨特性

當然，在中轉[2]東西方文化的過程中，維吾爾人也在不斷吸收新文化，以豐富自己的文化。

縱觀維吾爾人的歷史，維吾爾人在幾千年發展過程中，信仰過不同的宗教。維吾爾人主體，最早信仰的是薩滿教，然後是摩尼教，再往後是佛教。這當中，還有一部分維吾爾人信仰過基督教聶斯托里教派[3]、拜火教等其他一些宗教，最後才是伊斯蘭教。

可以說，無論信仰何種宗教，維吾爾人最初形成的民族身份，只在伴隨民族的繁衍生息而不斷豐富發展。因而可以說，後來的甘州回鶻王國、西州回鶻王國和喀喇汗王朝，也只是發展、強化，和豐富了維吾爾人原有的民族身份。在不同的時期，維吾爾人以其獨特的民族身份，創造輝煌燦爛的文學藝術，不僅豐富自己的民族文化，也為人類文明做出巨大的貢獻。

維吾爾人，和世界上大多數擁有自己獨特民族身份的其他民族一樣，在接受任何宗教時，並不是不加保留地全盤接受，完全拋棄自己過去的信仰和生活方式，而是有選擇性地接受新信仰，並竭力保留自己過去的生活方式和文化獨特性。

2　**中轉**：在中間轉運、輸送東方和西方兩邊傳來的文化。

3　**聶斯托里教派**：基督教的一個分支，被基督教正統派視為異端。大約六、七世紀傳入中亞，曾在西遷高昌的回鶻人中傳播，但未能成為主流信仰。

維吾爾人，在接受其最後的信仰伊斯蘭教時也一樣，在接受伊斯蘭教的教義及其飲食生活禁忌的同時，還是很頑固地保留維吾爾人之獨特的民族身份。

如維吾爾人接受伊斯蘭教之後，也遵循伊斯蘭教的飲食禁忌，不再接受（伊斯蘭教禁食的）豬、兇禽猛獸、酒等食品外，其他草原生活留下的飲食習慣，都還繼續保留著。如，飲用發酵馬奶、自製葡萄「姆薩萊斯」（一種葡萄酒）等，還有後來發展的男女一起唱歌跳舞、寓教於樂的喜慶活動麥西萊普[4]等。實際上，因為草原生活的影響，維吾爾人飲食生活中，以牛、羊、馬為主，是可以肯定的。而豬，可能本來就不是什麼非有不可的動物。

4　**麥西萊普**：維吾爾人社區，寓教於樂的一種傳統歌舞、說唱，和遊戲融為一體的聚會。一般由社區長老擔任麥西萊普的主持人，定期在邀請者指定的地點舉行，男女老少均可參加。這種聚會有規章制度，可對社區違規者，實施遊戲性的懲罰。1997年2月5日，在伊犁發生的針對維吾爾人大屠殺，就是因麥西萊普而引發。此處所謂「遊戲性懲罰」，就是一種點名指出錯誤，然後施予娛樂性懲罰。比如，長老直接點名某某對父母不禮貌，或對妻子粗暴；有人告他，所以點名批評，並施予娛樂性懲罰。有時，長老在點名批評後，會問與會者如何懲罰，再根據大家意見施予懲罰。與英文裡的 Name it，shame it 意義相近。97伊犁事件，中共政府插手之因，就是因麥西萊普開始對維吾爾社區中氾濫的酗酒和吸食毒品進行干預，並有效遏止其蔓延。這讓中共政府極不舒服，感覺麥西萊普對其權威構成威脅。

凸出民族身份卻遭種族清洗

總而言之，由突顯維吾爾民族身份的日常飲食、居住、娛樂、鄰里交往來看，維吾爾人的民族身份，和其他信仰伊斯蘭教民族，有著極大的區別。

維吾爾人長期處於東西方文化的中心，加上對各種文化的寬容，接受伊斯蘭教以後，也還是保持其世俗化的生活習慣。維吾爾民族的知識菁英，那更是一個非常世俗化的群體。自1949年共產黨統治以來，因為長期無神論教育的灌輸，維吾爾知識階層的世俗化，更是極其普遍。

然而，世俗化並不意味著民族身份的改變。反之，維吾爾知識菁英一直努力刻意凸出維吾爾民族的「民族身份」，有別於其他任何民族的，包括其他伊斯蘭民族的民族身份！這，才是現在落在維吾爾民族菁英頭上的、滅頂之災的根本原因！

如今，很多人在談到維吾爾人及維吾爾民族菁英，面臨種族清洗時，不停地刻意強調維吾爾人民族身份中的穆斯林成分。有些人在談維吾爾人問題時，總是喜歡用「穆斯林維吾爾人」之稱謂。維吾爾人就是維吾爾人，根本沒有必要畫蛇添足，稱維吾爾人為「穆斯林維吾爾人」。從未見有人說過，穆斯林阿拉伯人，儘管阿拉伯人中也有不少基督徒！

中共的目的，就是要將維吾爾人和國際恐怖主義掛鉤，以圖使其對維吾爾人的鎮壓、種族清洗合理化。中共選擇此刻對維吾爾人實施種族清洗，就是利用一些世人因塔利班、伊斯蘭國等國

際恐怖主義者的濫殺無辜，而引發對伊斯蘭教的污名化。如果海外媒體，專家學者也一味地過分強調維吾爾人的信仰，無形中正好中了中共的圈套！當然，我不排除有一些人，有意為之。

知識菁英對維吾爾身份自豪

現在被抓捕的維吾爾知識菁英，就以新疆大學、新疆師範大學、新疆醫科大學和喀什噶爾大學的校長，前自治區主席努爾・白克力、前自治區政法委副書記西爾紮提・巴烏東為例。

上述這些維吾爾知識菁英，基本上都是自治區的廳局級幹部，可以肯定都是共產黨員。能升到廳局級的共產黨幹部，都是無神論者不說，也都是酒肉穿腸過的人。他們怎麼可能受到伊斯蘭極端主義的影響呢？

審判指控還說，醫科大學校長哈姆拉提（被判死緩）等準備要建立哈里發國，這未免太荒謬了吧！

實際上，哈姆拉提是維吾爾傳統醫學的權威，而且近幾十年來，哈姆拉提為了振興維吾爾傳統醫學，做了大量的工作，寫了大量的著作。最要命的是，哈姆拉提在其有關維吾爾醫學淵源著述中，以歷史事實為依據，強調凸出了維吾爾傳統醫學和希臘、印度醫學間的相互影響，而輕描淡寫中國傳統醫學的影響！

其他的維吾爾知識菁英，也都是因為凸出強調維吾爾人的民族身份，而遭清洗。如新疆大學教授、維吾爾民俗學家熱依拉・達吾提女士，喀什噶爾大學教授古麗娜爾・烏布利女士，師範大學校長阿紮提・蘇力坦，女詩人其曼姑麗・阿吾提，歌唱家塞努

拜爾‧吐爾遜女士，阿布都熱依木‧海提，足球運動員埃爾帆‧哈茲木江等。

這沉重的名單，還可以繼續好幾十頁。他們的罪過，不是因為他們對伊斯蘭信仰過於虔誠，也不是因為他們是穆斯林維吾爾人，而是因為他們以自身的成功，凸出強調維吾爾人不同於中原漢文化的，自遠古形成的維吾爾民族身份。因為他們是維吾爾人，以及由此產生的對自己獨特維吾爾民族身份的自豪！

（本文發表於 2018 年 12 月 28 日自由亞洲電台）

41 ‖ 期待諾貝爾和平獎
授予伊力哈木教授

編者按：本文作者在其部落格的原標題，為〈諾貝爾和平獎──授予伊力哈木教授當之無愧〉

期盼奇蹟出現，拯救維吾爾人

作為一個維吾爾民族生死存亡中的流亡者，一個在此生死存亡鬥爭前線奔波的吶喊者，我總是期盼能有一些令人振奮的消息，期盼能有奇蹟出現，能拯救維吾爾人於危難之中。

尤其是最近幾年，我因為和故國家園完全失去聯繫，特別希望能有振奮的消息，希望能出現奇蹟。但現實卻往往極其殘酷，令人振奮的消息、奇蹟，似乎也都拋棄了維吾爾人。這種消息常常是來無影去無蹤，瞬間的振奮，長久的遺憾。

這些令人振奮的消息，來勢洶洶、雷聲滾滾，卻虎頭蛇尾，沒有下文；使我們期盼振奮的消息、期盼奇蹟的心靈饑渴，難於得到撫慰。如美國政府以馬格尼茨基法案，制裁陳全國[1]等作惡者的消息，自去年（2018）4月末出來，讓我們大家著實振奮了一陣子，但直到今天為止，還是沒有下文。

儘管我還抱著殘存的一點希望期盼著，但那開始時產生的振

奮感，卻早已沒有了蹤影。這使我，可能也包括其他很多和我類似的維吾爾人，已經對那些令人振奮的消息，或多或少，開始持有懷疑的態度。

這幾天，正在中國監獄服無期徒刑的維吾爾民族英雄——伊力哈木·土赫提教授，被美國參眾兩院十幾名重量級議員，提名諾貝爾和平獎的消息，如一股正義的暖流，傳遍世界。當然，聽到的這一消息，最激動的、最振奮的，莫過於苦難中呻吟的維吾爾人，包括本人也在內。

伴隨著這一令人振奮的消息，推特、臉書上，海外維吾爾人群體，對這些參眾兩院議員們表達感激之情的同時，也信心百倍地想像、等待伊力哈木教授在美國的勇敢女兒——Jewher Ilham能代表伊力哈木教授、代表苦難深重的維吾爾人，前往挪威領取諾貝爾和平獎！

一人堅持理想，全家族人受苦

當然，給予伊力哈木教授諾貝爾和平獎，並不能立即改變維吾爾人的困境，也不一定能立即迫使中國政府釋放伊力哈木·土赫提教授。但這對習近平的中國是一個重大打擊，對維吾爾人是

1　陳全國，2011年8月25日~2016年8月28日，任職中國共產黨西藏自治區委員會書記。其任職期間，採強硬手段治理西藏自治區，導致藏人自焚案件日趨增多。自2016年8月29日起，陳全國轉任新疆維吾爾自治區委員會書記。陳全國把對付圖博人的治理手段，全部套用在維吾爾人身上。

一個令人振奮的希望火炬。

諾貝爾和平獎，若授予伊力哈木教授，伊力哈木教授是當之無愧的。他冒著生命危險，幾乎是孤家寡人，以大無畏的勇氣，如唐吉訶德般，在北京替維吾爾人發聲、發難。儘管很多人誤解他，甚至還有一些維吾爾人也不理解他，但他還是堅持真理，堅持和平理性，堅持以平等對話，化解維漢矛盾之崇高理念。

伊力哈木教授，為了其和平理性、平等對話化解民族矛盾的崇高理想，不僅付出自己的自由，而且也付出其家人、兒女自由、正常的生活。

自伊力哈木教授被抓捕、判刑，他在北京的妻子和兩個小孩子，完全處於中共高壓恐怖、全面監控下。而且，因為伊力哈木教授的資產、存款被凍結，其家人的基本生活，也都處於極為艱難的境地。大女兒在美國，更是孤苦伶仃，在煎熬中艱難度日。伊力哈木教授遠在阿圖什的親人，更是遭遇牽連，有的進了集中營，有的被判刑。

伊力哈木教授在選擇為民族、為正義發聲之時，並不是沒有考慮到這些危險，而是他對民族和正義的追求，對公平、法制社會之理想追求，促使他不顧一切的選擇了這條可能使他失去自由，甚至生命，可能導致他家破人亡的理想追求之路。因而，在看到危險已降臨其生活、留下了樸實遺言之後的「被喝茶」、「被旅遊」之日，他還是沒有退縮，沒有停止，而是義無反顧的堅持真理，堅持和平理性、平等對話，化解矛盾之崇高理想之追求。

極權政府以暴力的慣性來對待

然而，剛愎自用的獨裁政權，崇尚暴力，自信能夠用暴力征服一個民族。對理想主義者伊力哈木教授的善意，極權政府以暴力的慣性，用殘暴和惡劣予以回復，以「分裂國家」罪名，抓捕審判崇尚非暴力的伊力哈木·土赫提教授，判處其無期徒刑！

伊力哈木教授被提名諾貝爾和平獎，應該可以說是實至名歸。作為苦難深重的維吾爾民族的一個民族精英，伊力哈木教授的諾貝爾和平獎，實際上，是文明世界對維吾爾人呼籲正義之聲的肯定和支持，是通過伊力哈木教授給予維吾爾人諾貝爾和平獎！這，將再一次給予面臨民族生死存亡維吾爾人一個希望，也將是人類現代文明、普世價值再一次以正義之聲，在受民族壓迫者的心中植根之機會。

今天維吾爾人所遭受的民族清洗、種族屠殺，是史無前例的。然而，世界各國政府的反應，非常遲鈍。到今天為止，僅有的是輿論壓力，而輿論的壓力，並沒有能讓中國政府停止迫害，釋放被拘押於集中營維吾爾人。

伊力哈木教授本人也處於生命危險之中。早已傳出，他的健康狀況並不令人樂觀。我不願想像最壞的可能，但聽多了被癌症死、被心臟病突發死、被上吊死的中國監獄傳奇。我並不是沒有擔憂和擔心，我相信，大多數關心伊力哈木教授的人，也都有這種擔心；大家呼籲了幾年了，也未見有所改變，不知是西方政府不給力呢，還是中國政府更強硬了？

對歐盟綏靖政策的憤怒與悲哀

我以爲都有，西方要想改變中國，並不是沒有辦法的，就是要堅持人權、堅持普世價值！

諾貝爾和平獎的提名，正是歐美文明世界高舉人權、普世價值大旗，堅持理念的一個好時機；而且，也是正義世界向世人揭示維吾爾人遭受苦難的時機，也是文明世界給予惡意踐踏人權、歪曲民主的中國之野蠻暴政，一個教訓的絕好機會。

伊力哈木教授被提名諾貝爾和平獎的消息，在令人激動、振奮之餘，也有令人擔心和擔憂的一面。

2016年，伊力哈木教授也被提名過薩哈洛夫思想自由獎，一開始也是轟轟烈烈，大家在激動與振奮中，等待歐盟授予伊力哈木教授薩哈洛夫思想自由獎。然而，很快，當最後的候選人名單公佈時，我們發現，伊力哈木教授卻悄悄地被移除了最後的候選名單。當時，我就此寫過一篇文章〈歐盟議會的綏靖〉，談過我的觀點，我的失望，以及對歐盟綏靖政策的憤怒與悲哀。

今天的歐洲，情況遠比兩年前更複雜。那邊是咄咄逼人、經常秀肌肉的普京俄羅斯，這邊是氣勢洶洶、常常以金錢開道的習近平中國。

歐洲現在，不僅是處於暴風驟雨來臨前的風雨飄搖，而且也處於歷史上最重要的敵我陣營重組階段。儘管人權的大旗，歐洲舉得最高、且堅持，但大多數時候，也只是方便時喊一喊，眞到了關鍵時刻，保住政權的考量一直使歐洲政客在邪惡面前，爲了

贏得暫時的一些經貿利益，而出賣人權等普世價值，對極權暴政綏靖、做出妥協讓步，早已屢見不鮮。

中共施壓，阻止伊力哈木得獎

這次，伊力哈木教授被提名諾貝爾和平獎，不僅是要試歐洲政客是否能堅持人權普世價值的道德勇氣，更是要看挪威政府有沒有勇氣，面對中共極權的咄咄逼人、金錢外交，而且也要看美國政治家們是否有持之以恆的勇氣，是否能給予歐洲，特別是挪威，一個定心丸，給出歐洲和挪威政治家一個明確的信號，即美國一定會堅定地站在自由、正義的一邊，而不是今天習好友、明天金鐵杆的，讓歐洲政客們丈二和尚摸不著頭腦，不知道美國到底是什麼意思。

為了阻止伊力哈木教授拿到諾貝爾和平獎，中國政府肯定會動員其全部力量，包括其在歐美的第五縱隊、五毛，也包括維吾爾第五縱隊和五毛，來污名化、妖魔化伊力哈木教授，藉以污名、妖魔化維吾爾人，阻止伊力哈木教授拿到諾貝爾和平獎，為中國政府的種族清洗、種族屠殺狡辯、尋找藉口，轉移視線。

同時，中國政府肯定會通過外交、經濟，恐嚇威脅等手段，對歐洲、對挪威政府，對諾貝爾評獎委員會施加史無前例的壓力，以阻止諾貝爾和平獎被授予伊力哈木教授。

這次的諾貝爾和平獎，要嘛是人類文明之成就——人權、普世價值的凱旋之歌，要嘛是以西方歐美為主導人類文明之理

想——人權、普世價值的哀歌。我拭目以待。

（本文發表於 2019 年 2 月 4 日自由亞洲電台）

42 | 五四到六四
——對維吾爾人的影響（一）

> 對維吾爾人而言，自西方來的是，伴隨新思想的新式
> 教育（Jadidism）；自東方來的是伴隨侵略戰爭的血腥屠殺
> 和饑餓。
>
> ——前東突厥斯坦共和國民族軍情報部長、前維吾爾
> 自治區文化廳長孜亞‧塞麥迪（Ziya Semedi）

華人民主書院不談維吾爾問題

「六四」三十周年即將來臨之際，紀念活動一個接著一個。本人作為一個維吾爾自由運動的積極推動者之一，一直以來，非常關注中國民主運動及海外民運，也經常參加海外民運參與組織的各類紀念聚會、研討會議，以表達對中國民主運動的支持。

今年六四臨近，也不例外，我收到海外民運各界各朋友們的邀請，參加紀念聚會、研討活動等。上週，我應香港華人民主書院台灣方面的邀請，參加在台灣台北舉辦的《中國民主運動的價值更新與路徑探索》「六四」三十周年研討會。

令我遺憾的是，研討會宣言，不僅沒有談論任何有關維吾爾、圖伯特等民族問題，居然連已成為目前世界主流媒體焦點，

且被西方各國政府政要及學者，所強烈譴責的維吾爾「集中營」問題，也沒有提及。

開幕式之後的記者招待會上，輪到我提問時，我尖銳地批評了主辦單位，並質問中國的民主，可能躲得了維吾爾、圖伯特的民族問題嗎？我要求這些民運人士，早點拋棄這種鴕鳥式的做法。當然，主辦單位極力為自己辯護，說他們一直以來在為各民族發聲等等。

在接續的兩天半裡，每一場研討會後的提問環節，我幾乎沒有拉一場[1]地提問，每一個問題，都和維吾爾問題相聯繫。這可能令一些人不舒服，但在大庭廣眾之下，又不得不回答。我通過這種極端方式，使得參加這場研討會的、關注中國民主運動的每一個人，認識到目前維吾爾人生死存亡的危機，是任何人都無法繞開的一個焦點。

辛亥五四，跟維吾爾教育無關

參加研討會的各界人士、學者，在談到1989六四事件的同時，也談到了五四運動，談到了六四事件對五四運動的民主、科學精神，也即「德先生、賽先生」的繼承關係。實際上，在受到邀請後，我也準備了一個演講稿〈五四到六四——對維吾爾人的影響〉；儘管未能在研討會上宣讀，但我還是借其他機會，闡述

1　應該是幾乎一場不拉的提問。就是每一場次都提問，沒有拉下任何場次的意思。

了我的觀點。

　　儘管中共編造的歷史，一再的強調辛亥革命、五四運動，對維吾爾人產生了影響，並將十九世紀末、二十世紀初的維吾爾新式教育，及其後的維吾爾農民起義，歸因於受辛亥革命和五四運動影響。但實際上，因為滿清在維吾爾地區，長期實行的是不同於對中國的藩屬統治，即不干預地方事務，而且還阻止漢人移民，存在的學堂教育，只為滿清軍政官員子弟服務，偶爾有一兩個維吾爾高級官員子女，也只是為了能聽懂統治者的語言。

　　當時的維吾爾教育，以宗教教育形式進行。所以直到中共1949年佔領前，維吾爾知識份子所受的教育，除了使他們除精通本民族語言外，還精通阿拉伯語和波斯語。他們是在熟讀安薩里《宗教學科的復蘇》和薩迪老人的《薔薇園》、《玫瑰園》中受的教育，而且使用的文字印刷品，都來自中亞、印度和土耳其。可以說，直到中共1949年的佔領之前，維吾爾的教育，和滿清統治者的教育之間，沒有任何關係，因而，辛亥和五四運動，從思想上而言，對維吾爾人沒有任何影響。

　　影響維吾爾人的近代自由新思想，完全是來自西方。這個西方，對維吾爾人而言就是中亞、俄羅斯、土耳其和印度。新思想是伴隨新式教育Jadidism，自中亞傳來的。民族復興和新式教育的思想火花，是於1883年興起的，伴隨克里米亞韃靼人伊斯馬伊勒·嘎斯普阿里在喀山出版的《翻譯》雜誌，傳入維吾爾社會的。

木沙巴耶夫是維吾爾教育先驅

當時的《翻譯》雜誌在喀山出版，最遠向東發行到哈密，最西發行到伊斯坦布爾。維吾爾知識份子，不僅和中亞知識份子，而且和伊斯坦布爾的土耳其知識份子，讀著同一份雜誌，思考著同一個民族復興的問題。

維吾爾新式教育學校，最早是由「辦實業，而在維吾爾近代歷史留下深遠影響」的阿圖什維吾爾人木沙巴耶夫家族，於1885年在阿圖什的伊克薩科鄉開辦。學校除了有宗教科目之外，還第一次開設數學、地理、社會學、體育、音樂等課程。

木沙巴耶夫家族為培養新式教育師資，於1898年第一次送去幾名維吾爾學生，前往俄羅斯受教育。1904年又送了20多名學生，出國去土耳其留學。再後來，又在伊犁，興辦維吾爾女校、職業培訓學校等，還重金聘請一些俄羅斯人、土耳其人任教，也包括一些在土耳其受教育回來的維吾爾人。

木沙巴耶夫家族，不僅是維吾爾新式教育的先驅，而且還是維吾爾工業化萌芽的促發者。他們在伊犁建起了第一家現代皮革廠，第一家發電廠，商號等等，設備都是直接從德國引進的。當然伴隨工業化，也帶來了新思想。

新式教育要擺脫中國殖民統治

1919年的五四運動爆發時，維吾爾人也正在經歷一場鳳凰涅

槃式[2]艱難的民族復興改革運動的探索階段。但因為維吾爾人文化、傳統、信仰和歷史處境的不同，維吾爾人的民族復興改革的探索，和中國的五四運動不僅毫無關係，而且完全不同。維吾爾的民族復興運動，不僅是要引進新思想、新式教育，使維吾爾民族躋身世界現代民族之林，而且要解決最根本的問題——即擺脫殖民統治。因而，維吾爾民族復興運動先驅所面對的敵人，也比五四運動中國先驅所面對的敵人，更為強大、更殘忍、更血腥！

當時的殖民政權，就利用並串通愚昧的維吾爾保守派，向新式教育及其宣導者發起了無情的攻擊，甚至不惜採用暗殺和公開屠殺的手段，殘酷殺害維吾爾民族復興運動先驅阿布都卡德爾‧大毛拉、麥麥提力‧陶菲克、阿布都哈力克‧維吾爾等。但維吾爾新式教育最終還是占住了腳，為維吾爾人培養了一大批大無畏的近代知識菁英，他們使現代維吾爾人在腥風血雨中，克服種種艱難險阻，進入現代民族之林，同時還頑強地保持了其民族特性。

五四，和同時代維吾爾民族新式教育的建立，及其引發的民族復興運動，是兩個並行，但相互沒有產生任何影響的運動。維吾爾人不知道有五四運動，五四運動的發起者也不知道維吾爾人正在經歷的民族復興，但馬列主義卻改變了這局面……

（本文發表於 2019 年 5 月 31 日自由亞洲電台／評論／聚焦維吾爾）

---

2 鳳凰浴火重生，用於指一種死而後生的不屈不撓精神。

43 | 五四到六四
——對維吾爾人的影響（二）

> 對殖民下的東突厥斯坦而言，防範殖民者同化的最有
> 力武器是：宗教信仰和民族身份；任何民族只要能保持其
> 宗教信仰和民族身份，沒有任何敵人能夠征服。
>
> ——東突厥斯坦共和國總統：艾力汗·圖熱

東突厥斯坦成了各國籌碼下的犧牲品

雅爾達會議上，美國總統羅斯福，為贏得史達林對日作戰之保證，作為一攬子[1]交換條件，輕鬆答應了史達林獨自決定東方各民族命運的條件，其中也包括了東突厥斯坦的命運。史達林以蒙古的獨立，做為交換條件，把東突厥斯坦各民族以生命和鮮血換來的獨立、自由，送給了腐敗無能的蔣介石國民政府。蔣介石的國民政府又因戰敗，拱手送給了中共。

近代歷史上，東突厥斯坦及其土地上的各族人民，儘管浴血奮戰，也曾贏得過短暫的獨立和自由，但因其戰略地位，被鄰近幾個大國，作為相互博弈的戰場。東突厥斯坦，先後被滿清帝

1　一攬子，全部的意思。

國、大英帝國、沙皇俄國（後來是蘇聯）及美國、中華民國等，當做各自國家、民族利益籌碼下的犧牲品，最後被蘇聯扶持的中共所佔領。

東突厥斯坦落入中共佔領之後，它和西部外界的聯繫，尤其是和西部近鄰中亞各國及伊斯蘭世界的來往與交流，一一被中共有計劃、有預謀地切斷了。

先是和土耳其及其他阿拉伯－伊斯蘭世界的聯繫被切斷，包括土耳其、沙烏地阿拉伯、埃及等。接著，伴隨中蘇關係的惡化，和中亞各突厥同胞緊鄰的關係也開始緊張。1962年中共所謂的「伊塔事件」之後（實際上是中共持續的民族迫害和人為製造的饑荒，使得大量維吾爾、哈薩克人，不得不拋家離子，逃離家園。），東突厥斯坦和中亞突厥各兄弟民族的關係，也被徹底切斷。

中共引入漢人，巧取豪奪維吾爾家園

「伊塔事件」之後，中共利用維吾爾、哈薩克難民逃亡之後的混亂，以戍邊名義，派兵團佔領了逃亡的維吾爾人、哈薩克人的空置家園，並強制邊境十公里內的、尚未逃亡的維吾爾人、哈薩克人，騰出他們在邊境上的家園，由兵團佔據。這樣，中共通過巧取豪奪，在東突厥斯坦邊境上，製造了十公里內「沒有維吾爾人、哈薩克人，只有兵團漢人」的隔離帶，硬是將邊境兩邊，相同民族任何可能的交流來往，都完全阻隔了。

東突厥斯坦，千年以來，作為連結東西方文明之橋樑的作

用，伴隨中共的閉關鎖國政策嘎然而止。東突厥斯坦進入了史無前例的，與西部世界的隔絕、封閉階段，再也沒有任何西方文明的資訊，能夠進入這塊土地了。

自東部伴隨各類持續不斷的政治運動，漢人移民開始源源不斷地湧入東突厥斯坦，他們大多數是被中共派來的殖民官員及其七大姑八大姨，被轉業安置的國民黨「起義」官兵，還有為了使這些官兵安心，而騙來的八千多名湖南少女，以及北京、上海、天津被「改造」的妓女。當然，也不乏因政治原因，而被流放者、饑荒逃難者等等。

這些自東方來的不速之客，新殖民者，除了革命口號，和無休止的流血鬥爭、饑荒、災難之外，什麼文明都沒有帶來。

東突厥斯坦進入了黑暗時期！

毛澤東的死亡，文革的結束，所謂的「改革開放」，使東突厥斯坦這塊沉寂的土地，開始了再一次的甦醒。西邊的邊境大門，也不再那麼緊緊地關閉，門打開了一點。這時的維吾爾知識份子，以在西部近鄰中亞受教育者為主，開始點燃民族復興的火炬！

歷史小說，讓維吾爾年輕人熱血沸騰

首先是著名詩人阿布都熱依木・烏鐵庫爾的《永不消逝的足跡》、《甦醒了的大地》，阿伊仙姆・柯優木的《足跡》等歷史小說，以氣勢恢宏的敘述，再現二十世紀初至1949年共產黨佔領為止，東突厥斯坦土地上，在西方新思想的影響下，維吾爾、哈

薩克等各突厥民族浴血奮戰，重建民族國家的可歌可泣人物和歷史事件。

緊接著，阿布都熱合曼的《滾滾的伊黎河》、阿卜杜拉·塔里布的《漩渦激浪》，及其他回憶錄、歷史小說等，回顧近代歷史的書籍，一部接著一部。當時，年輕一代的維吾爾人，曾苦苦尋求知識、希望瞭解自己民族的過去，他們因為閱讀這些書籍而熱血沸騰。

當時中國出現的，曇花一現的思想鬆動，對維吾爾知識份子，有著或多或少的影響。當然，這也是維吾爾人在與西邊的交流，被徹底切斷後的必然結果。但中國知識份子的騷動，並沒有在維吾爾的知識界，掀起大的自由思想之浪花。

然而，一浪高過一浪的，始自八〇年代中後期的中國民主運動，還是或多或少吸引著維吾爾知識份子的眼球。

1986年12月12日，由新疆大學維吾爾大學生發起的民主運動，以「要求直接選舉自治區領導人，落實自治政策，經濟自治，發展教育，停止核實驗，停止將犯人遣送至新疆，停止對少數民族計劃生育」等口號，持續近一個多月，震撼了整個維吾爾社會。但同時，因為新疆各大學的漢人學生，不僅拒絕和維吾爾學生一起上街要求民主、自由，而且還站在政府那一邊助紂為虐，維吾爾人開始質疑漢人對民主的追求。

西部的民主自由才是維吾爾人的希望

很快，時間進入了1989年春夏，胡耀邦去世引發的中國民主

運動，自北京各高校開始，席捲了中國大江南北。但維吾爾人還是觀望，以懷疑的目光，注視著事態的發展。

但是，以北京為主戰場的民主運動中，出現的一個維吾爾孩子的身影，吸引了維吾爾各界人士的注意力。很快，人們知道了，那個維吾爾孩子，名字叫吾爾開希。

當吾爾開希指斥李鵬的畫面，在電視上出現時，整個維吾爾社會沸騰了。大家都在自豪的傳述著吾爾開希的身世、父母。同時，很多維吾爾知識份子，也開始對來自東部的民主、自由，也就是對漢人知識份子發動的這場民主運動抱以希望。

然而，六四大屠殺，又一次，不僅敲碎了中國知識份子的民主夢想，也同時敲碎了維吾爾知識份子剛剛開始建立的、對來自東部民主運動之希望。

失望、悲哀，關注吾爾開希的命運之餘，維吾爾人又開始回頭看西部近鄰。

一牆之隔，蘇聯戈巴契夫領導下的新思維、改革開放，對作為維吾爾人兄弟民族的中亞各共和國，帶來的翻天覆地變化，維吾爾人通過旅行或來訪親人之口瞭解的一清二楚。

至1991年8月19日失敗政變之後引發的蘇聯解體，及中亞各兄弟民族之獨立，又一次使維吾爾人確信，來自東邊的只有獨裁、屠殺和災難，而來自西部的是真正的民主、自由。也只有來自西部的民主、自由，才是維吾爾人希望之所在。

（本文發表於 2019 年 7 月 30 日維吾爾人權項目網站 / 聚焦維吾爾）

44 「新疆是中國領土不可分割的一部分」嗎？

天下沒有不可分割的領土

自今年（2019年）夏季起，中國政府黔驢技窮、疲於應付國際壓力，開始不斷推出各類有關維吾爾人、東突厥斯坦的白皮書，試圖以強詞奪理、胡攪蠻纏，繼續欺騙文明世界，繼續以種族滅絕法西斯的暴行，對付維吾爾等其他東突厥斯坦突厥民族。

上個月（7月）中下旬，中國國務院以《新疆的若干歷史問題》為題，發佈了一份白皮書。內容無非是以陳詞濫調，重複編造的維吾爾歷史，篡改東突厥斯坦歷史，歪曲維吾爾及其他生活在東突厥斯坦突厥的民族之信仰、文化、傳統等。

儘管該《白皮書》一發表，就引起國際社會極大的輿論反響、批駁，當然也包括維吾爾學者、人權活動家、各維吾爾團體領袖等的言辭指責，但是，大多數的批判，僅停留於就事論事的簡單批駁，缺乏系統性的、有理有據的逐條反駁。因而，我以為，對《新疆的若干歷史問題》白皮書，我應該再說點什麼。

我的批判，就從《白皮書》的第一條開始：「新疆是中國領土不可分割的一部分」。

華語世界四大古典名著之一的《三國演義》，開篇便說：「話說天下大勢，分久必合，合久必分。」儘管說的是，遠古中原王朝的分分合合，而且這分分合合，說的是還沒有出現民族、國家概念時期的王朝天下。但細讀那些所謂的分分合合歷史，絕大多數的分分合合是發生在中原，長城以內，與蒙、藏、東突厥斯坦，沒有任何關係。這說明一個鐵的事實。天下沒有不可能的事，更沒有「不可分割的領土」這一說法。

各朝各代邊界，有大有小

　　中文所謂的天下（中國），按中文史書記載，自盤古開天至堯舜，自殷、商、周至春秋戰國，自秦滅六國至始皇一統中原，自漢至三國、南北朝，自隋唐至五代、南北宋、遼、金，自蒙元至明，自滿清至北洋、中華民國、中華人民共和國，各朝各代的土地邊界，自始至終，變幻不定，有大有小。

　　翻遍中文歷朝歷代史書，除了中華人民共和國，未見有任何過去朝代史書記載，哪一塊土地是不可分割的一部分！

　　成吉思汗蒙古帝國，征服土地，縱橫亞歐大陸，中原只是其以異族身份征服的最後一塊土地。在蒙古帝國征服中原之前，現在的內外蒙古、圖伯特和東突厥斯坦都與中原是分割的！

　　就歷史上的蒙古帝國而言，要說哪一塊土地是其「不可分割的一部分」？大概只有現代的蒙古國，可以說中原（現在的中國）是他不可分割的一部分！何來蒙古、圖伯特和東突厥斯坦「是中國領土不可分割一部分」？

朱元璋的大明，中文史書白紙黑字記載，將近三百年的國祚，其閉關鎖國，安於自嘉峪關至玉門關的長城以內。大明這三百年，東突厥斯坦、蒙古、圖伯特都與中原大明朝各自爲政，都是分割開了的列國！何來蒙古、圖伯特和東突厥斯坦「是中國領土不可分割一部分」？

滿清，繼蒙古帝國之後，是另一個以異族身份於1644年入關，以幾千鐵騎擊敗大明朝殘餘，以「留頭不留髮、留髮不留頭，揚州十日，嘉定三屠」等血腥手段，讓中原居民臣服。

據梁啓超的《戊戌政變記》記載，滿清末年，滿清大臣剛毅曾對要前去與列強談判的代表說：「寧予友邦、不予家奴。」意思是，征服的土地是滿清王朝的，給予誰是自己的事，與被征服的中原大明遺民無關。何來「是中國領土不可分割一部分」？

當然，家奴指的是，包括現在要認賊作父的共產中國之先輩曾國藩、左宗棠、林則徐及後來的改革派康有爲、譚嗣同、梁啓超等戊戌六君子。

孫文也說蒙藏疆非其國土

滿清是在征服了中原一百多年之後，於1755年才征服準噶爾汗國，再順手牽羊，將東突厥斯坦南部也一塊收爲藩屬，與蒙藏一起歸理藩院管理。在東突厥斯坦還未被滿清征服這一百年期間，東突厥斯坦是和滿清中原是分隔開的！何來「是中國領土不可分割一部分」？

再想囉嗦一點！滿清的藩屬，理藩院，和滿清管理中原漢人

事物的其他內閣六部，是同等機構。有意思的是，理藩院不僅管理滿蒙藏維吾爾事物，而且還包括俄羅斯事物。而且理藩院的文書，只用滿蒙藏維吾爾語，不用中文，這也凸顯滿清對其藩屬的管理，和對中原漢人的管理有極大區別的。

　　儘管東突厥斯坦土地和人民被征服了，但在行政管理上，顯然，在滿清統治者眼裡，東突厥斯坦還是和中原是有區別的，所以要分隔開！何來「是中國領土不可分割一部分」？

　　以上是過去的歷史。再看近代歷史。辛亥之前，孫文的「驅逐韃虜、恢復中華」口號，顯然沒有包括東突厥斯坦、圖伯特、蒙古等藩屬。也就是說，國共兩黨都認可的國父，在當時，已經明確確認東突厥斯坦「根本」不屬於中原本土！何來「是中國領土不可分割一部分」？

　　辛亥革命爆發後不久，孫文在巴黎發表談話：「中國於地理上分為二十二行省，加以三大屬地即蒙古、西藏、新疆是也，其面積實較全歐為大。各省氣候不同，故人民之習慣、性質，亦各隨氣候而為差異。似此情勢，於政治上萬不宜於中央集權，倘用北美聯邦制度，最為相宜。每省於內政各有其完全自由，各負其統馭整理之責。但於各省之上，建設一中央政府，專管軍事、外交、財政，則氣息自聯貫矣。」

　　上引孫文的話，再一次證實，東突厥斯坦不屬於中國。因此，何來「是中國領土不可分割一部分」？

諸多證據顯示非中共之土

實際上，自1911年辛亥革命之後，直到1944年盛世才被迫去重慶，就任農林部長為止，東突厥斯坦事實上是與中華民國處於分割局面的！何來「是中國領土不可分割的一部分」？

盛世才政變上台，當上督辦之後，投靠蘇聯史達林的懷抱，邀請蘇軍、紅軍機械化加強團第八團，進駐哈密，守住了東突厥斯坦的東大門。當時的蔣介石，原本依靠蘇聯征服了中原各省，而就任了中華民國的總統，只能望西[1]興歎。那三十三年，東突厥斯坦是和中原分割的，何來「是中國領土不可分割一部分」？

自1944年至1949年，共產黨在蘇聯史達林的援助下，侵佔東突厥斯坦為止，東突厥斯坦西北部三區，在東突厥斯坦共和國民族軍的保衛下，星月藍旗高高飄揚，各民族自己當家作主。那時的東突厥斯坦，是與中原政權分割的，何來「是中國領土不可分割一部分」？

同為滿清藩屬的安南、高麗獨立了，還有其他滿清征服的土地劃歸給其他國家，包括香港割讓給英國，也分割了一百多年，何來「是中國領土不可分割一部分」？

現在，香港回歸還不到三十年，香港的反「送中」已凸顯，香港也只是土地回歸了，人心並未回歸，還是分割的，何來「是中國領土不可分割一部分」？

1　蔣介石統一包括東突厥斯坦在內的願望落空了，所以是望西興歎。

最後，以復旦大學特聘教授（歷史地理）、全國政協委員葛劍雄教授的話作爲結語：「如果以歷史上中國最大的疆域爲範圍，統一的時間是八十一年；如果把基本上恢復前代的疆域、維持中原地區的和平安定作爲標準，統一的時間是九百五十年。這九百五十年中有若干年，嚴格說是不能算統一的，如東漢的中期、明崇禎後期等。」（《中國歷史的啓示：同意與分裂》商務印書館，65頁）

千年歷史長河中，滿、蒙、藏、東突厥斯坦，只有八十一年藩屬於征服中原的異族統治，中國共產黨就敢大言不慚說「是中國領土不可分割一部分」，邏輯何在？

（本文發表於 2019 年 8 月 26 日自由亞洲電台「聚焦維吾爾」專欄）

45 ‖ 伊斯蘭世界對維吾爾人的背叛

巴勒斯坦支持中共迫害維吾爾人

最近，新一輪東西方之間的道德正義之戰開始了！首先是二十二個西方國家聯名，寫信給聯合國人權理事會，譴責中國對維吾爾人的民族滅絕政策，譴責中國政府在其集中營，拘押超過兩百萬的維吾爾、哈薩克等其他突厥民族。

過了兩天，篤信「重賞之下必有勇夫」的中國，很快以威脅利誘，使三十四國聯名向聯合國人權理事會寫信，表達他們對中國政府迫害維吾爾人政策的支持。聯名簽署國之中，大多數還是伊斯蘭國家（穆斯林占人口多數）。這不僅使絕境中的維吾爾人，感到極度的失望和憤慨，同時，也有一種被自己人在背後捅了一刀的感覺。當然，這些國家的行為，也使文明世界瞠目結舌。

不肯善罷甘休的中國，一不做、二不休，又馬不停蹄的「動員」了另外幾十個國家。最終，支援中國集中營的國家數目竟達到了五十個。這其中，甚至還包括了巴勒斯坦，一個讓維吾爾人「因穆斯林兄弟情，而對其正義事業，表達同情和支持」的國

家。巴勒斯坦，一個和維吾爾人一樣，為實現其自身自由、獨立、平等，而流血犧牲、奮鬥了近一個世紀的國家；一個失去了自己的家園和權利的、為尋求正義和基本人權而奔走呼籲的民族！

同樣慘遭納粹「種族屠殺」災難的猶太人，對維吾爾民族的生死存亡，積極支持、奔走呼籲。相形之下，伊斯蘭世界，尤其是同樣呼籲世界正義的巴勒斯坦當局，竟加入了支持中國的行列，這樣的行為，不僅讓那些處於教胞之情、處於人道主義立場，而始終支持巴勒斯坦的維吾爾人感到迷茫與憤怒，也讓長期支援巴勒斯坦人、維吾爾人的國際社會，感到極端的困惑和失望！

伊斯蘭、穆斯林世界，怎麼了？

大家都在問，這世界怎麼了？伊斯蘭世界怎麼了？

簡單的答案，當然是這些國家，包括伊斯蘭世界，被「崛起的中國」，用糖衣炮彈、大規模的經濟投資等誘騙了。伊斯蘭世界的統治階層都墮落了。支持中國的五十多個國家，無論是以穆斯林人口為主的國家，還是其他，大多數是獨裁、半獨裁的國家。這五十多個國家，基本上都是統治階層的貪官污吏氾濫，人權狀況劣跡斑斑。

但是，仔細推敲，這理由，很難說明問題的全部。

如果簡單地把支援中國的責任，全部推給獨裁者、貪官污吏的話，該如何解釋那些民主、半民主的伊斯蘭國家？如巴基斯

坦、巴勒斯坦、孟加拉，印尼和其他阿拉伯國家。我們不曾見過有幾個議會議員、非政府組織、廣大民眾，大規模湧上街頭抗議遊行；也未見過有幾個伊斯蘭學者、專家、記者、議員，義憤填膺的站出來，譴責中國的法西斯種族滅絕政策？

為什麼土耳其、馬來西亞等伊斯蘭國家，雖然沒有在支持中國鎮壓政策的信上簽字，但也沒有在譴責中國鎮壓政策的信上簽字？為什麼卡達先是簽署支持中國鎮壓政策，之後雖然退出來了，但還特別聲明要保持中立，而不是義無反顧地譴責中國？難道這一切，只是因為中國的金錢投資和經濟承諾、行賄受賄、威脅利誘？是否還有什麼其他因素？

是的，我認為，這裡似乎還存在一個穆斯林的世界裡，「誰都不願意面對的、更為根本的、極為重要的」歷史文化因素。

伊斯蘭世界莫名其妙造出假聖訓

這個歷史文化因素就是：

伊斯蘭世界以前不曾和中華帝國，有任何直接接觸的機會，各國穆斯林的絕大多數民眾，可以說自上而下，自官僚、知識份子，到普通民眾，普遍存在著對中華帝國社會及其文化的一知半解和道聽塗說。這種和17、18世紀西方一部分學者同樣的——對中華帝國一廂情願的「美好社會」傳說下的嚮往，這種嚮往幾乎是深入人心的。

中華帝國，是一個「美好社會」傳說下的嚮往。

近代，經過伊斯蘭世界民族主義的旗手，如中亞的蘇丹‧加利耶夫，南亞的阿富汗尼，埃及的穆哈默德‧阿不都、塔哈‧侯賽因、伽瑪勒‧納賽爾等人，他們所領導的伊斯蘭世界民族獨立運動，在當時新成立、且處於孤立的中華人民共和國支持下，還被另一種新情結所強化。

即，同為西方帝國主義、殖民主義者壓迫下的難兄難弟！這樣，在「美好社會」傳說之外，又加進了東方民族主義的文化政治因素——殖民壓迫下的「難兄難弟」！

為了強化對中華帝國「美好社會」傳說，和「難兄難弟」情結，使其擁有一點伊斯蘭信仰的基本神聖性，不知是什麼人、在什麼時候，巧妙地編造了一條假《聖訓》——穆罕默德聖人的言行——即，「學問雖遠在中國，亦當求之。」

這條假《聖訓》在中文世界被廣泛引用，卻根本沒有出處。嚴格地說，這是違背伊斯蘭教對聖訓傳述者可信度求證之要求。

對這一假《聖訓》，伊斯蘭世界的一些學者，包括生活在中華帝國的一部分伊斯蘭學者，為了迎合中華帝國「美好社會」傳說和「難兄難弟」之情感要求，不僅不假思索地接收了這條假聖訓，而且還以訛傳訛，廣泛傳播推銷這假聖訓。

伊斯蘭世界被虐之下的自卑心理

伊斯蘭世界對中原帝國這種「美好社會」傳說和「難兄難弟」之情，有時還有點走火入魔，變得荒誕不經。

有一次，我參加一個規模很大的北美穆斯林嘉年華。午餐時，我和一位來自南亞的伊斯蘭學者交流。當他得知我是維吾爾人之後，似乎很認真的問我：「我聽說毛澤東是穆斯林，毛姓是從默罕默德聖人的名字簡化來的，你知道嗎？」我在驚訝之餘，試圖判斷他是否在開玩笑。然而，他是認真的。

　　我告訴他：「我知道的毛澤東是魔鬼，是屠夫，絕不是穆斯林。你是從哪兒聽來的？」他很認真地告訴我，是從網路上看到的。

　　我在馬來西亞、在西方，和很多穆斯林學者、普通民眾有過很深的交流。最讓我震驚的一次對話，是和一位巴基斯坦後裔，也有維吾爾血統的美國穆斯林的交流。當我指斥伊斯蘭世界在是非問題上，和中國一樣，是對己、對外兩種標準時，似乎，這位仁兄忍不住了。

　　他憤憤地說：「你不知道，基督教世界要毀壞的是我們的信仰及文化，中國只是在無神論共產黨的控制下，在迫害維吾爾人。基督教世界才是伊斯蘭世界要防範的主要敵人，中國是要爭取的朋友，我們應該想辦法在中國傳教，讓中國人信仰伊斯蘭教。」

　　他的話外之音，基督教世界有堅實的信仰，無法改變，是主要競爭對手。中國是無神論控制下的一塊空白、待開發的土地，以傳教開發這塊土地，再利用中國，抗衡美國為首的西方。這種簡單思維，所構建出的美麗幻想，不僅存在於伊斯蘭世界統治階層、知識份子的腦中，也普遍存在於伊斯蘭世界穆斯林大眾的

心中。

伊斯蘭世界對近代中國這種美麗的幻想，除了構建於對古代中原帝國「美好社會」傳說所產生的嚮往之外，伊斯蘭世界和近代兩個中國（中華民國和中華人民共和國），共有的被虐心態下的自卑心理，更是伊斯蘭世界和中華人民共和國眉來眼去、暗通款曲的最根本原因。

伊斯蘭和中華帝國的衰敗與自卑

伊斯蘭世界的自卑，始於1683年的鄂圖曼帝國圍困維也納之失敗。至今，伊斯蘭世界經歷了鄂圖曼帝國的衰敗、崩潰和解體，以及伊斯蘭哈里發體制的被廢除。一戰前後，伊斯蘭世界被西方帝國主義瓜分。最讓伊斯蘭世界難於吞嚥的是，二戰之後，以色列猶太國的建立，及四次中東戰爭的慘敗，以及伴隨這些衰敗、失落的是，氾濫的民族主義、社會主義，甚至於法西斯、伊斯蘭極端主義等思想運動的風風雨雨。

中華帝國的自卑，我認為，則始於1840年的「鴉片戰爭」之失敗。此後，衰落的滿清帝國逐步走向崩潰：一系列的戰敗、割地賠款，接著被中國民族主義者以「驅逐韃虜、恢復中華」之口號最終推翻，再經歷北洋政府，帝俄支持下的國民黨以戰爭血腥統一，蘇聯支持下的中國共產黨成立，國共兩黨內戰、抗戰，再一次的國共內戰等，以及伴隨這一帝國的崩潰而來的中華民族主義、蘇聯馬列共產主義、法西斯主義、孔儒復古主義等思想運動的風雨飄搖。

伊斯蘭世界和近代兩個中國，可以說，都錯失他們在二戰之後，「擁抱普世價值，自帝國主義進入現代文明的民主轉型」的最佳時機。

近代中國，自國共兩黨執政以來的「百年恥辱」洗腦、灌輸，無需我多語，我們大多數人都曾親身領教過，在我們的身心都留下了深刻的烙印。即便今天，生活在西方的一些民運人士，一不小心，就會在高喊民主自由之普世價值的同時，還會自覺不自覺的，以「百年恥辱」受害者的被虐心態，慷慨激昂地指斥西方帝國主義是如何欺辱、遏制大中華的。很少有人深刻反思，為何落後挨打之背後深刻原因的。

應該說，鄂圖曼帝國最後一次圍困維也納的失敗，是伊斯蘭世界最後一個帝國衰敗的第一個跡象，但絕不是衰落的開始。

伊斯蘭對「美好社會」產生幻想

伊斯蘭世界，自第二帝國阿巴斯朝的「百年翻譯運動」[1]之後，也和中原土地上一再出現的王朝更替一樣，進入了新帝國替換舊帝國之朝代更替。

---

1 **阿巴斯朝的百年翻譯運動**：是指由穆罕默德聖人的叔叔阿巴斯，其後裔所建立的阿巴斯朝，在其最初百年的鼎盛期，大規模將各類書籍翻譯為阿拉伯語；翻譯書籍以希臘亞里士多德和柏拉圖等哲人著作為主，也包括印度及其他基督教世界的各類書籍，為伊斯蘭哲學、醫學、數學等發展產生了重大影響，同時也保存希臘哲學，間接對促進歐洲文藝復興，起了催化作用。因而，被一些學者稱為是百年翻譯運動。

儘管，新帝國在建國之初，也有曇花一現的短暫輝煌和強大，但因保守教條主義勢力的頑固，扼殺了人民的思想、文化自由。後續的伊斯蘭帝國，儘管在經濟、軍事上，能有所作為，但在人文、科技方面，已進入了停滯不前的狀態。

　　如果我們仔細檢視阿巴斯伊斯蘭帝國之後的伊斯蘭世界，就會發現，除了少數夾雜傳奇色彩的地理、歷史、旅遊方面的一些新書籍問世之外，伊斯蘭世界鮮有具獨特思想創新的新著作問世。絕大多數的學者，都不斷重複對過去已有名家著作的再注釋、再講解，包括對伊斯蘭教神學、教法學、《古蘭經》、《聖訓》注釋等方面。

　　然而，伊斯蘭世界對這種停滯不前，自己還渾然不覺，還和東方的中原王朝一樣，自以為自己是天下中心，是世界文化的中心，還繼續以為「天下老子第一，還需要繼續開化、教育其他蠻夷之邦；蠻夷之邦也還會繼續以羨慕之情，絡繹不絕，來朝進貢。」

　　我們稍微回顧一下伊斯蘭世界對外交流的歷史，將更有助於我們理解，這種對中原帝國產生的「美好社會」傳說幻想。

　　自632年，穆哈默德聖人在麥迪那建立伊斯蘭政權開始，和伊斯蘭世界直接接觸、打交道的，除阿拉伯半島上的多神崇拜阿拉伯人之外，只有猶太教徒和阿拉伯基督徒。之後，伴隨伊斯蘭帝國的迅猛擴張，和伊斯蘭世界發生外交、商業、文化交流，宗教衝突、敵對戰爭的，仍然是只有基督教西方。

伊斯蘭世界曾經佔領君士坦丁堡

中華帝國和伊斯蘭世界，在古代，只有過一次交鋒，即在阿巴斯朝時期。唐帝國派遣的高仙芝唐軍，在中亞恒羅思被阿拉伯大軍擊敗。這是伊斯蘭世界初期，對外無數勝仗的其中一個，除了「無法戰勝伊斯蘭世界」的美好回憶之外，古代這唯一一次中原帝國與伊斯蘭世界的交鋒經驗，並未讓伊斯蘭世界留下太深刻的印象。

而猶太教、基督教和伊斯蘭教，都發源於中東。基督教自猶太教發展而出，伊斯蘭教又自認是對猶太教和基督教的繼續和昇華，是絕對的一神教。這三大一神論宗教，相互間既有交融、借鑒，又有排斥、否定；如伊斯蘭教典籍《古蘭經》多次提到《摩西十誡》、《舊約》、《新約》等，認為都是真主降示的天啓，但被後人腐蝕、篡改。

穆聖之後，伊斯蘭教統一了阿拉伯半島後，帶著新宗教的狂熱衝動，很快衝進了古老基督教世界的領地，征服了一些傳統基督教地區，如巴勒斯坦、敘利亞，以及現在西班牙的安達盧西亞。

儘管幾個世紀之後，歐洲十字軍東征時，曾經短暫奪回已屬於伊斯蘭世界的巴勒斯坦和敘利亞的一些城市；雖然當時，伊斯蘭世界已是強弩之末了，但伊斯蘭領袖阿尤布·薩拉丁，未等十字軍的騎士們站穩腳跟，就領軍擊退十字軍。

十字軍被打退了，伊斯蘭世界在中東失去的土地也被奪回

了。但是，伊斯蘭世界和基督教西方世界，延續至今的宗教、文化衝突開始更為激烈。伊斯蘭化的安達盧西亞，被基督教西班牙重新佔領，更是這種宗教、文化的衝突加重，心理影響更深刻。

鄂圖曼帝國的興起，似乎又使伊斯蘭世界重振威武。伊斯蘭世界佔領了東羅馬帝國的、也是基督教世界中心的君士坦丁堡，使伊斯蘭世界達到了其征服事業之輝煌頂點。但同時，也使基督教世界震驚、憤怒，與反思。

伊斯蘭與基督教國家的勢力消長

在鄂圖曼伊斯蘭帝國咄咄逼人的衝擊下，受到刺激的基督教西方世界開始反思。宗教改革，文藝復興、新大陸的發現，使基督教歐洲國家慢慢地在反思中，走出中世界的黑暗和愚昧，開始了科學技術、文化，以及對希臘－羅馬古典文明的再發現，和新世界的探索。而此時，伊斯蘭世界和當時的中原王朝一樣，還沉睡在天下唯我獨尊的夢幻之中。

等到十七世紀末，伊斯蘭世界被西方基督教世界打醒時，再放眼看基督教西方世界，人家早已在科學技術、人文社會、工業經濟、軍事武器、國家管理、法制等各個方面遙遙領先了。伊斯蘭世界儘管也有清醒之士呼喚改革、借鑑，但無奈，傳統的束縛、教條的窒息、民眾的愚昧、加上統治者的狂妄，使得伊斯蘭世界面對基督教世界的咄咄逼人，只有被動的回應和節節敗退，毫無一點還手之力。

鄂圖曼伊斯蘭帝國，橫跨歐亞大陸，當時作為伊斯蘭世界的

領頭老大，直接面對歐洲新興列強，在第一次世界大戰中，因其本能選錯邊、站錯隊，直接導致其戰敗解體。

要不是現代土耳其國父——穆斯塔法‧凱末爾‧阿塔圖克勇敢地站出來，以審時度勢的政治智慧，堅決果斷的領袖風範，指點江山、揮斥方遒，恐怕，現代土耳其國家，也可能都不存在了，有可能被歐洲列強瓜分淨盡。

鄂圖曼帝國的崩潰解體，使整個伊斯蘭世界，處於西方列強分割佔領下，或劃分勢力影響下，而群龍無首、四分五裂。總之，整個伊斯蘭世界處於基督教西方世界的控制。這種分裂，即使伊斯蘭世界知識份子、有識之士憂心忡忡，卻也為各種思想的百花齊放，提供了千載難逢的好時機。

近代伊斯蘭世界對西方愛恨交加

近代伊斯蘭世界各國，和中原帝國一樣，對西方世界愛恨交加：既急切希望能引進其科學技術、現代管理方法，卻對刺激西方世界科學技術發展、現代管理等的人文法制、民主平等、個人自由思想，只想選擇性接受。滿清有「中體西用」、「師夷長技以制夷」，伊斯蘭世界則有「伊斯蘭思想為體，西方科技為用」。

伊斯蘭世界裡，阿拉伯半島上，民族主義、社會主義、馬列主義和原教旨主義的濫觴被捅開之後，各方為了爭霸，「統一」之戰不斷。埃及獲得有限獨立。沙特[2]在瓦哈比派的支持下建國。伊朗巴勒維王朝建立。在中亞和東南亞，馬列主義影響下，

伊斯蘭社會民族主義、民族主義興起。有意思的是，這些接受源自西方諸主義的伊斯蘭世界，和滿清帝國一樣，試圖以伊斯蘭思想為「體」，諸主義為「用」，最終想挑戰並戰勝西方。

一開始，民族主義者，利用伊斯蘭原教旨主義者的幫助，奪取了伊斯蘭各國政權，建立了各種主義混合的獨裁政權。可以說，民族主義者在伊斯蘭世界占了上風，原教旨主義者等逐漸被靠邊站，或乾脆被鎮壓，如沙特的瓦哈比派，埃及、敘利亞等的穆斯林兄弟會等。

在伊斯蘭世界大多數民眾的意識中，巴勒斯坦和以色列之間的衝突，根本不是阿拉伯－以色列兩民族之間的民族衝突，實際上，是伊斯蘭世界和基督教西方世界，延續幾個世紀的宗教、文化衝突的另一種形式的繼續。

伊斯蘭戰亂貧窮，誤認中共為友

四次中東戰爭，阿拉伯伊斯蘭各國的戰敗，使伊斯蘭世界民眾，對自獨立以來執政的阿拉伯民族主義者徹底失望。因此伊斯蘭復古主義（或伊斯蘭原教旨主義）者，獲得了一個千載難逢的機會。

然而，伊斯蘭復古主義（伊斯蘭原教旨主義）者，和近代兩個中國的儒學復古主義者一樣，都是只看到已成系統的、僵化了的伊斯蘭思想。他們並沒有看到，在形成龐大、系統化的伊斯蘭

2　沙特，即沙烏地阿拉伯。

思想的漫長歷史過程，穆聖及其跟隨者、伊斯蘭思想先賢，隨時代發展、疆域擴大，是如何兼容並蓄地發展形成——包括伊斯蘭神學、四大法學、《古蘭經》注釋學，伊斯蘭哲學、歷史學、醫學、化學等的古典科技在內的——伊斯蘭文明。

伊斯蘭復古主義者，和伊斯蘭民族主義者、伊斯蘭社會主義者一樣，都因西方帝國主義殖民政策帶來的歷史陰影，遺傳性的帶有對西方文化的極端排斥，不假思索地將伊斯蘭世界的落後挨打，以及伊斯蘭民族主義和伊斯蘭社會主義的氾濫和失敗，伊斯蘭世界政權的墮落、腐敗，都一股腦兒歸咎於西方。

這使得貧病交加的伊斯蘭世界，前腳還未走出民族主義和社會主義的泥潭，後腳又陷入了伊斯蘭復古主義、極端主義的漩渦。在思想的前後搖擺中，伊斯蘭世界的很多國家，陷入了無政府分裂狀態，內戰不斷、民不聊生，而戰亂、貧窮，使極端主義、恐怖主義更為氾濫。

忙亂中的伊斯蘭世界，無暇深刻反思這一切的根源，還是習慣於將這一切簡單視為是西方的造孽。伊斯蘭世界，想當然耳，把同樣視西方為敵人的中華人民共和國，認作天然盟友。

中共與伊斯蘭世界國家一拍即合

中共竊取政權之時，也是伊斯蘭世界反西方民族主義達到其高潮期。因美蘇對峙、共產主義意識形態，中共國當時處於以美國為首西方之孤立，急切需要伊斯蘭世界各國在國際政治舞台上的支持，因此雙方一拍即合。所以，在五〇年代末，當中國被邀

請以觀察員身分，參加不結盟運動首次會議時，中共政權代表，在長袖善舞、能言善辯的周恩來領導下，很快以極端反西方的口號，不僅贏得了伊斯蘭世界多數國家的歡呼，而且，在不結盟運動眾小國中，獲得了舉足輕重的老大哥地位。

尤其是在以蘇美為兩大陣營冷戰對峙期間，中共無論是在巴勒斯坦的「阿－以」衝突，還是在其他阿拉伯民族主義擴張問題中，都一貫以支持阿拉伯民族主義者的面目出現。有時，中共甚至不惜和伊斯蘭極端主義者眉來眼去，如在冷戰期間，先是支援東南亞各國極端主義組織，包括菲律賓的摩羅陣線，而美中建交後，為對付蘇聯，又和美國一起，支持阿富汗塔利班等。

至今，中共國不僅和伊斯蘭世界，繼續以各種手段維繫著「美好社會」傳奇的有效性，而且還不擇手段、甘冒天下之大不韙，繼續和東南亞阿富汗、巴基斯坦等國的極端主義，還有著幾乎是全面的關係，對這些恐怖組織不斷給予技術、經濟的援助。

獨裁的伊斯蘭世界背棄維吾爾人

同時，在現代國際政治舞台上，咄咄逼人的中共，為保住政權，竭盡全力破壞、遏制自由民主傳播。中共貌似堅決支持伊斯蘭世界正義事業，實為和伊斯蘭世界的獨裁者、強人沆瀣一氣，維持其暴政。

伊斯蘭世界的很多民眾，在歷史性的、對中原王朝「美好社會」之傳說的餘音繚繞中，以及在西方帝國主義殖民霸權的歷史陰影下，和中國建立了剪不斷、理還亂的感情糾葛。

伊斯蘭世界這種對中原帝國的「美好社會」傳說下的嚮往，及同爲西方帝國主義犧牲品，同爲西方遏制、打壓對象的「難兄難弟」情結，使得新興帝國主義——中共國，如今得以非常輕鬆地、以同處於西方文化侵略威脅之下的難兄難弟之面目，用金錢、經濟優勢，用恐嚇、威脅利誘的手段，使伊斯蘭世界成爲其對抗西方普世價值的幫兇。

維吾爾人長期處於中共國的迫害，伊斯蘭世界並不是不知道。他們都知道，也很清楚。我在馬來西亞的時候，就看過由沙烏地阿拉伯印刷出版的，有關東突厥斯坦的近代歷史、兩個東突厥斯坦共和國，及其在共產黨壓迫下的各突厥民族悲慘遭遇的書本或小冊子。

伊斯蘭世界那種「美好社會」傳說的幻想，和「難兄難弟」情結，以及他們和中共想要對付西方文化侵略的「利益」關係，使得伊斯蘭世界昧著良心，違背伊斯蘭教義，拋棄、漠視，甚至背叛同爲伊斯蘭教胞的維吾爾人，而和中共國站在一起。

如果不結束伊斯蘭世界的獨裁、專制，如果伊斯蘭世界無法完成向民主現代國家的轉型，伊斯蘭世界和中共國的沆瀣一氣，拒斥普世價值，背叛伊斯蘭正義的現象，一定還會繼續下去。

（本文發表於 2019 年 9 月 2 日博訊新聞網）

伊利夏提 著

星月藍旗，是榮譽跟勇氣的象徵

維吾爾雄鷹
伊利夏提①

中國殖民統治下的
「東突厥斯坦」

售價：450元

星月藍旗，是榮譽跟勇氣的象徵
自由不會從天而降，
維吾爾人的「種族滅絕」是現在進行式！

伊利夏提（Ilshat Hassan Kokbore），東突厥斯坦維吾爾人，從小歷經過文革與中國對維吾爾族的殖民政策，於 2003 年逃離中國，抵達馬來西亞後輾轉再去美國。這本書匯集了伊利夏提歷年來自身及他人的遭遇，以及中國種種不人道的行為與政策，藉由自由鬥士、維吾爾雄鷹的伊利夏提的勇氣書寫與倡導精神，期望台灣人能夠「站在維吾爾人的立場，思考維吾爾人的危機」，反思台灣所遭受的困境與未來。

本書為伊利夏提針對維吾爾人的「種族滅絕」問題及中國集權統治發展的評論合集。書中提及許多維吾爾人遭到種族歧視、語言統一政策、信仰禁止政策、再教育集中營政策、線民舉報政策，甚至被冠上「恐怖份子」的醜名，中國一系列「殖民式」的種族滅絕政策，正發生在維吾爾人身上。

維吾爾雄鷹
伊利夏提②

從中國出走與
在美國重生

售價：400元

> 信仰與意念是個人心裡的東西，
> 沒有任何人能奪走或是摧毀
> 「願你繼續高飛，伊利夏提，
> 你的世界一定比我們的更寬廣！」

伊利夏提（Ilshat Hassan Kokbore），東突厥斯坦維吾爾人，從小歷經過文革與中國對維吾爾族的殖民政策，於 2003 年逃離中國，抵達馬來西亞後輾轉再去美國。本書為伊利夏提書寫親身的逃亡經歷以及家人受中國政府迫害的遭遇。伴隨東突厥斯坦政治環境的惡化，身為維吾爾知識份子的伊利夏提，受到中國政府的壓迫，他只能選擇離開中國。他先是抵達馬來西亞，而後落腳美國。

踏上美國的伊利夏提實現了美國夢，美國給予他實現母親對他他的期望；也使伊利夏提能毫無顧忌的替維吾爾人發聲與吶喊，以及逃亡後對家人無限的思念與感慨。伊利夏提體驗到美國與中國截然不同的生活體驗，不論是宗教、思想、言論、民主上的自由感受，生活層面有了重心寄託，情感層面上伊利夏提仍掛心著遠在中國的家人與朋友，以及維吾爾人的未來。

維吾爾雄鷹
伊利夏提❸

東突厥斯坦的
獨立未來

售價：400元

「最終的目標，建立東突厥斯坦第三共和國！」
我的心在為東突厥斯坦吶喊助威，
但它卻無法衝破狹小的牢籠高飛。

伊利夏提（Ilshat Hassan Kokbore），東突厥斯坦維吾爾人，從小歷經過文革與中國對維吾爾族的殖民政策，於 2003 年逃離中國，抵達馬來西亞後輾轉再去美國。這本書匯集了伊利夏提歷年來自身及他人的遭遇，以及中國種種不人道的行為與政策，藉由自由鬥士、維吾爾雄鷹的伊利夏提的勇氣書寫與倡導精神，期望台灣人能夠「站在維吾爾人的立場，思考維吾爾人的危機」，反思台灣所遭受的困境與未來。

本書為伊利夏提嘗試書寫東突厥斯坦的簡史，建構出維吾爾人未來獨立建國的歷史依據，也回顧東突厥斯坦第一共和國與第二共和國的歷史、敘述東突厥斯坦民族英雄們的故事。並思念家鄉的各式風光、紀實東突厥斯坦的傳統與文化，以及替受到中國政府誣陷後監禁伊力哈木教授發聲。掌握歷史的陳述，才有獨立的未來。

國家圖書館出版品預行編目（CIP）資料

維吾爾雄鷹伊利夏提. 3：東突厥斯坦的獨立未來/伊利夏提
著. -- 初版. -- 臺北市：前衛出版社, 2021.11
面；15×21公分

ISBN 978-957-801-980-5(平裝)

1.民族獨立運動　2.新疆維吾爾自治區

676.1　　　　　　　　　　　　　　110014975

維吾爾雄鷹伊利夏提 3：
東突厥斯坦的獨立未來

作　　　者　伊利夏提
主　　　編　邱斐顯
責任編輯　張笠
封面設計　Lucas
美術編輯　宸遠彩藝

出 版 者　前衛出版社
　　　　　104056 台北市中山區農安街153號4F之3
　　　　　Tel：02-25865708　Fax：02-25863758
　　　　　郵撥帳號：05625551
　　　　　購書‧業務信箱：a4791@ms15.hinet.net
　　　　　投稿‧代理信箱：avanguardbook@gmail.com
　　　　　官方網站：http://www.avanguard.com.tw
出版總監　林文欽
法律顧問　陽光百合律師事務所
總 經 銷　紅螞蟻圖書有限公司
　　　　　114066台北市內湖區舊宗路二段121巷19號
　　　　　Tel：02-27953656　Fax：02-27954100

出版日期　2021年11月初版一刷
定　　　價　新台幣400元

ISBN：9789578019805（平裝）
　　　　9789578019812（PDF）
　　　　9789578019829（E-Pub）

＊請上『前衛出版社』臉書專頁按讚，獲得更多書籍、活動資訊
　https://www.facebook.com/AVANGUARDTaiwan